鄂西生态文化旅游研究中心课题资助，项目号：PT072018

前沿·学术·经典
经管文库·管理类

移动媒体工具对游客旅游交往行为的影响研究

The Effect of Mobile Media Tools on Tourist Communication Behavior

杨钦钦／著

经济管理出版社
ECONOMY & MANAGEMENT PUBLISHING HOUSE

图书在版编目（CIP）数据

移动媒体工具对游客旅游交往行为的影响研究/杨钦钦著.—北京：经济管理出版社，2021.8

ISBN 978-7-5096-8215-9

Ⅰ.①移… Ⅱ.①杨… Ⅲ.①网络信息资源—影响—旅游业发展—研究—中国 Ⅳ.①F592.3-39

中国版本图书馆 CIP 数据核字(2021)第 165821 号

组稿编辑：赵天宇
责任编辑：赵天宇
责任印制：黄章平
责任校对：王纪慧

出版发行：经济管理出版社
（北京市海淀区北蜂窝 8 号中雅大厦 A 座 11 层 100038）
网　　址：www.E-mp.com.cn
电　　话：（010）51915602
印　　刷：唐山昊达印刷有限公司
经　　销：新华书店
开　　本：720mm×1000mm/16
印　　张：12.5
字　　数：229 千字
版　　次：2021 年 9 月第 1 版　　2021 年 9 月第 1 次印刷
书　　号：ISBN 978-7-5096-8215-9
定　　价：88.00 元

前　言

数字化与智能化是社会经济发展的趋势。无论是传统经济行业的升级变革，还是新兴产业的发展与崛起，都需要依托现有移动网络技术创新发展模式，以更好地适应人们移动智能设备的使用行为特征与规律，满足市场需求、凝聚竞争优势。尤其是现阶段，中国经济处于“三期叠加”的特殊时期，即增长速度换挡期、结构调整阵痛期、前期刺激政策消化期，各经济行业的创新变革尤为重要，其中，旅游业的数字化、智能化发展是顺应社会经济发展趋势的重要内容。

随着智慧旅游的发展与建设，网上预约、电子扫码、智能闸机、电子地图、电子导游等成为旅游过程中的重要环节，一部智能手机便能够包揽游客出游过程中的食住行游购娱。智能手机、智能手环、平板电脑等移动信息设备的广泛应用给旅游行业带来前所未有的变革。一方面，移动设备的使用使得游客能够有效地获取旅游信息提高旅游体验质量；另一方面，过多使用和依赖移动信息设备，改变了人们获取信息和出游决策的模式，也影响着游客的社交行为。游客积极主动地从线上网络和社交媒体获取和输出信息，拓展了游客实际线下的固定交往范畴，增加了线上虚拟交流平台，改变了游客在旅游过程中的社交模式，也造成对与当地民众的交流体验的忽视，使日常生活和旅游经历的界限逐渐变得模糊。从旅游者社交行为角度探究移动设备给游客行为带来的影响，对于目的地智慧设备的建设具有重要的现实意义。

由此，本书基于社会交往理论、差序格局理论、注意力恢复理论等探究了移动媒体工具介入对游客旅游交往行为影响的前导因素与后果机制；综合采用了访谈法、扎根理论方法等定性研究方法与问卷调查法、数量统计方法等定量研究方法，重点从理论构建（探究了移动媒体工具介入过程及前因、后果机制的理论模型）和实证研究（移动媒体工具介入的前因机制、移动媒体工具介入对游客交往行为的作用机制）两个角度展开研究。本书期望通过定性研究提出理论模型、定量研究验证理论模型，以实现对“移动媒体工具介入对游客旅游交往行为影响机制”的系统揭示。整个研究以智能手机为研究对象，并结合目前移动技术的发展给旅游业带来的影响，实现对旅游目的地的发展模式的深入探讨。

本书构建了移动媒体工具介入与游客旅游交往行为的关系结构模型，厘清了移动媒体工具介入游客旅游交往行为的前因与后果机制，为移动技术介入的相关研究奠定了研究基础；揭示了多因素作用下移动媒体工具的介入过程，通过统计数据验证了移动媒体工具介入机制的合理性，揭示了使用习惯与旅游情境因素在游客行为响应机制中的重要影响作用，还结合了计划行为理论对游客智能手机使用行为进行研究，是对计划行为理论的拓展性研究。本书还结合差序格局理论与Pearce旅游人际关系研究进一步对游客旅游交往关系进行分类，是对游客旅游交往行为的拓展性研究，是对移动技术介入背景下游客旅游交往行为分类的创新性研究；验证了智能手机等移动媒体技术的使用频率与游客旅游交往行为之间的相关性，以及智能手机不同功能性使用给游客旅游交往行为带来的差异化影响，是对移动技术介入研究的进一步拓展。本书还对游客不同层次交往行为之间的互动效应进行了验证，其结果有利于丰富游客的交往行为理论。

本书是在我的博士论文基础上修改而成的，原稿于2019年开始创作，成于2020年。首先，要特别感谢我的导师谢朝武教授，写作期间，谢教授多次与我探究该研究的相关问题，帮我指明方向、给予我足够的信心去探索该选题，他宽广的学术视野和渊博的学术知识激励着我对学术的追求；他严谨和注重细节的学术态度深深地影响着我对学术的认知；他对行业前瞻性的解读与看法指引着我的学术方向。其次，要感谢我的同门黄倩同学、学妹林佳青和郭茜雅、学弟张江驰和谈天然，以及其他同门在数据获取方面给予的帮助。最后，还要感谢我所在的高校湖北民族大学鄂西生态文化中心及博士启动基金项目的资金支持以及经济与管理学院的领导们对本书出版提供的帮助。

由于笔者水平有限，编写时间仓促，书中错误和不足之处在所难免，恳请广大读者批评指正！

杨钦钦

2021年5月20日

目　　录

第一章 绪论

移动信息技术引领着全球新一轮科技和产业革命，对社会经济发展的形态和人民的生产生活方式产生着重要的影响。其对全球旅游业也产生着战略性和全局性的影响，给全球旅游业发展带来了全新变革，旅游与互联网的深度融合已经成为不可阻挡的时代潮流。对旅游者来说，移动信息技术的应用能够使游客在旅游过程中保持着一直在线的状态，一方面，依托移动信息技术，旅游者能够持续获得关于旅游目的地的一切媒体信息，不同类型的媒体信息能够满足游客的不同旅游需求，有助于旅游体验质量的提高；另一方面，时刻在线的状态连接了旅游活动空间与日常生活空间，打破了旅游空间和日常空间之间的界限，违背了旅游者向往“逃离”的动机。从游客交往视角出发探讨移动信息技术的介入对游客不同层次社会关系的影响是旅游体验质量研究中的重要组成部分，具有重要的现实意义与理论意义。

第一节 移动媒体工具与旅游

一、移动媒体工具对旅游业的变革性影响

移动媒体工具是指建立在移动终端技术基础上的中介物，如智能手机、掌上电脑、智能手表及其他智能设备等。其特征是随时随地生产、采集、消费与分享信息，移动性、随意性、便利性及技术合成使得人们可以把信息装进口袋（刘琴和张贤平，2017）。移动媒体工具对旅游业的变革性影响主要表现在以下四个方面：

（1）移动媒体工具推动了信息媒体技术的普及与应用。根据《中国移动互

联网发展状况及其安全报告（2020）》，截至 2019 年底，中国拥有全球最完善的 4G 网络，中国电信、中国移动、中国联通、中国广电正式获得 5G 商用牌照，中国正式进入 5G 商用元年；移动智能终端市场从手机独霸到“一超多强”，即以智能手机为主的，智能音箱、智慧屏、车载设备等智能终端呈现高速发展的趋势，智慧终端已经无处不在；智能手机市场趋于饱和，智能机器人、无人机、智能家居、自动驾驶等领域均实现了较大技术突破；中国的移动互联网开始走上国际舞台，主要表现在中国互联网企业在“一带一路”建设中的纽带作用，实现微信支付、支付宝等移动支付应用推广到东南亚以至欧洲的数十个国家，摩拜单车等单车企业在海外 20 多个国家落地。这些技术的发展、实现与应用使国内游与国际游都更好地依托移动设备在逐步地实现（余清楚、唐胜宏，2018）。从个体使用情况来看，2017 年移动网民已经达到 7.5 亿人，截至 2018 年 6 月，中国移动互联网用户总使用时长已达 1371 亿小时，人均每日使用时长约 4.8 小时。根据《90 后媒介使用习惯研究报告》，发现 90 后群体最主要的信息获取渠道是手机等移动互联网设备等，近八成 90 后群体不看报纸，超半数 90 后群体不听广播。总的来说，移动媒体工具已经成为社会大多数人群的主要媒体信息来源的媒介。从使用时长上来看，人均使用时间占据一天 24 小时的 1/5；从使用功能来看，移动媒体工具提供了新闻信息、移动支付、娱乐、学习、出行交通等功能，触及生活的各个方面。

（2）移动媒体工具推动了游客旅游需求的变革。越来越多的研究发现，信息技术已经融入我们的日常生活当中（Mackay K.，Vogt C.，2012）。随着信息技术的发展与智能手机等移动媒体工具的成熟应用与普及，智能手机在日常生活的普及及其带来的影响已经溢出到旅游世界当中（Wang D.，Xiang Z.，Fesenmaier D. R.，2016），移动媒体工具已经渗入旅游活动的整个过程当中（Wang D.，Xiang Z.，Fesenmaier D. R.，2014）。根据旅游的过程，将游客的整个旅游活动分为游前、游中和游后（Craig - Smith S. J.，French C.，1994），以智能手机为代表的移动客户端在旅游活动过程中扮演着重要的角色，如图 1 - 1 所示。

（3）移动媒体工具推动了旅游业的供给变革，加快了智慧旅游建设。随着国务院《关于加快发展旅游业的意见》（国发〔2009〕41 号）精神指引，旅游业开始寻求以信息技术为纽带的旅游产业体系变革方式。2008 年，IBM 首席执行官 Sam Palmisano 首先提出了“智慧地球”的概念，在此基础上，智慧旅游的概念应运而生。2010 年，江苏省率先提出“智慧旅游”概念倡议实行智慧旅游；

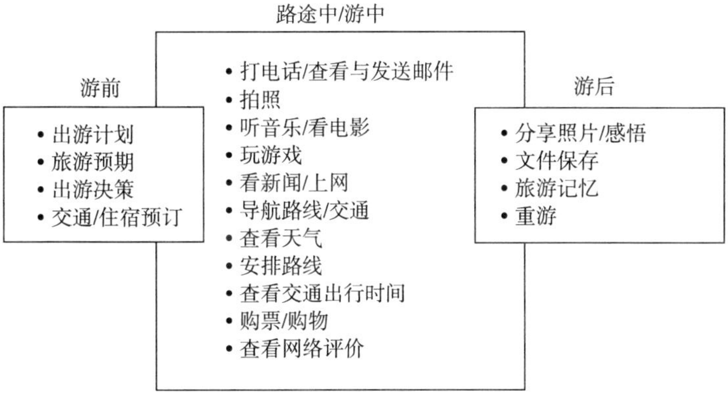

图1-1 智能手机介入旅游活动的过程

2014年的“智慧旅游年”将智慧旅游发展引入新的阶段。各省份积极实行智慧旅游建设。智慧旅游是信息技术在旅游业中的应用创新和集成创新，是在最新信息技术发展条件下，为了满足游客的个性化需求，提高旅游服务品质以提高游客满意度，而实现对旅游资讯及社会资源的系统化、有效性的利用，是实现旅游发展集约化的有效变革。本书通过对各省份的旅游发展委员会官方网站有关智慧旅游的信息进行搜索，发现目前主要的智慧旅游建设方式包括了游客身份认证、景区景点的无人闸机、WLAN无线网络建设、流量监控、电子导游、二维码景点介绍、虚拟景区体验、电子支付等；酒店服务过程中的智能节电设备、智能家居、Wi-Fi、电子支付等。这些智慧设施的建设与实现均依赖于游客对移动客户端等工具的使用。

旅游目的地智慧建设的成熟，推动了游客对移动终端的使用，加速了移动媒体工具对游客旅游活动的介入速度，提高了移动媒体工具的介入程度，使游客越来越离不开移动媒体工具。

（4）移动媒体工具推动了旅游商业模式的变革。随着互联网、电子商务、移动客户端等信息技术的成熟发展，网络经济的快速发展为企业商业模式创新提供了广阔的空间（Pateli A. G.，Giaglis G. M.，2005）。互联网带来的交互性与连通性使得旅游市场的交易成本降低、交易效率提升、交易机会增加、消费模式改变、消费需求丰富（张海燕和龙丽羽，2016）。与此同时，旅游业从团体旅游向散客旅游转变、传统旅游企业走线上线下相结合的发展模式；互联网旅游企业已经成为当前旅游业中最活跃的企业类型。李萌（2016）在其博士论文中将在线旅游企业分为了三种类型：平台型企业、碎片化产品旅游企业与阿里旅行。其中以携程、途牛等为代表的平台型企业拥有一个庞大的旅游资源价值网，其整合了高科技产业与传统旅游行业，囊括了酒店、机票、度假产品、商旅管理等全方位的旅行服务。而以穷游网为代表的碎片化产品旅游企业则构建了更多的客户关系界面，围绕客户需求进行资源整合。穷游网是一个典型的用户体验与分享的网站，主要依靠 UGC（用户原创内容）为其他潜在旅游者提供个性化的推荐，实现了企业与顾客的关系由对立向共创、共享的转变。阿里旅行将信用体系、消费大数据与旅游体验结合在一起，在消费生活方式和旅游体验等方面切实提供了全新的服务模式。阿里的信用住模式缩短了入住和退房的时间，降低了不到店率，提高了客房的使用效率，将携程、艺龙所建立的在线酒店预订方式进行了颠覆性的改变，与此同时，也改变了预订中介平台与线下酒店的合作模式。

二、技术哲学提供了看待移动媒体技术介入的辩证视角

技术哲学的辩证思想让越来越多学者关注技术介入的两面性。技术的两面性一直都是学界关注的焦点，其中尤以技术哲学领域对该问题进行了更深入的剖析。技术哲学对于人与技术的关系辩述中主要包括了“技术工具论”与“技术主体论”两个方面。其中“技术工具论”主要认为技术提供了人类改造世界的中介和工作，人类要做的就是使用它们，就能够获得自身的满足。而“技术主体论”认为技术具有自主性，一方面，我们正在从思想和行动上变成我们创造出来以服务自身的机器的奴隶；另一方面，我们大多数人对技术背后运行的程序与规律了解甚少，而专家个体也无法肯定地了解和掌控技术连接之后的世界。尼葛洛庞帝曾断言：“每一种科技或技术的馈赠都有其黑暗面”（尼葛洛庞帝，1996）。技术被认为是一种具有较强副作用的强剂药，给我们带来便利的同时也存在一些隐患。Andrews Feenberg（1991）则将技术哲学的理论分为“技术工具论”与“技术实体论”，这两种理论观点较好地解释了技术与人之间的关系。

（1）技术工具论。技术工具论（Instrumentalism of Technology）的观点关注了人对技术的影响与运用，主要包括了“技术中立学说”与“技术价值负荷论”两种观点。技术中立学说认为，技术是人类改造世界的中介和工具，人类对技术工具要做的就是“使用”它们。工具是一种没有生命力、没有思想的东西，工具本身是完全中立的——是一种实现目标的手段，利用工具实现的目标明智或不

明智、美好或丑恶、有益或有害，都不由所使用的工具来决定。技术中立学说的代表人物包括了亚里士多德、雅斯贝尔斯、梅塞恩等。而技术价值负荷论认为技术本身暗含善恶的价值取向，人开发技术是为了满足人的需求与欲望，因此技术被人投射了善恶价值。这两种学说争论的焦点在于技术本身是否负载人的价值，当时两者均将技术作为是人类需求导向的工具。

（2）技术实体论。技术实体论认为技术是一种独立的力量，技术能够改变社会发展的方式，也能够影响人的存在与社会的文化。技术的本质不是人与世界的中介，而是置身于这个世界当中的一个独立的力量。在此基础上，技术自主性的概念逐渐兴起，主要是指所有那些含有“技术业已经失去人类控制之意”的观念和评论。一方面，有学者提出“我们正在从思想和行动上变成我们创造出来以服务自身的机器的奴隶”，也有言论认为“机械装置没有按照预期运行”，“奴隶不愿服从命令”；另一方面，在如今技术充斥我们生活的时代中，普通人对于我们身边的技术的了解微乎其微，除非是相关技术的专家才会对某一项特定的技术有更深刻的了解，即使是专家，对于其领域之外的程序与技术也是基本不了解的，这就导致了技术与技术连接之后的世界并不是某个体所能够了解和掌控的。

综上所述，本书采用了闫坤如和刘丹（2017）等的观点，他们认为技术介入指现代技术介入到技术主体，人成为技术的背景，技术不在场，并与主体互相渗透。也就是说技术已经融入到人们的生活当中，技术在主体不知道的情况下完成了许多信息搜集的工作，最突出的例子便是生物识别技术。相对应地，有研究认为，在旅游业中，通过以手机、iPad 等移动客户端为载体的媒体技术已经渗透到人们的日常生活当中，而随着信息采集技术与大数据技术的发展，人们的行为表现已经被大数据所发掘。因此，新媒体技术介入是指依托移动客户端的信息网络应用浸入用户的日常生活并对用户产生的一系列影响。移动媒体工具在深深地改变着我们旅游活动过程的同时，也会让人“上瘾”，占用我们的时间和精力；大数据也会在一定程度上窥探我们的隐私，使我们的行为变得透明化。越来越多学者发现信息技术背景下的智能终端为我们提供无处不在的链接，使得旅游业成为一种移动链接的象征，模糊了旅游与日常生活的边界（Pearce D.，2011），其中智能手机的信息传播功能实现了游客随时随地的社交联系与工作交往，这种连接违背了休闲度假最基本的动机与目的——休息和放松（Kirillova K.，Wang D.，2016），旅行中一直被工作打扰也成为影响旅游幸福感的重要原因（Bloom J. D.，

Sabine A. E. , et al. , 2013)。因此，技术介入在旅游研究中应该得到重视，特别是移动信息技术背景下移动客户端对游客行为的改变值得业界与学界关注。

三、移动媒体工具的使用对游客旅游交往行为产生了影响

研究证明，旅游过程中智能手机的介入会导致游客的注意力不足，既会导致游客错过目的地美丽的风景，也容易错过与亲友增进感情的机会（Ayeh Julian K. , 2018），Kirillova（2016）的研究也发现智能手机带来的连通性与假期恢复理论之间具有较大的冲突，旅游是工作疲劳恢复的良好时机，但是智能手机带来的社交信息的数量与质量均会给游客的恢复带来负面影响。Tribe 和 Mkono（2017）采用网络志的研究方法发现了虽然信息通信技术彻底改变了旅游业，带来了一些变革性的影响，但是当游客使用信息技术工具达到成瘾的阈值时，会扰乱游客在旅游过程中对真实自我的寻求，并有可能造成更大的负面影响。可见，智能手机的使用会对游客与同伴、游客与自我恢复造成一定的影响；从实践来看亦是如此，一方面，智能手机完善和丰富的功能满足了游客的需求，代替了部分游客与目的地人群之间的交往。主要体现在：目的地的智慧化建设效果多半依托移动媒体工具来实现，移动媒体工具也促进了智慧旅游建设。移动信息技术的介入给旅游业带来了较多便利，实现了智能预订、智能推荐、智能导航以及酒店和目的地的智能营销（Tussyadiah Iis P. , 2015；Bowen J. , Baloglu S. , 2015），旅游者在旅游的过程中也不得不跟随旅游发展的趋势，如电子门票、无人闸机、电子导游、二维码技术（电子支付、电子导游）等。另一方面，移动媒体工具带来了新的生产方式与人际沟通渠道，依托于智能手机的社交软件提供了线上交往平台，虚拟旅游社区增加了游客线上交流的机会，一定程度上减少了游客的线下交往行为。

综上，我们可以发现：其一，人与人之间的社会交往是传统社会学研究的重点内容，交往带来的情绪感知也是旅游体验研究中的重点。移动互联网技术以及移动媒体工具的介入改变了游客的交往形态，社会关系不仅在空间中被剥离和延伸，而且在移动和便携式网络中被重新嵌入，了解旅游者交往行为在移动技术背景下不同的内涵与特征、探究智能手机等移动媒体工具介入对游客旅游交往行为的影响是实现旅游业更好智慧化的前提。其二，技术哲学为我们提供了辩证看待信息技术给旅游业带来的利弊的视角：一方面，移动媒体工具给旅游者带来的智能推荐、智能导览、智能导航、移动支付等便利显而易见；另一方面，移动媒体

工具的介入带来的弊端逐渐显现，过多技术的介入占据游客交往时间，纷繁复杂的媒体信息干扰着游客的注意力，不自觉的“检查行为”已经成为游客旅游中的普遍行为。是人类控制着技术还是技术控制了人类？技术的介入又是如何影响着游客的行为、影响程度如何都是值得探究的问题。其三，移动媒体工具介入带来的游客行为与需求的改变对于如何更好地实现景区与旅游目的地的高质量服务管理具有重要意义。移动媒体工具已经成为旅游活动过程中必不可少的应用工具。在移动媒体工具的影响下，游客的旅游需求、旅游企业供给以及旅游业商业模式等正在发生急剧的转型与变革，探究游客移动媒体需求与行为背后的驱动因素，对于科学认知移动媒体工具的作用机制具有重要意义，它是智慧旅游目的地和智慧旅游景区实现智慧发展的重要依据。

第二节 研究问题与意义

一、研究的主要问题

技术哲学从现象学的视角对人、技术与世界三者之间的关系进行了探讨。学者们对于技术在人类实践活动中对人类的影响和改变进行了广泛的关注与研究，其中，技术异化是指技术原本作为人类改善生活、促进社会进步的创造物，却在应用过程中产生了与人们预期相反的负面效应，逐渐受到社会的关注（Soror A. A.，et al.，2015；Lee Y. K.，et al.，2014）。张锐（2018）对大数据时代的技术异化进行了讨论，认为任何一个新技术的应用与发展都具有两面性，也就是说，技术的应用在给人们带来便利与憧憬的同时，也可能成为压抑、束缚和否定人类自身的重要因素，在大数据发展过程中，数据共享、虚拟犯罪、信息乱象都给人们带来了较大的困扰。而在倡导“大数据”的智慧旅游阶段，信息技术与大数据的隐私安全与悖论等问题在旅游行业中也受到了学界的关注（Hew J. J.，et al.，2017；Saravanan S.，et al，2016）。网络信息技术为我们提供了信息获取的便利性，与此同时，纷繁复杂、参差不齐的媒体内容的吸引力与对媒体工具的依赖性对游客造成了较多负面的影响。Rajesh 和 Srinath（2016）研究发现智能手机的使用频率超过一定的限度时容易造成驾驶分析与安全事故；过度使用智能手机也会导致睡眠问题和压力（Cain N.，Gradisar M.，2010）。Tribe

（2017）等关注游客对信息技术终端的依赖，发现当游客对移动媒体工具的使用与依赖达到一定的阈值时，会扰乱游客对真实自我的追求；移动媒体工具所带来旅游过程中每时每刻的社会交往联系与工作方面的联系也会造成游客无法更好地从日常工作压力中恢复过来（Kirillova K.，Wang D.，2016）。

另外，在旅游交往研究当中存在两大类关系，即“人与物”和“人与人”的关系。在以往的研究中，人与物的关系研究已有大量文献，而关于“人与人”的关系研究并没有受到足够的重视。旅游是通过社会互动将人们聚集在一起的过程（Bandyopadhyay R.，2016），Pearce（2005）指出了社会关系影响旅游体验，其中主要涉及的社会关系包括旅游者与他者之间的互动，如与当地居民、服务人员之间的互动，还包括了旅游者与自身之间的互动。研究发现，亲密的社会关系能够促进更多情境关系的产生，有利于游客旅游体验的形成（Trauer B.，Ryan C.，2005）。移动媒体工具的介入对游客体验感知的影响过程中，伴随着对游客社会关系的直接影响：一方面，减少了游客与其他主体面对面的相互交流的时间和程度；另一方面，增加了游客的在线互动与交流行为。这种交流与互动的转变是否能够支撑我们对游客交往行为的重新定义，也需要更深一步的探究。

综上所述，本书提出了几个疑问：移动媒体工具如何介入游客的旅游活动过程当中，受何种因素的影响？移动媒体工具的介入性质会如何影响游客的交往行为？影响过程受到何种驱动因素的影响？如何针对移动媒体工具的介入程度更好地实现旅游目的地的服务管理？均需要进一步的探究。由此，本书主要针对四个研究问题进行理论探索和实证研究，并提出了移动媒体工具介入的“前因机制→表现性质→作用机制”的三个相互关联的议题，旨在从游客感知视角，探明移动媒体工具介入的现状与其对游客交往行为的影响过程，为移动媒体工具在旅游业中的应用与管理提供理论支撑。

具体来看，主要包括：①旅游情境当中，移动媒体工具介入过程呈现何种特征与性质；②移动媒体工具介入特征的前因影响因素的具体内容与影响过程；③移动媒体工具的介入性质对游客交往行为影响的作用机制。

二、研究问题的意义

1. 理论意义

（1）结合计划行为理论、刺激—机体—反应行为理论，探明旅游情境中移动媒体工具介入的前因影响机制，丰富了学界对以智能手机为代表的移动媒体工具介入的相关研究，为移动媒体工具介入的效能机制研究提供研究基础和研究前提。

（2）构建移动媒体工具对游客旅游交往行为体系（包括交往数量、交往质量、交往情感）的影响理论模型，丰富学界对移动媒体工具介入以及游客交往行为、旅游交往情感的新认知。一方面，进一步厘清了移动媒体工具影响下游客交往行为的新变化，探明技术介入视角下游客交往行为的新内涵；另一方面，从情感感知角度构建旅游交往行为的情感架构，探索旅游交往行为研究的新领域。

（3）探明移动媒体工具介入对游客旅游交往行为影响过程机制，为目的地实现智慧化与优质化管理提供理论支撑。通过实证研究方法，实现对移动媒体工具介入对游客旅游交往行为—交往情感感知结构的影响过程，通过对游客的测量探明影响机制，有利于学界更好地认识游客旅游交往行为的驱动因素，以实现景区的互动管理与智慧化建设。

2. 实践意义

（1）探究以智能手机为代表的移动媒体工具介入的前导因素，有利于多角度、多因素系统地了解游客旅游活动过程中智能手机使用行为的促进因素，为旅游目的地从情境因素、环境因素、游客角度等方面实现对游客智能手机使用行为的管理与调节提供理论指导。

（2）厘清游客旅游情境中对智能手机的认知与使用，能够更好地了解技术工具的介入程度以及对游客交往行为的影响过程。移动媒体工具已经介入到游客的日常生活与旅游世界当中，游客在日常生活与旅游世界当中对移动媒体工具的（使用/功能）认知异同的探究有助于了解游客对移动工具的内在认知与依赖过程，使我们更加辩证地看待移动媒体技术给游客带来的影响。并据此根据不同游客对技术使用的习惯与方式，了解游客行为的驱动因素与影响因素，实现对游客个性化的旅游推荐与旅游引导，提升游客旅游体验质量。

（3）探明游客旅游交往行为的新内涵与新表现，为旅游目的地与企业经营管理与营销提供理论指导。游客旅游交往行为在移动信息技术背景下被赋予更广的内涵与意义，移动媒体工具所带来的游客旅游交往行为的新内涵与新的表现特征的明晰是对游客旅游交往行为研究的拓展与丰富。从游客感知角度理解游客旅游交往行为能够使目的地与企业对游客在旅游过程中的需求有更加充分的了解，从而开发新项目，充分利用线上—线下结合互动的方式，增加游客旅游交往的内容，丰富目的地旅游活动的情感性，实现旅游活动的趣味性和吸引力。

第三节 研究对象与内容框架

一、研究的关键问题与视角

本书以移动媒体工具的介入作为研究对象，从前因机制和后果影响两个角度入手，实现对移动媒体工具介入旅游者行为的过程进行全面系统的探索。本书拟解决的关键问题主要包括了四个方面：一是移动媒体工具介入的方式与表现形式；二是移动媒体工具介入的前因机制；三是移动媒体工具的介入性质对游客交往行为的影响机制；四是移动媒体工具在旅游业的应用与管理对策。

本书从理论与实践两个角度系统探索移动媒体技术的介入过程以及介入之后对游客旅游交往行为的影响机制，构建移动媒体工具介入的前因影响机制、移动媒体工具介入对游客旅游交往行为的影响体系两个主要体系结构。其中，研究主要以游客作为调查对象，通过定性研究提出理论模型、定量研究验证理论模型，以实现对“移动媒体工具介入对游客旅游交往行为影响机制”的系统揭示。以厦门鼓浪屿景区作为主要案例调研地，采用抽样调查的方式获取被调研者，综合采用访谈法、问卷调查法、实地观察法等方法，实现对移动媒体工具介入现状、介入机理的探究。

移动媒体工具介入已经成为旅游业发展的趋势，是旅游目的地智慧化建设的重要媒介。探明当下移动媒体工具介入特征及其前因影响因素与对游客交往行为的作用效能，有利于旅游目的地清晰了解游客、移动媒体工具与其旅游交往行为之间的关系，在此基础上，从游客需求与体验角度更好地开展旅游活动，以实现智能手机带来的“旅游服务便利性”与“满足游客交往需求与体验质量”的双赢。目前来说，移动媒体设备已经成为游客旅游活动过程中的重要工具，其作为旅游工具的角色已经介入到游客游前、游中和游后的行为过程当中，从景区角度、游客自身角度与交往关系角度等不同角度分析旅游情境当中移动媒体工具的介入特征是进一步探究游客旅游体验感知的前提；移动媒体工具的使用与游客旅游交往行为需求构成一定的冲突，这会进一步影响游客的旅游交往行为与感受。

因此，有必要针对游客对移动媒体工具介入游客旅游交往行为的过程机制进行更深层次的探讨，并厘清移动媒体工具介入之后对游客旅游交往行为与交往情感的影响机制。

二、研究的内容架构

从拟解决的关键问题出发，进一步明确了研究的主要目的，主要包括：①构建移动媒体工具介入与游客旅游交往行为之间的关系结构模型。②厘清移动媒体工具在旅游情境当中的介入特征。③从多因素融合的角度探明智能手机等移动媒体工具介入的前因机制。④探明移动媒体工具介入游客旅游交往行为的作用机制，探索传统的游客旅游交往行为是否由于移动媒体工具的介入而得到了加强、减弱或延续。其中移动媒体的功能性介入（介入内容）与时间性介入（介入程度）是否对旅游交往的影响过程构成了竞争、增加的作用，也就是说，移动媒体工具作为重要的出游工具，到底是其作为新媒体承载的丰富内容影响了游客的旅游交往行为还是由于媒体工具使得游客的社交行为发生了变化。

本书围绕旅游情境中移动媒体工具介入的相关问题展开研究，将交往行为作为工具介入的直接后果，探究了移动媒体工具介入给游客交往关系带来的影响。本书的具体研究思路如下：

第一，提出研究问题。“技术工具论”“技术主体论”“技术自主性”“技术黑暗论”等技术观点的出现使技术应用的两面性受到学界的广泛关注；在移动客户端技术广泛介入人们生活与旅游的时代背景下，明晰移动媒体工具的介入特征与介入性质、厘清其介入的前因影响因素与介入带来的后果机制关系着我们正确认识移动媒体工具在游客旅游体验中的重要角色，关乎旅游目的地优化管理与旅游服务体系。因此，研究以智能手机作为移动媒体工具的代表，作为研究的切入点，进行相关的研究。

第二，回顾研究进展，确定研究边界。在基础概念界定的基础上，进一步对游客旅游交往行为的相关研究进行述评，为寻找游客旅游交往行为研究的创新点奠定基础；进一步对移动媒体工具相关的研究进行综述，了解最新研究进展，推动移动技术介入对旅游交往行为影响的实证研究。

第三，理论架构，构建移动媒体工具介入的前因模型与后果机制模型。在文献研究的基础上，进一步通过访谈收集一手资料，探索游客在旅游环境中忍不住使用智能手机的影响因素，构建前因机制模型；另外，从交往的角度出发，探究移动媒体工具使用对游客交往行为影响的过程机制以及对游客交往关系感知的影响，为后文的实证研究奠定研究基础。

第四，问卷设计，选取合适的量表实现变量量化的科学性。坚持科学严谨的方法选取适合的变量量表，并遵循问卷设计的基本原则形成结构完整、逻辑强的问卷，并做好问卷的预调研与量表的适用性检验，主要通过对问卷信效度的检验确保问卷量表的可用性。

第五，实证验证，统计学角度证明移动媒体工具介入的前导因素。在实现了对移动媒体工具介入、旅游交往需求与旅游交往行为量化的前提下，进一步利用问卷调查的方法获取数据，并从数理统计的视角对移动媒体工具介入对游客旅游交往体系的影响进行验证，充分实现了对该影响机制的验证。

第六，实证验证，统计学角度证明移动媒体工具介入对游客旅游交往行为的影响过程。具体主要是通过数理统计分析方法对第三章构建的理论结构进行实证性的验证，深化移动媒体工具介入对游客旅游交往行为的影响研究。

第七，研究结论与展望。对本书的主要结论进行梳理、讨论与拓展；总结研究不足，提出未来研究方向。

三、研究的逻辑框架

本书按照“问题提出—研究理论框架—实证研究—管理体系—总结展望”的研究思路进行研究，本章从研究思路、研究内容与研究方法对整体研究技术路线进行展示，如图 1 –2 所示。

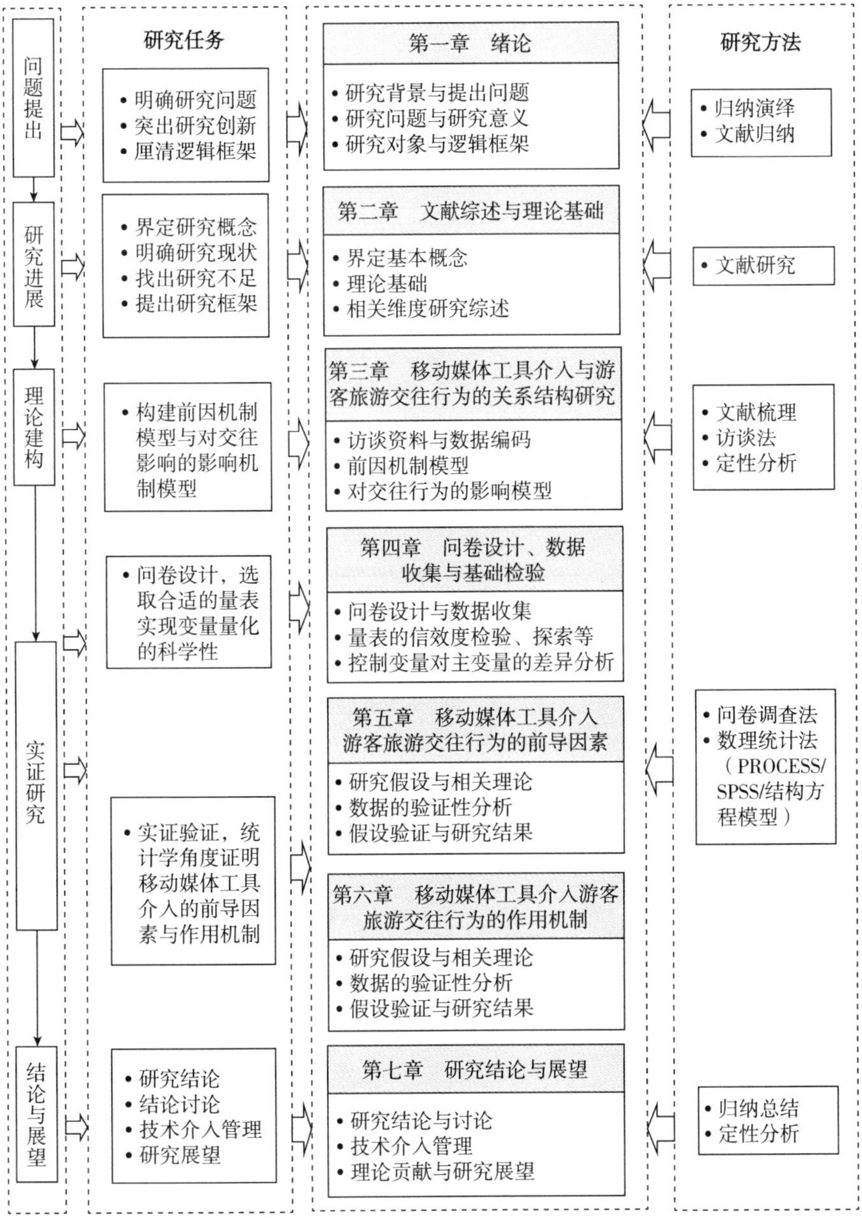
问题提出
研究进展
理论建构
实证研究
结论与展望
研究任务
• 明确研究问题
• 突出研究创新
• 厘清逻辑框架
• 界定研究概念
• 明确研究现状
• 找出研究不足
• 提出研究框架
• 构建前因机制模型与对交往影响的影响机制模型
• 问卷设计，选取合适的量表实现变量量化的科学性
• 实证验证，统计学角度证明移动媒体工具介入的前导因素与作用机制
• 研究结论
• 结论讨论
• 技术介入管理
• 研究展望
第一章　绪论
• 研究背景与提出问题
• 研究问题与研究意义
• 研究对象与逻辑框架
第二章　文献综述与理论基础
• 界定基本概念
• 理论基础
• 相关维度研究综述
第三章　移动媒体工具介入与游客旅游交往行为的关系结构研究
• 访谈资料与数据编码
• 前因机制模型
• 对交往行为的影响模型
第四章　问卷设计、数据收集与基础检验
• 问卷设计与数据收集
• 量表的信效度检验、探索等
• 控制变量对主变量的差异分析
第五章　移动媒体工具介入游客旅游交往行为的前导因素
• 研究假设与相关理论
• 数据的验证性分析
• 假设验证与研究结果
第六章　移动媒体工具介入游客旅游交往行为的作用机制
• 研究假设与相关理论
• 数据的验证性分析
• 假设验证与研究结果
第七章　研究结论与展望
• 研究结论与讨论
• 技术介入管理
• 理论贡献与研究展望
研究方法
• 归纳演绎
• 文献归纳
• 文献研究
• 文献梳理
• 访谈法
• 定性分析
• 问卷调查法
• 数理统计法（PROCESS/SPSS/结构方程模型）
• 归纳总结
• 定性分析

图1－2　研究的技术路线

第二章　文献综述与理论基础

本章首先通过文献阅读和整理进一步明确技术介入、移动媒体工具、交往与旅游交往等相关概念的界定；其次对技术介入与旅游交往行为相关的理论——社会交往理论、差序格局理论和注意力恢复理论进行了分析；最后对移动媒体工具与旅游的关系、旅游者交往行为的研究现状与研究趋势进行了分析。

第一节　相关概念界定

一、技术与技术介入

技术（Technology）源于希腊文 technikos，具有多重定义，包括了：①工艺的科研与应用科学、工艺学、工程学；②工业方面的技术应用。文艺复兴时期，技术被理解为经验和技能。随着产业革命的兴起和生产力的飞速发展，人们把技术的物质手段看成是技术的标志，认为技术是物质手段的总和。美国技术思想家布莱恩·阿瑟（2014）提出“技术是实现目的的一种手段，是一种装置、一种方法或一个流程，技术提供功能，功能指技术要执行的某一类任务”。可见，技术是一个综合的概念，是客人体验的动态综合，包括个人电脑、软件和互联网等有形技术的可用性和访问性（Van Dijk J. A.，2006），也包括与技术相关的无形资产，如专有技术、计算机软件等技术资料的著作权、技术手册、自动化数据库等（Reilly R. F.，2015）。

技术介入（Technology Involvement）是指技术的参与运用。介入是指插进两者之间干预其事（罗竹风，2008）。在技术哲学领域，学界认为技术与人之间是相辅相成的关系。美国技术哲学家 Don Ihde（1990）从现象学视角对人与技术的关系进行了分类，主要包括如下四个方面：具身关系、诠释关系、它者关系和背景关系。其中，具身关系是指人没有直接地感知世界，而是通过技术产品感知世界；诠释关系是指技术与世界是一体的；它者关系是指技术具有独立性，技术有可能脱离人类的控制；背景关系则是指技术一直在运转中，只是我们没有主动地意识到它们的存在。这四种关系透视了人们通过工具实现对世界的感知，也通过技术扩大或缩小我们对世界客观存在的感知，但是技术的复杂性本质决定了人类世界具身化在技术之中。因此，越来越多的学者认为，人与技术的关系已经超越了这四种关系的范畴，认为技术对于人的身体和伦理具有一定的冲击与挑战，也就是说技术已经介入到人们生活的各个方面（刘丹，2017）。Andrews Feenberg（1991）总结了技术哲学中的“技术工具论”与“技术实体论”两种理论，并认为这两种理论观点较好地解释了技术与人之间的关系。另外，与技术介入相近的一个词为技术采用（Technology Adoption），技术采用是指对某种技术的使用，技术采用一般是指采用某项技术的决策行为。技术采用的相关研究集中于技术采用的前因与后果，即技术采用的阻碍与驱动因素（Barham B. L.，et al.，2018；Aklin M.，et al.，2018；Garrone P.，et al.，2018）和采用技术带来的结果（Janssen E.，Swinnen J.，2017）。

二、移动媒体工具

工具是指人们工作过程中所需用的器具与辅助设备，简单来说，就是指达到、完成或促进某一事物的手段。工具是一个相对的概念，工具并非指某一项具体的物件，只要是能够使其他物质发生改变的物件，都可以被认为是工具。

移动媒体工具与工具的概念类似，也是一个相对的概念，也就是说，移动媒体（Mobile Media）相对于旅游业来说是一种工具，能够给旅游业的发展带来一定的影响和改变。移动媒体是指利用各种信息传输技术以满足流动人群信息需求的新型或新兴媒体，是对所有具有移动便携特征的新兴媒体的总称。根据移动媒体的发展过程，可将其分为三个主要的类别。其中，第一类是指在传统媒体基础上发展的移动媒体，包括了基于无线电信号传输的车载广播、车载电视等；第二类是以手机增值业务为核心的手机媒体，如手机短信、手机报、手机广播和手机电视等新兴媒体；第三类则是基于移动互联网技术的各种移动终端，包括智能手机、笔记本电脑、平板电脑、电子阅读器、GPS 设备及移动视听设备（MP3/MP4/MP5）等。2007 年推出的 iPhone 和 2010 年推出的 iPad 将电子媒体带入到了人们的生活当中，改变了人们所面临的媒体环境（Levine L.，et al.，2019）（见表2－1）。

表2－1 移动媒体发展与人类的媒体环境

时间	代际	网络	主要功能	人类主要的媒体环境
1995年	第一代 模拟机	1G	语音通话	传统媒体：报纸、电视、广播
1996年	第二代GSM/ CDMA数字制式手机	2G	数据接收功能： 接收电子邮件或网页	传统媒体：报纸、电视、广播
2002年	第三代移动通信 技术——智能手机	3G	高速数据传输	传统媒体与电子媒体：报纸、杂志、电视、广播、电子报纸、互联网
2010年	第四代智能手机	4G	快速传输数据、高质量、音频、视频和图像	自媒体时代：微博（2009）、微信（2011）、抖音、百度贴吧、论坛等网络社区；社交媒体时代

至此，智能手机已经成为移动媒体最大的载体，而相对于旅游来说，移动媒体的介入是通过智能手机等移动客户端具体呈现出来的。由此，本书认为移动媒体工具是指智能手机、掌上电脑、智能手表等智能设备，是建立在移动终端技术基础上的中介物。

三、交往与旅游交往

交往范畴的词源是拉丁词Commubis，意为通常的、共同的，由此派生出了英文Communication。交往包含了很多具体的意义，如交换、交通、信息、交流、联络、传播等，其本意是对思想、观念、感觉等的分享。交往是一个宏观性的概念，马克思唯物辩证法指出交往是一个整体性的范畴，包括了经济、政治、文化等领域以及它们之间的相互关系（范宝舟，2003）。从社会学角度来看，交往是联系的媒介，德国社会学家哈贝马斯（2004）指出，交往行为最重要的媒介是语言，人们通过与不同交往主体之间的“对话”实现与客观世界、社会世界、主观世界的联系，从而形成一个彼此相互理解的、一致的语境。我国《社会学词典》中的交往是指“人与人、人与集体或集体与集体之间的互动”（张光博，1989）。可见，交往行为是人们社会生活中的一种常见现象，根植于生活世界之中（艾四林，1995），也是人的基本属性（李栋材、张禹东，2013）。

不同的学科对于交往具有不同的看法，其中人类学认为交往是生命世界的基本存在方式；文化学则认为，交往是在多民族、多区域之间的文化交流、激荡和契合中形成的；从哲学角度来看，交往是人所特有的相互往来关系的一种存在方式，即一个人在与其他人的相互联系中所表现出的一种独特的存在方式；从语言学角度来看，交往主要是指信息的交流；而社会学认为人类社会是由各种社会关系耦合的网络系统，其中交往是连接社会网络关系中个人与个人、个人与群体、群体与群体之间关系的重要媒介。18 世纪的法国哲学家们从社会哲学的角度提出了人与人的交往，其中孟德斯鸠认为人是遵循“自然法”来思考和行事的。爱尔维修、霍尔巴赫等学者提出了功利主义的交往原则，认为“避苦趋乐”是人性的特征（郑召利，2002）；霍曼斯与布劳则提出了社会交换理论（吕萍，1996）。

根据《社会心理学词典》对交往的阐释，交往行为具有以下功能：①交往能够直接建立起人与人之间的社会接触，从而互相满足心理上的需求；②人与人之间通过交往，能够相互传递知识、经验、意见以及各自所体验的情感；③通过交往能够互相了解情况，收集有关资料；④通过交往能够影响个人或他人的态度、情绪及行动。

交往也是旅游过程中重要的活动方式和存在方式，构成了旅游过程中重要的社会关系，是游客与目的地、与其他主体，以及与自我沟通的重要方式。游客在旅游活动过程中的交往行为被称为旅游交往行为，是游客行为研究中的重要内容。在国内相关研究中，谢彦君（2005）最早提出了旅游交往的概念，他指出旅游交往是一种短暂性的个人间的非正式平行交往，从时间上来看，旅游交往起始于旅游过程的开始，终止于旅游过程的结束，一般不会向这两极之外延伸。谢彦君将旅游交往分为六个等级，分别为隔离、潜交、示意、互动、互助和竞争。并认为旅游是发生在特定情境中的，其提出的交往情境模型中包括了游客自我、其他游客、目的地居民与旅游业服务者之间的相互交往行为，如图 2 - 1 所示，该模型还展示了不同主体之间不同的交往方式与交往表现。旅游交往也被认为是旅游体验实现的路径之一（谢彦君，2005）。于凤贵（2014）也从以上四个主体出发，将现代旅游交往分为六种模式，包括了游客之间的交往；游客与旅游组织者、接待者之间的交往；游客与目的地居民之间的交往；旅游经营者之间的交往；游客、旅游经营者与旅游辅助人之间的交往；旅游开发商与当地居民之间的交往。Pearce（2005）则认为，旅游者和当地居民、旅游者和服务人员、旅游者自身之间的互动关系是影响游客在旅游过程中旅游体验的主要社会关系，其中旅游者之间的互动又分为群体内互动和群体间互动，群体内互动是指同伴间的互动，群体间互动是指旅途中不熟悉的游客间的互动。

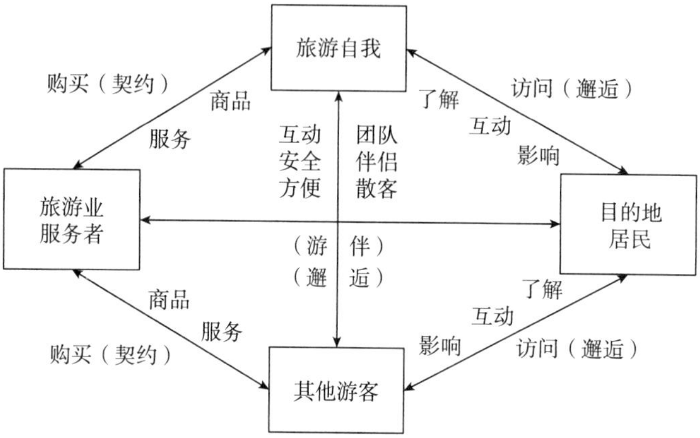

图 2－1 旅游交往发生的情景模型

资料来源：谢彦君（2005）。

综上，本书认为游客的旅游交往行为是指游客在旅游活动过程当中，与其他主体之间面对面的交流与互动。其中旅游交往行为起始于旅游活动开始，结束于游客离开旅游目的地回归日常环境的过程中，根据交往的内涵，我们还认为交往行为包括了交往的数量以及交往关系的情感感知等内容。

第二节 相关理论基础

一、社会交往理论

“社会，不管其形式如何，究竟是什么？是人民交互活动的产物。”——马克思。

马克思的社会交往理论发展于人类历史演变进程当中，他认为人的交往关系等在内的社会关系是构成人类社会的关键。马克思在其著作《1844 年经济学哲学手稿》中最初提出“社会交往”这一社会概念，并将其定义为“人作为类的活动和本质力量明显外化的表现”（马克思，2000），该概念一方面强调了人的自然交往所具备的基础性作用，另一方面又认为人的交往行为是一种主观能动性的行为，该思想为进一步研究社会交往理论奠定了坚实的基础。在之后的研究当中，马克思继续在《德意志意识形态》中对交往展开了详细的阐述，认为交往行为是一个多层次的关系，主要包括了社会交往的物质性（精神交往与物质交往）、社会交往的结构性（外部交往与内部交往）、社会交往的方式（直接交往与间接交往）、社会交往的群体性（个人交往与普遍交往）、社会交往的空间性（民族地域交往与世界交往）几个基本的概念，这也构成了马克思社会交往理论的基本范式与基本框架。可见，交往是一个综合性的概念，包括了行为本身，也包括其带来的情感等精神交往；交往行为不仅包括个体与其他主体之间的外部交往，还包括了与自我的内部交往；交往行为包括了直接交往，也包括了间接交往。根据马克思的观点，我们认为游客的旅游交往行为是一种包含了多个层次结构的交往关系。

在社会交往过程中，社会交换是一种重要的存在方式，并且社会交换的概念是社会互动研究中的重要概念之一，社会交换理论假设人们在与其他人互动时会权衡成本与收益，并会进行具有最大收益和最小成本的互动（Homans G.，1958；Homans G.，1974；Ward C.，Berno T.，2011），而社会交换理论的关键组成部分还包括了信任、控制、依赖以及利他主义（Cook K. S.，et al.，2005）。游客与目的地之间的交往是一种重要的经济活动，其旅游过程是以服务、商品为交换物品的活动，其交往的过程会受到利益与成本的碰撞、理性与情感的影响。特别是在移动技术介入背景下，游客的交往行为与层次展现了新的特征，并且，游客与目的地之间的互动受到众多因素的影响。一方面，游客会根据自己的需求选择线上线下交往的不同方式；另一方面，在线下交往的过程中，游客的实际行为会受到个人的状态、环境因素等的影响，使游客重新评估交往的价值并改变交往状态。具体来看，在移动技术介入背景下，游客的旅游交往行为具有什么样的新特征？移动媒体工具在其中扮演着什么样的角色？均值得进一步探讨。因此，研究将在社会交往理论的指导下重解游客旅游交往行为特征、前导因素与作用机制，该研究也将是对交往行为理论的进一步拓展。

二、差序格局理论

“差序格局”的概念由费孝通先生于1947年在《乡土中国》中首次提出，

差序格局理论是对中国特有的人际关系的重新解读，其主要分析的对象是单个的人，讨论了个人与他人之间的关系。具体来看，其认为中国人的人际关系是以己为中心的同心圆，离中心自我越远关系也越疏远，如同石头扔进水面时的波纹一圈一圈向外推（费孝通，1947；马戎，2007）。这种说法受到学界的关注与认同，并且较多学者在费孝通的差序格局理论的基础上进一步丰富了对中国社会人际关系的研究，其中，黄光国（1988a）结合西方社会心理学中的“情感性关系”及“工具性关系”的人际关系分类法，将中国社会中的关系区分为“情感性关系”“工具性关系”及“混合性关系”三个类型；杨国枢和黄光国等（2008）将人与人之间的关系分为亲人、熟人与生人；杨中芳（1999）的研究认为构成中国特色人际关系的“差序格局”的关键影响因素为血缘关系的远近、交往感情的深浅和交往工具性目的的有无。在此基础上，胡安宁（2018）对差序格局的内涵做了进一步的分析与经验测量的探索性研究，他认为差序格局理论中的“差”，是指一种静态的人际关系网络结构，与目前社会网络分析中的同心圆模型相似；而“序”则强调在这一社会网络结构下个体的动态行为模式，具体是指处于中心位置的个体如何对待不同圈层中的对象。可见，个体首先将一定情境下的社会关系进行了静态的分类，并在此基础之上，根据自我的分类对位于不同圈层的人具有不同的情感，也就是说，个体对待不同类别的交往对象所呈现出的“远近亲疏”具有明显的差异。如图 2－2 所示，图中不同柱子之间的高度差异反映的是不同类型的主体在某种对待方式上的差异性，如对待不同的交往对象具有不同的信任水平，也就是说，个体对待不同关系的人群的信任感具有差异性，而柱子之间的跨度则是指不同序水平下个体分类的差异。

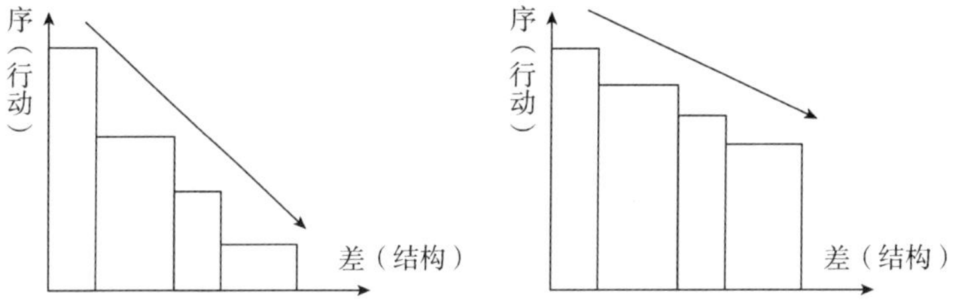

（a）二维差序格局（强差序程度）　（b）二维差序格局（弱差序程度）

图 2－2　二维差序格局

资料来源：根据胡安宁（2018）整理。

交往行为承载了一种重要的社会关系。传统的旅游研究当中，游客的交往行为被认为包括了游客与其他游客、游客与目的地居民、游客与目的地从业者之间的交往（Pearce P. L.，2005）。其中，游客的同伴内群体的互动被认为是旅游者与旅游者研究中的一个组成部分，并未突出同伴在游客交往过程中的重要角色。根据费孝通的差序格局理论，“中国社会的差序格局是从自我向他者延伸，一圈又一圈向外扩展，就像波纹在水面上泛开一样，每个人按与自我相隔的距离来界定自我与他者的关系”（费孝通，1947），本书认为游客在旅游交往情境当中依然是以自我为中心，逐渐向“熟人关系”“陌生关系”进行拓展构建的一个社交关系圈，其中“熟人关系”是指游客与同伴之间的交往关系，“陌生关系”是指游客与目的地居民、从业者以及其他游客之间的交往关系，而这种陌生关系往往是指一次性的交往关系。不同层次交往关系下游客的行为与情感均具有差异化的表现。

另外，交往的过程是一个主体参与的实践过程，交往既是我与他者多样性的视角融汇为一个更加相互包容的过程，更是一个自我“不断深入自我意识、自我批判和自我控制”而成为反思的、审慎的自我的过程。Langsdorf（1995）的研究认为“交往是一个子宫，作为个人的主体从这里出生；交往是一个舞台，各种演员在这里表演”，也就是说，人们在交往的过程中会进行自我展示，整个交往过程就是个人展示自我的过程和舞台。可见，自我反思、自我提升也是个体交往过程中的重要组成部分，也就是说，自我交往是个体主我和客我的交往过程，是个体通过外在环境的对比，然后逐渐反思自我、提升自我的方式。旅游过程中依然如此，旅游的过程被认为是发现自我、寻找自我认同的过程，也是放松自我、排解自我、实现恢复感的重要过程，而在移动媒体工具介入的背景下，技术介入引发的“沉浸”引起学界对个体自我恢复的反思，也就是说，技术介入对游客的干扰带来的与自我内心之间无形的沟通是影响游客获得恢复的重要原因，游客寻找自我的过程是游客交往过程中重要的内容。

本书认为旅游情境下的个人交往也应该成为游客交往行为中的重要组成部分。在此基础上，本书将游客的交往行为分为“熟人之间的交往”“陌生人之间的交往”和“自我关系交往”。

三、注意力恢复理论

注意力恢复理论（Attention – Restoration Theory）认为接触自然环境可以使个

人的注意力得到恢复。Kaplan（1995）最早提出了注意力恢复理论，他认为远离日常生活的压力、融身于更广阔的空间或环境、参与与内心需求相符合的活动、适当地体验一些可承受的刺激性活动均有利于个人的注意力得到恢复。在认知心理学中，专注于需要完成的工作或任务当中的能力被称为定向或注意力，而人的这种能力是有限的，也就是说注意力在一定的情景下也会变得很疲劳（Kaplan S.，1995；Kaplan S.，Berman M. G.，2010），而这种疲劳需要通过一定的缓解方式才能够获得恢复。注意力恢复理论则认为，缓解注意力疲劳的方法便是从注意力集中的某个任务中抽离出来，融身于与任务无关的其他事物当中。已有研究证明放松的场景和睡眠活动均有利于人精力的恢复，与此同时，自然环境的审美放松被认为是最好的恢复注意力的方法，投身到自然环境当中，使专注力与注意力的需求减少而获得完全的放松能够使注意力疲劳得到有效的缓解（Herzog T. R.，et al.，2010）。

目前来看，注意力恢复理论已经运用到医疗（Jung M.，et al.，2018）、教育（Moreno A.，et al.，2018）、家庭关系与功能（Izenstark D.，et al.，2016）等领域。而在旅游研究当中，应用得相对较少。注意力恢复理论与游客的出游动机很好地契合，旅游的方式被认为是缓解工作疲劳的重要方式，因为当人们从事旅游活动时，他们往往希望从日常生活的疲劳中恢复过来，恰好旅游活动过程中的自然环境、新鲜事物均能够使游客处于一个比较放松的环境当中，与日常生活世界与工作世界中的高强度注意力形成较大的反差。Kirillova 和 Wang（2016）对智能手机带来的链接与假期恢复的关系进行了深入的研究，发现使用智能手机所带来的与工作相关的社交活动对游客的假期恢复质量产生直接的负向影响。在旅游研究当中，该理论还用于研究宗教旅游中不同类型的静修对游客恢复质量带来的影响（Gill C.，et al.，2017）；目的地审美与游客的恢复感知之间的影响关系（Kirillova K.，Lehto X.，2016）等；Wang 等（2018）还将注意力恢复理论运用到酒店的营销当中，采用眼动分析和问卷调查的方式对酒店营销图片进行了研究，探究了自然场景和建筑场景的不同宣传图对游客视觉注意与恢复质量的影响，研究发现，自然场景的图片更能够向潜在游客传递更高的修复质量。在本书中，注意力恢复理论能够较好地解释移动媒体工具介入对游客感知的影响，简单来说，移动媒体工具的时间性介入与功能性介入有可能妨碍游客注意力的恢复，具体来看，时间性介入、功能性介入均会在一定程度上影响游客的自我恢复过程，一方面，使用时间占据了游客自我反思、自我缓解与自我恢复的时间；另一方面，纷繁复杂的移动媒体信息一定程度上会分散游客的注意力，增加游客对注意力的需求与压力，移动设备的使用减少了游客旅游情境与日常空间之间的联系，原有的压力得不到缓解也将不利于游客的自我恢复。与此同时，我们不能否认，移动媒体工具也给游客的旅游过程带来了较多的便利性，这种便利性与注意力恢复之间的冲突，是否会重新定义移动媒体工具在游客旅游过程中的作用，值得我们进一步去探究。

第三节 移动媒体工具与旅游关系的相关研究

技术的应用给旅游业带来了众多便利。而移动客户端的成熟发展与信息通信技术的应用使得旅游业获得进一步的变革。本书中的移动媒体工具，主要是指智能手机、平板电脑、智能手表等方便携带、可操作的智能移动设备。移动媒体工具是一种重要的信息通信技术的承载体。这种移动工具缩小了世界的空间范围，实现了不限时间与空间的联系，对于旅游业来说，旅游产业的组织方式、营销方式都逐渐发生了改变；对于游客来说，获得了全新的旅游体验。由此，我们从技术哲学的观点出发，首先梳理技术哲学的主要观点，其次对技术对旅游业的影响、移动媒体技术对旅游业的变革性影响、移动媒体工具对游客旅游交往行为的影响进行综述。

一、技术哲学

技术哲学诞生于20世纪60年代的英国、美国、德国等西方国家中，技术哲学认为技术活动的最本质特征是寻求手段与目的之间的有效组合，也就是说技术活动就是人类以有效性为取向的理性行动。

不同学派的哲学家对待技术发展的态度具有较大的差异性。具体来看，文化哲学流派的哲学家对技术的发展持反对态度，其中，斯本格勒在其著作中提出了，在如今的技术社会，“世界的主人正在变成机器的奴隶”；雅思贝尔认为，技术造成了现代人的异化，导致了人的“平均化、机械化、大众化”，使得“个人不成其为人”；海德格尔认为，在技术时代中，“人变成被用于高级目的的材料”，由于技术的运用，人的艺术性消逝了，思维的能力衰退了，人的本质失落了。社会批判主义学派的哲学家则从自由解放的角度对技术进行了批判，其中弗洛姆在《健全社会》中提出了人在技术发展的工业社会中变成了没有思想、没有感情的机器；马尔库塞在其著作《爱欲与文明》《单向度的人》中表明，技术与人的自由与幸福是相对立的，技术越进步，个人的本性就越受压制。与此同时，刘文海（1994）则对技术异化的观点进行了批判，首先他将西方哲学家的技术异化观点总结为四个方面：自由的丧失、精神的空虚、人格的分裂和本能的压制。接着对这些观点进行了批判，提出了技术是不自主的、技术是中性的、技术是着眼于物质目标的理性活动的观点。其认为技术不具有自主能动性；而某一些技术表现出来的局限性与破坏性是出于控制技术的背景原因，即技术的自主性只是相对的、外在的。技术的发展具有内在的继承性和连续性，技术越是发展到高级阶段，越能够表现出某种程度的自律性和自组织性。

关于技术价值的讨论一直存在于技术哲学研究当中。其中休谟提出了技术的“存在与价值”“实然与应然”的关系问题，认为技术属于实然领域，是一种事实判断，技术自身并不能告诉人们应该做什么。海德格尔则支持技术工具性的概念，认为以合适的方式使用技术工具，实现对技术的掌握和操控是实现人自由的重要方式。高兆明（2003）对生命技术的合理性进行了分析，将技术的“禁区”评价分为技术的应用与技术的发展，认为科学技术是第一生产力，也是社会进步的第一推动力，因此我们并不能强制性地限制技术的发展，而应该从应用层面上规范技术的应用范围，实现技术的合理性与价值性。Chen 和 Wang（2015）则指出，在中西方技术文化冲突与融合的背景下进行相关的哲学有助于消除工程师的精神困惑，使技术的创造者更明确技术的角色与作用，也能够使社会大众拥有更广阔的角度去看待技术活动的价值和社会影响。

技术哲学为我们看待移动信息技术在旅游业中的介入提供了辩证的思维。在如今智慧旅游发展背景下，在智能移动设备成为游客出游必备工具的前提下，辩证地看待智能手机等移动媒体工具所带来的影响能够为我们更好地认识旅游中的移动媒体工具、更好地利用移动媒体工具实现旅游业的智慧化发展奠定实践基础。

二、技术对旅游的影响

技术广泛应用在旅游发展过程中，影响旅游业与游客行为的发展。技术的使用促进了旅游业的发展。技术的使用从生活溢出到旅游，从旅游又融合到了人们的生活当中，已经从食住行游购娱等方面推动了旅游行业的变革。在交通方面，

“四纵四横”高速铁路客运专线与放射性和纵横网络相结合的高速公路构成了全国各地区联通的“高速时代”。交通运输工具的改变能够促进经济活动的开展和工业布局的改变（赵中华，2009），尤其是对旅游业来说，其发展、形态演绎、格局奠定与效率提升都是现代交通推动的结果（魏小安和金准，2012）。高铁的发展带来了旅游要素的集聚，提升了沿线地区旅游资源的价值，降低了游客出游成本并缩短了到达时间，提高了整个旅游过程的舒适度，从而带来了整个国家旅游产业的空间布局的变化与重构（Gutiérrez J.，et al.，1996；殷平，2012；汪德根，2014）。在餐饮方面，互联网、移动客户端与餐饮信息化管理，实现了商户与消费者的两端链接，能够提高经营效率、优化用户体验。餐饮行业已经实现信息在线、交易在线和行为在线，使游客拥有更多的自主权，相反，也督促了旅游景区餐饮服务的优化与管理。在住宿方面，酒店前台管理系统的完善实现了游客的有序化管理，优化了酒店管理体系（Kim T. G.，et al.，2008）；信息通信技术改变了旅游领域获取信息的方式，游客和旅游企业都使用专门的旅游平台进行搜索和共享信息，不断产生新的旅游数据包。对游客来说，大数据能够精确地为游客智能推荐相对应的酒店位置、酒店评价与酒店相关情况，能够更好地实现精准与智能化推荐（Veloso B. M.，et al.，2019）；对于酒店来说，利用数据智能分析游客需求，生成营业场景，增强酒店决策能力，提高战略管理绩效（Buhalis D.，Leung R.，2018）。在线评价系统还促进了酒店企业绿色行为的实践，在线评价系统加强了消费者与酒店之间的联系，使得酒店业的社会责任、环保行为都受到了消费者的监督（Kim J. Y.，et al.，2016）；另外，在网络通信技术的推动下，民宿、短租、共享等新住宿模式的出现。在景区管理方面，主要体现在旅游景区信息系统构建与虚拟现实技术的应用两个方面。其中景区智能系统的开发与运用，使游客通过智能手机、iPad、智能触摸屏等终端实现景区预览全方位，包括了网上预订服务、虚拟旅游、导览、导航、实时交通播报、实时天气播报等服务，同时，信息管理系统也加强实现了旅游目的地的链接，实现了食住行游购娱的无缝连接（Boes K.，et al.，2015；徐菲菲和黄磊，2018）。虚拟现实技术（Virtual Reality，VR）是使多源信息融合的交互式的三维动态视景和实体行为的系统仿真，该技术利用计算机生成一种模拟环境，使用户能够沉浸在该环境中并产生一种身临其境的感觉；增强现实（Augmented Reality，AR）技术，是把原本在现实世界的一定时间空间范围内很难体验到的实体信息（如，视觉信息、声音、味道、触觉等），通过计算机等技术，模拟仿真后再叠加，将虚拟的信息应用到真实世界，被人类感官所感知，从而达到超越现实的感官体验。这些技术加快了旅游景区的数字化进程，也为景区的网络营销提供了新方式；为游客体验遗产类、历史类的景区提供了一种新方式，能够使游客走进遗传旅游地，增强了游客体验（Guttentag D. A.，2010；刘沛林，2018；Wei W.，et al.，2019）。新一轮的全球科技革命颠覆了传统的旅游业，信息网络技术、移动通信技术、个人数据助理、大数据、云计算、可穿戴智能产品等均为旅游业的发展提供了新动力，促进了旅游产业生产率的发展（查建平，2019）。无人驾驶汽车，机器在家庭、办公室、酒店、餐馆、餐厅、旅游景点的个性化服务，虚拟仿真缩小人们的视野空间，可穿戴设备拉近整个世界之间的距离，这些技术的逐步实现，使我们的日常生活和旅行之间没有了界限，使人们可以舒适地待在家里，通过电脑进入虚拟世界，直接感知到真实的世界，使人们传统的娱乐和旅游方式获得了改变。可见，技术缩短了旅游与日常生活的距离（Xiang Z.，2018），技术的变革推动了旅游行业的变革。

三、移动媒体工具对旅游业的影响

依托于移动媒体工具的信息通信技术（Information and Communication Technology）给旅游业带来了变革性的影响。移动设备的运用与普及，成为大部分游客旅游活动过程的核心工具，其给行业的发展带来变革性的影响，也增加了游客旅游体验的方式（Neuhofer B.，et al.，2014）。就目前的研究成果来看，移动媒体技术对旅游业的影响研究主要包括三个方面：以技术接受模型探讨员工及游客对技术运用的接受度与满意度；如何通过技术的设计与提高实现旅游产业相关系统与结构的优化；技术对游客体验的影响（Wang D.，Xiang Z.，2014）。具体来说，从技术接受的相关研究来看，在某个技术开始应用的阶段，学者们较为普遍地采用技术接受模型探究顾客或游客们对于该技术的认知与接受对后续行为的影响。具体来看，Kim 和 Lee（2008）针对酒店员工对酒店前台办公系统的认知与使用进行了测量，通过技术接受模型验证了员工对该系统的实际使用情况；李东和和张鹭旭（2015）对游客对旅游 APP 的下载与使用进行了研究，探究了游客对待旅游 APP 不同态度的影响因素；徐菲菲和黄磊（2018）针对景区智慧旅游系统的使用意愿进行了研究，主要通过 TAM 和 TTF 研究模型验证了游客对于该系统使用行为的影响因素。从行业优化角度来看，技术改变了旅游组织的运作方式、流程与结构，成为行业创新的重要工具，是企业创新的关键动力（Hjalager

A. M. , 2010)。信息通信技术在提高旅游组织和旅游目的地的竞争力方面发挥着关键作用（Berne C. , et al. , 2012），其中数字化通过改变进入壁垒、促进价格透明度和竞争、改革分销渠道、优化成本和提高生产效率，改变行业结构（Assaf A. G. , Tsionas M. , 2018；Kim E. , et al. , 2004)。技术也逐渐从驱动旅游行业优化的工具变为知识创造的工具，总能为旅游的发展带来新的创新与突破。在智慧技术发展得如火如荼的时代，智能旅游技术的使用与测量对如何实现旅游规划具有重要的影响作用，Huang Goo 等（2017）探明智慧旅游技术，如旅游网站、社交媒体、智能手机等的使用一方面促进了游客的探索性使用，另一方面促进了游客的剥削性使用，即对游客的安全和隐私造成了负面影响。游客需求的可测量化实现了旅游规划的目标性；Lénia Marques 和 Boeba（2017）对数字技术在旅游城市中的应用进行了探讨，研究发现通过数字技术能够满足不同利益相关者的共同需求，解决游客与当地居民需求之间的冲突，实现城市物质和社会文化结构的改善。从游客体验与游客行为影响角度来看，信息通信技术拓展了旅游的时空边界，为游客打开了全新的体验方式和体验过程。旅游者通过信息访问、预订逐渐实现旅游的自主安排（Xiang Z. , Gretzel U. , 2010），也为游客在异地环境中信息搜索与问题解决提供了便利（Gretzel U. , 2010）；通过社交分享、网络评论与在线互动等方式，参与到旅游服务设计当中，实现旅游服务与产品的共创（Sigala, Marianna, 2012；Sfandla, et al. , 2013)。以智能手机为代表的移动设备在收集信息、丰富和构建体验方面发挥了更大的价值（Wang D. , et al. , 2012），主要表现在旅游过程中提供的便利服务（导航、预订等）、沟通（旅游体验分享）与娱乐（游戏、音乐、电影等）等方面（Campbell S. W. , Kwak N. , 2011），其中增强现实技术也在智能手机中得到应用（Guttentag D. A. , 2010)。

移动媒体工具带来的负面影响也逐渐被学界认知。越来越多的证据表明，游客对技术介入到日常生活中感到不满（Lay K. , 2014），其中 Yovcheva 等（2013）明确指出了移动技术的使用带来的旅游体验包括了积极与消极两个方面。首先，从旅游动机来看，“逃离”日常生活是一种重要的旅游动机，而信息通信技术在移动设备上的应用，使游客即使去了距离较远的旅游目的地，仍然随时随地保持了与家人朋友之间的联系（Pearce P. L. , Gretzel U. , 2012)。移动技术的无处不在，干扰了人们的日常生活（Augner C. , et al. , 2011），模糊了工作与休闲的时间和空间（Klein O. , 2004），使得人们即使在旅游的过程中，依然可以购物、消费和工作（Dickinson J. E. , et al. , 2012)。Paris 等（2015）通过研究发现游客在旅游过程中时常与工作保持联系对工作来说是一件好事，但是却会引起游客的焦虑。其次，从旅游体验来看，长时间使用移动设备会分散游客在旅游过程中的注意力，不利于游客恢复体验的实现（Ayeh，Julian K.，2018）。Gretzel（2010）认为，移动设备的过度使用会让游客脱离现实的体验，减少旅游过程中与在场人之间的互动而失去对目的地的某些体验。Li、Browne 和 Chau（2006）指出当个体对技术产生依恋时，即在情感上更依附于某一技术时，他们会更投入地使用这项技术，并更享受与它的互动，但是游客一旦对技术的依赖越过某一阈值，便会形成对技术工具的依赖与上瘾，并造成严重的负面影响。

四、移动媒体工具对旅游者行为的影响

随着技术的不断发展，科学技术逐渐成为越来越具体的实物与工具出现在社会生活当中，而人们与身边的电子设备之间的关系也变得越来越紧密（Bodford J. E.，et al.，2017）。技术已经作为一种工具与设备成为人们生活中必不可少的一部分。

互联网信息技术的发展为人类塑造了一种全新的社会结构，这种全新的社会结构是在现实社会基础之上所形成的，并且拓展了人们的生存空间——虚拟的网络空间。网络虚拟空间为人们人际交往创造了新平台，促使人际交往呈现了全新的模式（黄少华，2002）。依托于移动端的社交媒体的出现，完全实现人们线上交往的实时性与随时性，催生了大量的网络社区，改变了人们的交往行为。其中就国外相关研究成果来看，社交网络成为人们展示自我、构建人际关系的重要平台。社交网络交往的异步性给了人们有效管控自身形象的条件（Catalina L.，et al.，2008），使人们在 Facebook 中会表现真实和理想的不同人格（Baker L. R.，Oswald D. L.，2010）。部分用户会通过对照片和资料的选择和管理，展示自己积极的社会形象（Zhao S.，et al.，2008），部分用户会充分展示自己的真实生活。与此同时，Phu 和 Gow（2019）也关注了 Facebook 的使用与用户主观幸福感与孤独感之间的关系，研究发现用户所构建的社交网络体系越庞大，获得的关注越多确实与其主观幸福感存在正相关关系，但是对其使用的强度与性质有可能对他们的健康有坏处。就国内来说，微信朋友圈已经成为重要的虚拟社区，依托于友情关系、亲情关系或认识关系而构成了一个固定的社会网络（聂磊等，2013）。甘韵矶（2016）对依托微信的晒客行为进行的研究认为，人们通过发朋友圈进行自我形象的塑造，并进一步构建人际交往关系。另外，人们对于网络形象的塑造过分在

意，也一定程度上体现了人们对于自我身份的焦虑，特别是过度地通过朋友圈的“晒”行为可能会造成网络社会异化。

社会学界对信息通信技术对人们的社交性影响进行了全面的研究，但是关于以移动端或互联网为媒介的交往形式到底会破坏人际交往还是会强化人际关系一直是一个备受争议的话题。其中，Kraut 等（1998）研究认为网络使用会阻碍人们人际关系的发展，由于在线互动的匿名性，造成了网络空间的交往其实是一种戴着面具的交流与互动，使得我们近在身旁的人其实是遥远的，而陌生性又意味着遥远的人实际就近在眼前（黄少华，2002）。但是，也有越来越多相反的观点出现，Fortunati（2013）通过研究指出了社会学界对于移动媒体技术带来的影响主要表现在三个方面：减弱、增强和补充。社会网络的使用被认为不仅不会降低面对面的交流，反而能够促进人们对社区的感知以及能够更好地补充传统的交流方式（Kujath et al.，2011；Ellison Nicole B.，2006；Mesch G. S.，et al.，2003）。可见，移动媒体工具的使用对游客旅游交往行为的影响依然是值得深入探究的问题，厘清移动媒体工具的使用带来的影响效应是实现针对游客交往行为进行优化服务管理的基础。

第四节 旅游者交往行为的相关研究

旅游是通过社会互动将人们聚集在一起的过程（Bandyopadhyay R.，2012）。从宏观来看，旅游是国与国之间、地区与地区之间、社会与社会之间相互交流的重要方式（Sutton W. A.，1967）。旅游促进不同地区之间的人们及文化相互接触与交流，也促进不同地区通过旅游的互动实现了相互了解与信任（Kim Y. K.，et al.，1990；Kim S. S.，et al.，2003）；从微观来看，旅游是与异于惯常环境的目的地之间的交流，旅游的整个过程中主要存在两大类关系：“人—物”关系和“人—人”关系。其中，“物”主要是指旅游景观、旅游设施、旅游标志物等。而“人”则包括了旅游者、旅游业服务人员和旅游目的地居民（谢彦君，1999）。旅游使得不同游客在陌生的旅游目的地形成相对稳定的社区群体，在旅游过程中必然存在旅游者与其他主体之间的交流，这也是旅游的重要组成部分（陈晔、张辉和董蒙露，2017）。

在已有的研究中，主要从旅游者凝视以及景观符号化的视角研究“人和物”

之间的关系，而对于“人与人”之间的关系研究相对比较缺乏。英国旅游社会学家Urry（2002）指出整个旅游过程就是一种社会关系的连接过程，旅游服务与旅游消费都展现了一种社会接触与社会关系，其中，核心内容便是人与人之间的互动。旅游行为作为一种消费行为和社会行为，具有鲜明的社会属性。旅游消费行为实质上是旅游者个体社会关系的再生产活动，在旅游的过程中，旅游者离不开与他人的互动，旅游者与他人的社会关系质量影响着旅游者的体验质量（彭丹，2013）。可见，旅游中人与人之间的关系，即旅游者的旅游交往行为的研究具有重要的意义。谢彦君（2006）等提出了旅游者与他人之间的互动构成旅游世界最主要的人文现象，这些互动主要包括了旅游目的的既定依托、旅游过程的偶然嵌入以及契约性的交易关系，这些互动构成了复杂的旅游交往行为，主要表现在游客与东道主的交往、旅游者之间的交往、游客与供应商的交往。“人”作为旅游过程中最重要的主体，在之后的研究过程当中，越来越多的学者将旅游者与潜在的旅游者之间的交往看作是旅游交往中的一种。旅游者在旅游过程中的社会行为与社会关系引发的相关问题是社会行为学研究关注的重要范畴（张进福和肖洪根，2000），也是旅游社会学的重要组成部分，值得我们进一步探讨。

一、旅游者交往行为的内涵与维度

1. 旅游者交往行为的内涵

游客的旅游交往行为始于20世纪60年代对主—客关系的探究。旅行作为一种消费行为和社会行为，具有鲜明的社会属性。Sutton（1967）对旅游的社会化结构进行了探讨，指出了游客在旅游过程中通过与目的地社会的接触与互动，能增进民族与地区之间的相互理解，这种相互理解主要通过人与人之间的接触逐渐实现。Laxson（1991）帮助游客探寻旅游目的地的真实性，能够解除对旅游目的地的刻板印象，并且更好地理解当地的文化，避免与居民之间的冲突；Reisinger（2004）则认为主客交往产生于不同文化背景的旅游者和旅游接待地居民这两个群体的相遇和接触，并且这种交往给接待地所带来了文化整合、文化同化和文化变迁。国内学者也较早地关注了主客互动。孙九霞（2012）对旅游中的主客互动进行了阐述，认为游客与目的地居民的交往过程中带有不同程度的跨文化接触和交流，也带来了文化的传播，并认为这种社会交往是旅游的重要过程。王宁提出消费是个体、社会组织、社会关系和社会系统的再生产活动，在旅游活动过程中，游客与当地人、服务人员、其他游客等主体之间的互动构成了旅游活动中的主要社会关系。可见，旅游消费行为实质上是旅游者个体社会关系的再生产活动。旅游者与他人的社会关系质量直接影响着旅游者的体验质量（彭丹，2013）。张机和徐红罡（2016）以民族餐馆为微场景探究了民族旅游中的主客互动关系，研究发现当地居民与游客之间的互动是民族旅游的内核，特别是游客体验民族文化的关键。除了主客互动外，游客与游客之间的互动与交往过程也是旅游体验的重要组成部分。其中，互动是背包客出游的重要动机之一（Murphy L.，2001），而在邮轮旅游当中，娱乐和社交活动占整个旅游行程中的大部分行程（Koth B. A.，et al.，1992）。整个旅游都是一个互动的过程，既包含了群内互动也包含了群间互动，其中群内互动也就是指与旅伴之间的互动，比如朋友、家人或团友等；群间互动则是指在旅游过程中与不认识的游客进行的互动（Pearce P. L.，2005）。群内互动是增进与亲人朋友之间感情的重要方式之一，群间互动则是寻找真实自我的过程，李志飞等（2018）对旅游者在旅游地的社会行为的变化进行了探究，结果发现游客的语言宽化、性格转向及互相倾诉都是游客行为变化的主要方面。

综上所述，游客的旅游交往行为涉及了旅游过程中的不同主体，以语言或非语言的方式实现的文化交流，是旅游体验的重要组成部分。对于交往行为的概念定义，谢彦君（2005）提出旅游交往是一种短暂性的个人间的非正式平行交往，旅游交往在时间上起始于旅游过程的开始，终止于旅游过程的结束；陈晔、张辉和董蒙露（2017）认为，在团队旅游过程中的交往行为是指游客主动或被动地与其他游客发生的语言或非语言等形式的沟通和行为交互；蒋婷（2012）提出狭义的顾客间互动，是指在某次服务接触当中，一个顾客（一组顾客）主动或被动地与另一个顾客（另一组顾客）之间产生的语言或非语言等形式的沟通和信息传递过程。本书参考了高德兴和王琦（2008）的相关研究，他们认为广义的主客交往可以称为主客关系、主客互动，指主客之间的一种相互影响，这种交往能够使不同文化背景的游客和旅游地居民接触、相遇、交往，并给旅游地带来文化整合、文化同化、文化变迁；狭义的主客交往指游客与东道主之间发生的面对面的交流活动，如示意、交谈、交易和游戏等。研究还结合了谢彦君教授的旅游交往情境模型，认为游客的旅游交往行为主要是指游客与居民、其他游客、从业者之间发生的面对面的一切交流活动。

2. 旅游者交往行为的结构与维度

少有学者对旅游者交往行为进行全面的结构维度构建。本书参照国内学者彭丹（2013）根据美国社会学家莫里诺（Moreno）的社会关系网络图对旅游者交往行为过程中的互动形式进行了构建（见图2－3）。

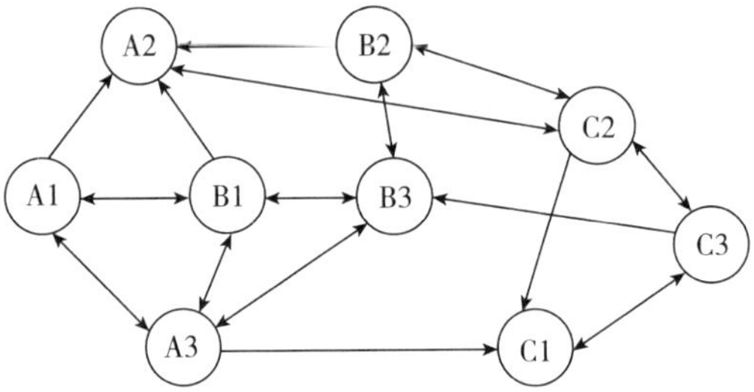

A代表旅游者，旅游者个体即为A1、A2、A3
B代表服务者，服务者个体即为B1、B2、B3
C代表居民，居民个体即为C1、C2、C3
单向箭头表示单向选择关系
双向箭头表示双向选择关系

图2－3　旅游世界中的社会关系网络

资料来源：彭丹（2013）。

根据谢彦君（2005）的旅游交往行为情境模型，旅游者的旅游交往行为包含了旅游者我、旅游者他、居民、从业者四个主体，因此，我们对旅游交往行为结构与维度的研究主要从旅游者间、主客交往等不同主体间的交往行为进行总结。就国外研究来看，Martin（1996）开发了顾客间互动的测量量表，包含了交际行为、邋遢行为、漠视行为、粗野行为、暴力行为、不满行为和悠闲行为七个内容。Grove 和 Fisk（1997）研究了服务过程中多个客户共享一个空间时，其行为对服务体验的影响，在研究过程中，将顾客的交往行为分为礼仪性行为和社交性行为；Nicholls（2005）则根据交往的时间、地点与方式进行了分类，将客户之间的交往行为分为时间交互、空间交互、口头交互、信息交互、帮助与非顾客行为六个维度；Wu 和 Zhang（2013）对社会互动与旅游者参与的关系进行了探究，其中将社会互动分为内生性影响、外生性影响和相关性影响，其中内生性影响是指同一群体内个体的行为会对其他人产生影响；外生性影响是指个体行为受到社会群体行为的影响；相关性影响则是指社会群体中个体特征相似或者其他环境相似的群体之间的影响。国内学者也对旅游交往行为的结构进行了一定的探究，其中，谢彦君（1999）根据旅游者与他人相互作用的强弱程度对旅游交往行为进行了层次差异分类，共分为六个等级，即隔离、潜交、示意、互动、互助和竞争；银成钺（2010）利用关键事件技术方法对顾客间的互动与满意度进行了探究，研究过程中将游客的交往行为分为顾客的外观（外表上）、其他顾客的行为（行为上），以及顾客间的语言交流（语言上）；蒋婷和胡正明（2011）通过关键事件技术的方法对游客间的互动行为进行研究，认为游客的互动行为包括了基本礼仪、旅游规范、语言沟通、帮助行为和其他共五类；在此基础上，蒋婷和张峰（2013）继续从游客体验视角对游客间的互动行为进行了探讨，并将游客间的互动分为礼仪违背、干扰与争执、友好交谈、建议与帮助四个构面；彭丹（2013）对旅游者的社会关系进行了充分的解读与构建，提出的旅游者交往行为可以分为：①主动交往、被动交往；②强化功能、弱化功能；③交往密度、交往规模、亲密关系。陈晔、张辉和董蒙露（2017）对团队旅游中游客间互动进行了实证研究，其中将交往行为分为积极的游客间互动与消极的游客间互动两类，按照此类进行划分的还有国外学者 Wu（2007），Zhang、Jingyun 等（2010）。具体的结构维度如表 2－2 所示。

表 2－2　国内外学者关于旅游交往行为的结构维度研究概况

作者	旅游交往行为结构维度
Martin（1996）	交际行为、邋遢行为、漠视行为、粗野行为、暴力行为、不满行为、悠闲行为
Grove，Fisk（1997）	礼仪性行为、社交性行为
Nicholls（2005）	时间交互、空间交互、口头交互、信息交互、帮助、非顾客行为
Wu L.，Zhang J.（2013）	内生性影响、外生性影响、相关性影响
谢彦君（1999）	隔离、潜交、示意、互动、互助、竞争
银成钺（2010）	外表上、语言上、行为上
蒋婷、胡正明（2011）	基本礼仪、旅游规范、语言沟通、帮助行为和其他
蒋婷、张峰（2013）	礼仪违背、干扰与争执、友好交谈、建议与帮助
彭丹（2013）	①主动交往、被动交往；②强化功能、弱化功能；③交往密度、交往规模、亲密关系
Wu C. H.（2007）；Zhang，Jingyun，Beatty，Sharon E.，Mothersbaugh，David（2010）；陈晔、张辉、董蒙露（2017）	积极互动、消极互动

资料来源：根据文献整理。

根据所整理的结构维度，我们发现学界对于旅游交往行为的维度结构与维度界定并没有统一的标准。从已有的文献来看，较多的是从第三者视角感知其他游客的交互行为并对其进行分类，未有从游客第一视角感知的旅游交往行为维度划分。旅游交往行为是旅游者旅游过程的重要内容，直接影响着游客的旅游体验感知，如何利用游客的交往需求，为游客提供恰当的交往情境，是增强游客满意度的重要方式。因此，本书认为，有必要从游客主观视角对游客交往行为与交往需求进行维度划分与结构构建，旨在为认识游客的旅游交往行为提供一个新视角。

二、旅游者交往行为的驱动因素

根据马斯洛需求层次理论，需求具有一定的层次性，但是人的行为决定于主导需求。游客的交往行为受到了需求因素的影响。Zgolli（2017）对酒店顾客间的互动进行了探究，研究发现顾客的外向性和感知相似性对顾客的互动行为有促进作用，并且也证明了这种互动还会影响游客的行为反应，如停留意愿、满意度与忠诚度等；Wang、Yi 等（2018）对中国成年子女与父母一起旅行的动机进行了研究，研究将这些动机分为父母导向动机、家庭导向动机和自我导向动机，其中除常规旅游动机外，实现家庭团聚和维护与父母的关系是重要的动机之一；结识新朋友，并从房东那里得到旅游建议是人们选择爱彼迎的重要原因（Stors N.，et al.，2015），Poon 和 Huang（2017）研究发现游客与目的地民宿主人或当地人之间互动的目的是获得业内人士对当地景点的建议以实现更好的体验；Camilleri 和 Neuhofer（2017）对游客与主人之间的互动行为进行了研究，这种互动包括带客人参观，给他们提供当地交通的信息，带他们去海滩或者把他们介绍给朋友等。

国内学者杨艳林（2007）将主客交往的影响因素分为了经济类因子、文化类因子、旅游行为类因子和环境类因子四大类，在四大类影响因子的前提下又具体分为经济、动机、人口学特征、文化差异、文化心理距离、旅游行为、交互时空、交互氛围八个具体影响因素；韩国圣等（2010）通过对威海国际海水浴场冬泳爱好者社会交往的影响因素进行研究，结果证明，拥有共同的兴趣爱好是交往的重要影响因素，人们在同一空间完成相同的任务更有利于形成亲密的社会关系；段圣奎等（2013）对沙发客与沙主的旅游交往行为进行了研究，结果发现交往动机是促进交往行为的重要动机之一，其中交往动机主要指结交朋友获得情感满足，而对于沙发客来说主要目的是获取旅行资源，沙发主则表现出更多的利他性特征，主要体现在利用自身的优势去帮助别人完成旅行；殷英梅（2017）以互动仪式链理论对共享型住宿模式进行了分析，对房主与房客之间的互动仪式结构进行了总结，并认为“人情味”的互动是满足主客体验的关键。

综上，结合社会交往理论与马斯洛需求层次理论，我们知道人之所以有某种行为是因为其具有一定的内在需求，旅游者的社会交往行为是由内在需求因素导致的。我们总结发现，驱动游客形成不同社会交往行为的因素主要有：旅游者性格因素；情感需求，包括了与家人朋友进一步沟通交流，稳固感情，也包括认识新朋友的需求；信息需求，获取更好的目的地信息，实现更好的旅游体验；知识需求，认识和了解当地的旅游文化，体会目的地本土生活方式；自我需求，主要为表现自我、释放自我等；休闲娱乐需求，打发路程中的时间。研究认为，根据游客交往行为的需求，构建游客交往需求—行为的结构模型，是让我们更好理解游客社会交往行为的重要过程，因此有必要对游客交往行为的需求因素进行综合性的探究。

三、旅游者交往行为效能的相关研究

旅游者的交往行为是游客在旅游过程中构建社会关系的重要方式，影响着游客的旅游体验质量。在国外研究中，Pearce（2005）通过研究提出了旅游者与居民之间的互动、与服务人员之间的互动以及与其他游客之间的互动均会直接影响游客的旅游体验。旅游过程中和睦的社会关系，即旅游者与其他旅游者及导游之间的和睦关系直接影响漂流旅游体验（Arnould E. J.，Price L. L.，1993）；Harris和Baron（2004）研究发现，顾客之间的口头互动直接影响顾客的购买结果；Moore等（2005）通过实证研究发现，顾客间的互动对公司的忠诚和口碑传播有显著的正向影响，但是对顾客对公司的满意度没有显著的正向影响。Parker和Ward（2000）的研究也发现，消费者更愿意去商场和购物中心的原因是为了更多地与其他顾客进行交流；Dowling（2003）也发现与其他乘客的互动是整个游轮旅游过程中第二受欢迎的活动；Huang（2010）探究了游轮旅游过程中游客与其他游客的互动数量与互动质量对游客体验与满意度的影响，结果发现游客与其他游客的互动显著正向影响游客体验与满意度。

国内学者对社会交往行为带来的影响也进行了进一步的研究。蒋婷和张峰（2013）发现游客间的互动直接影响游客的再惠顾意愿，也通过游客的旅游体验价值间接影响再惠顾意愿。杨勇（2016）结合了东方文化背景下人们对家庭、亲

情或友情的关注，从交往行为角度对黄金周旅游需求的影响因素进行了实证检验，结果与传统的旅游需求研究不同，他发现社会交往因素是影响旅游需求的重要因素，可见家庭间的情感交流与交往对旅游需求具有直接影响（严艳等，2010），此外，屈锡华和陈睿（2007）也证明游客在旅游过程中与其他人，包括了朋友、同事与陌生人之间的互动会给其带来非惯常环境下的社会交往体验和效用。

综上所述，旅游者的社会交往需求与行为在旅游过程中扮演着重要的角色，与游客的旅游体验、购买行为、重游意愿、满意度等均具有直接的相关关系；另外，在东方文化背景下，社会交往行为是个体社会关系构建的过程，社会交往是影响旅游需求的重要因素之一，是稳固熟人关系群体的重要方式；群体间的交往，即与目的地居民、服务者之间的交流与交往也成为缓解现实生活压力、实现精神文化交互的重要通道，可见旅游者交往行为的研究具有重要意义。

第五节　研究述评

研究在概念界定与理论基础之上，进一步针对移动媒体技术与旅游、游客旅游交往行为两个主题进行了相关的文献综述，以更好地了解移动媒体技术与移动媒体工具介入与旅游相关的研究现状、更充分地了解目前游客旅游交往行为研究的现状。虽然已经针对智能手机等移动媒体工具的应用进行了相关研究，但是依然存在一定的研究空白，具体来看：

研究内容上：①关于移动媒体工具介入的研究主要集中在以技术接受模型探讨员工、游客对技术的接受程度，如何通过技术的设计与提高实现旅游产业相关系统与结构的优化，以及技术对游客旅游体验的影响三个方面。其中，以探讨移动媒体技术对旅游业的正面影响为主，虽然其负面影响也受到学界的关注，但是相对来说，还处于初步研究阶段，其影响过程还有待进一步探究。②移动媒体工具已经给游客行为带来了变革性的影响，从交往行为角度来看，社会学界对于信息技术给人们社交行为带来的影响进行了全面的研究，其中关于移动端或以互联网为媒介的交往形式到底会破坏人际关系还是强化人际关系一直都是一个备受争议的话题。③从旅游交往角度来看，在已有的研究当中，对“人和物”之间的关系进行了丰富的研究，而对于“人与人”之间的关系研究相对较为缺乏。

④移动媒体工具改变了人们交往的空间维度与时间维度，移动媒体工具丰富的功能代替了游客部分交往需求，其对游客交往行为与交往情感感知方面的探究有待进一步丰富，以更清楚、更科学地认识移动媒体工具对游客行为及游客旅游体验的影响。

研究方法上：①目前关于游客旅游交往行为的研究多采用质性研究方法，从定量研究角度来看，对于游客旅游交往行为的结构维度与结构度量并未有统一的标准，研究有待于通过定性与定量研究相结合的方法以实现对游客旅游交往行为的深入认知。②关于旅游中移动媒体工具的研究较多集中于定量研究，并且定量研究较多集中于技术接受模型等较为成熟的模型检验当中。而针对移动媒体技术对旅游业、游客的变革性影响，今后的研究应该实现从定性研究方法出发去探究移动媒体工具介入背景下，旅游业及游客行为表现出的新特征，以更好地认识移动媒体工具介入带来的影响。

因此，本书认为，应该以辩证的视角看待移动媒体工具对旅游业的影响，在对移动媒体工具介入与游客旅游交往行为关系结构、影响机制的研究当中，应该充分结合质性与定量的研究方法，以质性研究方法探究移动媒体工具的介入特征以及移动媒体工具介入与游客交往行为的关系结构，并利用定量的研究方法实现对关系结构的量化与验证。最终实现对移动媒体工具介入的客观认识，从游客旅游交往视角更好地实现对移动媒体工具介入的管控，以更好地指导旅游行业管理。

第三章　移动媒体工具介入与游客旅游交往行为的关系结构研究

移动媒体工具的使用已经从日常生活完全溢出到旅游活动过程当中。在移动媒体工具的影响下，旅游交往行为具有了完全不同于传统旅游活动的交往属性。传统的社会交往活动的利益、理性和逻辑原则受到了挑战，移动信息技术的发展改变了游客的旅游交往行为。因此，本部分的内容主要集中于通过扎根理论的研究方法，通过对访谈资料的收集与整理，探明移动媒体工具的介入过程与移动媒体工具介入对游客旅游交往行为的影响过程。

第一节　研究方法与数据收集

一、扎根理论方法

本章旨在从现象视角出发探究移动媒体工具介入的前因影响机制与移动媒体工具对游客旅游交往行为的影响过程机制。目前，学界较多地关注智能手机等移动媒体工具给游客旅游体验带来的影响，其结果集中表现在智能手机给游客的旅游带来了便利；而从旅游现象出发，在旅游景区当中，我们不难发现较大部分游客的关注点在智能手机上，而除同伴外，游客与其他游客即使同处一个空间内，也较少进行交流，游客与其他群体之间的交流由传统的“天涯若比邻”变成了“比邻若天涯”，显而易见，移动媒体工具对游客的交往行为产生了一定的影响。

建构主义是一种社会科学的理论，强调社会互动与社会实践，解决现实是如何形成的问题（凯西·卡麦兹，2009）。扎根理论则强调从资料中提升理论，认为只有通过对资料的深入分析，才能逐步形成理论框架。建构主义扎根理论则强调了对于资料的归纳分析过程，要求研究人员采取开放性的态度对所收集的资料进行扎根分析，关注原始资料的具体性与一般性，经过反复的理论抽样寻找概念之间的联系，以及自上而下的建构概念模型。同时，以理论饱和为停止收集资料的依据，当收集的新资料不再能产生新的理论见解或者出现新的类属时，便达到理论饱和。

本书依据 Charmz 提出的建构扎根理论方法，整个扎根分析要求反复理论抽象，循环编码过程，具体来看：首先，数据收集与数据分析基本同时进行，笔者在访谈结束之后立即将录音逐字转译为文本，并及时对数据进行编码；其次，在数据的编码过程中，遵循从数据中构建分析代码和类属，对访谈资料进行了初始编码（逐行编码）；最后，笔者在进行访谈与编码的过程当中，通过访谈感悟与编码记录，以更好地发现类属之间的理论关系。研究主要使用了初始编码、聚焦编码和理论编码三个编码过程。

二、访谈提纲设计

本书的研究中，我们将旅游交往行为定义为游客在旅游过程中与同伴、居民、从业者、其他游客以及自我之间在语言、精神与行为上的交流过程。移动媒体工具介入主要界定为移动媒体工具进入到游客旅游活动过程中表现的特征，表现在智能手机占据游客旅游活动的过程。基于文献梳理与预调查得到的信息与反馈，研究形成了初始的访谈提纲，并与研究团队进行了详细研讨，其中研究团队包括：教授一位、博士研究生五位、硕士研究生两位。在此基础上形成了最终的访谈提纲。访谈提纲主要包括两个方面的内容：

一是主要的访谈问题，主要包括：①您觉得手机给您的旅游带来什么样的影响？②您在本次旅游活动过程中使用手机的频率？回忆您本次旅程或者今天一天的旅程，您使用手机的频率主要集中在什么时段、什么地点、什么情景下？在当时的情景下，是什么动机驱使了您使用手机？③您对同伴使用手机的看法是怎样的？旅途中是否有围绕手机发生比较印象深刻的故事？④回忆您在本次旅游过程中有过哪些交往行为？在您与其他主体发生交谈、交流等交往行为的时候您的目的是什么？整个行为发生的过程中您的感觉和感受是怎样的？⑤旅游过程中手机的使用给您的交往行为带来什么样的影响？与之前智能手机不普及的时候相比，您觉得您的交往行为有什么变化？

二是被访者的基本资料，主要包括了性别、年龄、职业、来源地、出游方式/同游人数以及访谈地点六方面。在整个访谈过程中，为了使访谈过程更加顺利，笔者根据具体的情景与访谈的情况对两部分的内容进行糅合并提问，访谈内容不限于提纲。

三、资料收集过程

研究主要通过访谈法进行数据收集，笔者于2019年6月在厦门鼓浪屿进行了为期5天的调研，一共访谈了23位受访者，其中2019年6月7日与3位友人前往厦门鼓浪屿亲身体验，并对3位同行者进行了观察与访谈，在对访谈资料初步总结的基础上，对访谈提纲进行进一步的完善；2019年6月20～22日再次前往鼓浪屿，并进行了随机访谈。最终整理得到62557字的文本访谈资料，样本基本信息资料如表3－1所示。

表3－1　样本基本信息资料

序号	性别	年龄	职业	来源地	出游方式/同游人数	访谈地点	编码
1	男	24	学生	福建	朋友出游5	鼓浪屿广场	a1
2	女	25	企业员工	杭州	朋友出游2	鼓浪屿游客接待中心	b1
3	男	30	企业销售	上海	单独出行1	轮渡候船厅	b2
4	男	26	学生	河南	朋友出游2	轮渡排队期间	a2
5	男	18	学生	广东	家人出游3	鼓浪屿广场	a3
6	男	24	人寿保险	厦门	伴侣出游2	鼓浪屿海边	b3
7	男	30＋	企业	汕头	朋友出游6	鼓浪屿海边	b4
8	男	18	学生	青岛	朋友出游2	鼓浪屿麦当劳	a4
9	女	18	学生	广东	朋友出游2	鼓浪屿小马哥马铃薯购物摊前	a5
10	女	23	未知	哈尔滨	家人出游3	鼓浪屿麦当劳	d1
11	女	30	未知	哈尔滨	家人出游3	鼓浪屿麦当劳	d2
12	男	50	公务员	咸阳	同事出游2	鼓浪屿麦当劳	c1
13	女	22	学生	福州	室友出游4	鼓浪屿麦当劳	a6
14	女	28	企业	上海	夫妻出游2	鼓浪屿麦当劳	b5
15	女	28	公务员	湘西	朋友出游3	鼓浪屿	c2
16	女	18	学生	深圳	朋友出游2	鼓浪屿麦当劳	a7
17	男	25	公司职员	苏州	出差旅游1	鼓浪屿麦当劳	b6
18	男	30	公司职员	山东	出差旅游1	鼓浪屿麦当劳	b7

续表

序号	性别	年龄	职业	来源地	出游方式/同游人数	访谈地点	编码
19	女	28	公务员	湘西	朋友出游3	鼓浪屿	c3
20	男	22	学生	天津	毕业旅行4	鼓浪屿麦当劳	a8
21	女	26	学生	福建	朋友出游4	鼓浪屿某店	a9
22	男	35	企业职员	福建	朋友出游4	鼓浪屿某店	b8
23	男	27	公务员	湖北	朋友出游4	鼓浪屿某店	c4

资料收集过程中，为了样本的科学性，采取了以下做法：

（1）案例地选择。选取了厦门鼓浪屿景区作为访谈的案例地。厦门鼓浪屿是国家级风景名胜区、国家AAAAA级旅游景区，也被中国国家地理杂志评选为“中国最美五大城区之首”，主要景点包括了日光岩、菽庄花园、皓月园、毓园天然海冰浴场等，是集观光、度假、休闲、娱乐、购物于一体的综合性旅游地，鼓浪屿景区是休闲旅游景区的有力代表之一。另外，厦门市是国家旅游局首批18个“国家智慧旅游试点城市”之一，而鼓浪屿作为厦门市的代表性旅游景点，其智慧旅游建设相对比较成熟，景区的票务管理系统、电子商务平台、轮渡终端验证系统、旅游大数据系统及智慧Wi-Fi网络已经建设并投入使用，为游客移动媒体工具的使用提供了较好的基础设施。

（2）保证样本的随机性。一方面，样本覆盖了鼓浪屿景区的大部分景区景点，并且在调查过程中，坚持跟随游客路线进行随机访谈；另一方面，访谈内容涵盖了食、住、行、游、娱、购旅游六要素，主要访谈地点包括了麦当劳（食）、民宿门口的休息处（住）、轮渡等候大厅（行）、日光岩（游）、景区的购物店（购）、海边（娱）等。

（3）控制样本的有效性。一方面，选择正在使用智能手机的游客作为访谈对象。为了保证被访谈者对于智能手机的使用具有较强的了解，我们专门针对正在查看手机的游客进行访谈；另一方面，较多地选择拥有同伴的游客进行访谈。由于我们需要了解游客与同伴之间的交往关系的变化，因此拥有同伴的游客是我们选择的对象。

（4）理论饱和度检验。在整个调研过程中，以访谈→编码→访谈→编码的形式进行访谈操作，至第23位访谈者开始不再出现新的变量和编码类型，因此，最终结束了访谈。

四、数据编码过程

根据 Charmz 提出的建构扎根理论方法。本书的资料分析坚持质性研究的基本方法，首先，数据收集与数据分析基本同时进行，笔者在访谈结束之后立即将录音逐字转译为文本，并及时对数据进行了编码；其次，在数据的编码过程中，遵循从数据中构建分析代码和类属，对访谈资料进行了逐行编码；最后，笔者在进行访谈与编码的过程当中，通过访谈感悟与编码记录，以更好地发现类属之间的理论关系。研究主要使用了初始编码、聚焦编码和理论编码三个编码过程。为了方便编码资料的整理，本书对每位受访者进行了编号，并根据职业的不同进行了分类编号，其中“学生”记为 a1，a2，a3，…，a9；“企业单位工作人员”记为 b1，b2，b3，…，b8；“事业单位人员”记为 c1，c2，c3，c4；职业为“未知”的两位受访者记为“d1，d2”。

1. *初始编码*

根据 Chamaz 的要求，研究首先对原始资料进行一定的浓缩与整理，实现将原始资料的口语化的语言转变为较为规范的初始范畴，具体编码过程如表 3－2 所示，研究最终得到 237 个初始编码。

表 3－2　逐行编码

初始编码	原始访谈资料（摘录）
介入程度较高	现在手机都是寸步不离，时刻都拿在手上（b2）
打发闲暇时间	闲暇的时间或者等待无聊的时候拿出来玩一玩（a1）
网络信息客观	百度地图出来距离是多远就是多远，而不像人们告诉你的，同样的距离，有的人告诉你很远，有的人告诉你很近（c2）
信息查询	获取有用信息，提前做好攻略（a1）；小红书网红景点（a6）
随时处理工作	在旅游过程中，如果没有手机，可能很多工作就不能处理了，通过微信、微信群就能够知道工作的进度（b2）；通过手机处理工作上的事情和与家人联系（b5）
缓解尴尬	当聊到不想聊的东西时我就假装回一下信息，就看一下手机（a1）
辅助工具	手机是一个重要的辅助工具（a1）
被同伴忽视	同伴一直玩手机我也会很不开心，“你一直玩手机，那我干啥呀！”（b2）
分散注意力	但是手机也会让我们分心，让我们不能全身心看景（b2）
占用旅游的时间和精力	在旅游过程中，如果没有手机，可能很多工作就不能处理了，通过微信、微信群就能够知道工作的进度（b2）；不在公司也能够处理工作上的事情，其实是很方便的（b2）

2. 聚焦编码

研究在逐行编码的基础上继续对所得的初始编码概念进行聚焦编码。聚焦编码的过程是对初始编码筛选的重要过程，其主要的方法是挑选出重要的、出现次数较为频繁的初始编码，并对移动媒体工具使用与游客旅游交往行为逻辑关系无关的相关编码进行筛选与去除。研究根据初始编码出现的频次与文献研究中的相关类属进行筛选构成次级类属；随后对次级类属进一步提炼、概念化与精简化，共得到 12 个类属，包括景区无聊度、习惯溢出、社交孤独感、行为控制、主观规范、行为态度、功能性介入、时间性介入、交往数量、疏远感、信任感、恢复感与认同感（见表 3－3）。

表 3－3 聚焦编码

类属	次级类属	初始编码
景区无聊度	景点差异小	景点比较雷同（a1）
	项目吸引力弱	景区吸引力不够（a1）；同类型景区看久了会比较无聊（a4）
	商业化程度高	景区小店均是卖东西的，且东西也大同小异（b6）
习惯溢出	手机依赖	生活习惯的溢出（b7）；强迫症（b3）；习惯性用手机（b4）；手机功能强大，是解决问题的重要工具（c3）
社交孤独感	安全感缺失	手机能够带来安全感（b3）
	缓解尴尬	话题停顿拿手机看（a1）；避开不想聊的话题（a6、a9）
	无人交流	同伴较少交流（a4）；大家也都玩手机，迫不得已玩手机（a6）
环境因素（行为控制）	使用成本	到餐厅会主动搜索免费 Wi－Fi（a1）；免费 Wi－Fi 让我能够肆无忌惮地看剧（a6）；无限流量（a2）；4G 网络（a2）；共享充电宝的提供可以不用考虑手机电量问题（a1）；二维码景点介绍（c1）；电子门票（a3）；电子地图（a3）；景区都有 Wi－Fi（b1）
情境因素（主观规范）	指令性规范	没有手机家人不会让我们出来（a4）；给家人汇报行程（a5）；便于远程与家人联系（c1）；同伴之间随时通过手机保持联系、知晓位置（a7/a8）；工作消息需要及时回复（b2/b3/b5）
	描述性规范	共同参与游戏（a9）；关注朋友旅游消息（b4）；朋友圈的分享会传染（b6）；手机是了解其他人的重要工具（b4）；一个人开始玩另外一个也开始玩，不玩倒很奇怪（a6）
工具的趣味性与有用性（行为态度）	趣味性	打发无聊时间（a8）；“开黑”/共同的娱乐方式（a9）
	有用性	信息搜索，了解目的地状况（a1）；查攻略（b3）；联系家人（a4）；联系同伴（a8）；查看公交信息（a8）；搜索美食（a2、c2）；提高入住效率（b6）；不用带钱包，电子支付很方便（a1、a2、b2、d1）；方便处理工作（b3）；信息客观（c2）；辅助工具（a1）

续表

类属	次级类属	初始编码
功能性介入	信息查询	做好攻略；大众点评美食排行（a2）；搜索目的地最新信息（b3、b6、c3）；信息客观（c2）
	娱乐需求	闲暇时间会玩（a1）；排队或者等候的时间会玩（a2）；无聊的时候会玩（b4）；闲暇时刷刷抖音看看视频（b3）；无聊的时候玩游戏（b2）；看视频看微博 QQ 空间、微信等。看社团剧，韩剧，看电视剧（a5）；当作是一种短暂的休息；爬山累了玩一下手机（a1）
	社交需求	通过微信或者微信群就能够知道工作的进度（b2）；工作需要及时回复（b3）；工作信息需要及时查看（b5）；缓解尴尬（a1）；联系同伴（b3）；给家人汇报行程（a5）；朋友圈要有足迹（b4）；随时关注微信群聊动态（a3）
时间性介入	使用时间长	手机寸步不离（b4）；电池电量消耗得很快（d1）；用到手机没电（b3）；大家一坐就开始玩手机，很少交流（a6）；吃饭的时候玩手机多（a4）；手机不离手，除非睡觉（d1）；充好几次电（d2）；十小时九小时手机在手上（c2）；出门五小时，差不多使用三小时（b6）；使用的概率为 1/4（b8）；现在手机占用太多时间（b3）
	控制使用	家庭规定手机不上餐桌（b5）；与家人一起会少用手机（b7）
交往数量	与从业人员的交往	司机或其他同行者获取信息（a1）；与当地司机交流（a3）；减少不必要的接触，旅游更自由（b5）
	与当地人的交往	向当地人了解目的地（a1）；与当地人交往以获得更多真实的信息（c2）；交流很浅（a4）；看不懂导航需要问路（a5）
		没有必要与当地人交流（b3）；较多目的地人员都是推销人员，不愿意理会（a4）；语言不通（c2）；没有手机的时代交流更多；交流变得很难（d2）；手机什么都能查，没有欲望去沟通（c3）
	与其他游客之间的交往	交流比较少（a4）；大家都不会交流，太主动反而不好（d2）；不和陌生人说话（c2）
	熟人之间的交往	朋友（同游者）之间的交往（a1）；共同参与行程制定；有共同话题可以聊；与同伴的交往比与其他人的交往多（b8）
疏远感（同伴间）	被忽视	同伴玩手机感受到被忽略（b2）；聊天突然得不到回应（d1）；下次不会再与他出门了，因为他沉迷于手机（a7）

续表

类属	次级类属	初始编码
疏远感（同伴间）	忽略同伴需求	照顾不到他的需求（d1）；玩手机没有参与行程制定导致同伴不高兴（c2）；父母说都没听到（c2）
	关系不亲密	不如一直唠嗑那么亲密，有点疏远（d1）；人与人之间的感情会变淡（c1）；吃饭只顾玩手机很陌生（c2）
	生疏关系	人家在忙也就不好打扰（b7）
信任感（目的地群体）	不信任感	礼貌性地问候，不深交（a1）；对陌生人交往的刻板印象（b2）；主动交往的都是推销或者乞讨（b7）；人生地不熟（b2）；爱搭不理的感觉（d2）；与当地人交流费口舌还不一定问得清楚（b7）
	互动与信任	别人的帮助让我们觉得善良应该传递（d1）；其他游客的帮助使我们感到很温暖（a8）；社交软件使得与目的地的交往具有可持续性（c2）
恢复感与认同感（内心）	自我认同	马蜂窝记录（d1）；分享心情（a6）；朋友圈留下足迹（a8）；晒照能够吸引朋友的关注（b4）
	开阔视野与放松	交流会丰富自己的行程，了解当地文化（c2）；缓解旅游的劳累（a6）
	注意力分散	不能全身心看景（b2）；占用旅游的时间和精力（b2）；记忆点减少（c1）；玩手机走丢（a8）；旅游的目的没有达到（b7）

3. 理论编码

理论编码的目的在于找到不同类属之间的逻辑关系，是对研究问题的整合性分析，研究者主要按照一定的理论基础寻找访谈不同类属之间的逻辑关系，并促使理论的自然生成。编码过程主要分为两个阶段：移动媒体工具介入的前导因素探索与移动媒体工具介入对游客交往行为的影响过程。在第一阶段的编码过程中，笔者发现景区环境因素、他人因素和个人因素均会对游客旅游过程中智能手机的使用行为造成一定的影响，并且智能手机使用的便利性也对游客的进一步介入产生了不可替代的作用。第二阶段移动媒体工具介入对游客旅游交往行为的影响过程中，笔者发现智能手机的介入直接影响着游客的旅游交往行为，具体表现在智能手机的使用时间会对游客的交往行为造成一定的“挤占效应”；智能手机功能的介入（信息使用、社交使用与娱乐使用）则满足了游客的部分需求，如获取信息咨询的需求、娱乐需求、社交需求等，这些需求在一定程度上造成了对游客交往行为的“替代效应”；智能手机功能的介入给游客带来便利信息的同时，也会在一定程度上造成游客旅游过程中与不同人群之间交往关系感知的差异，对游客交往关系产生一定的“干扰效应”，具体表现在：①影响与同伴之间的亲密度；②影响与目的地群体之间的信任度；③影响自我的自我认同度与恢复体验感知。影响过程如图 3－1 所示。

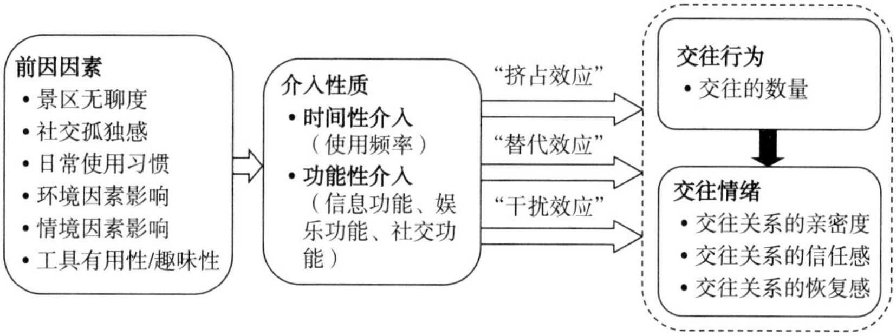

图 3－1　移动媒体工具的介入过程与对交往行为影响机制

第二节　移动媒体工具介入游客旅游交往行为的前导过程

一、旅游活动中移动媒体工具的介入性质

根据访谈数据，研究发现游客在旅游活动过程中智能手机使用带来的影响作用主要表现在使用频率与使用功能两个方面。因此，笔者对移动媒体工具的介入性质进行了分类，主要表现在时间性介入与功能性介入。其中，时间性介入主要是指游客在旅游过程中的智能手机使用频率，功能性介入则根据智能手机的功能进行了分类，主要包括信息查询、社交使用与娱乐使用三个方面，具体介入性质如表 3－4 所示。

具体来看，以智能手机为代表的移动媒体工具已经成为游客旅游过程中的重要工具。从使用时间来看，较多受访者表示，在旅游过程中与智能手机保持着寸

表 3-4　旅游中的移动媒体工具使用

介入性质	具体表现	介入性质	具体表现
功能性介入——信息查询功能	查攻略、搜美食	功能性介入——社交功能	打电话
	导航、查地图		发短信
	查询车票/机票		微信聊天/朋友圈互动
	查询酒店信息		收/发邮件
	查看天气信息		处理工作
	汇率查询		联系亲朋好友
	在线翻译	功能性介入——娱乐功能	拍照/P 图
时间性介入	寸步不离		玩游戏
	没有电才不用		听音乐
	占用了很多时间		看电影/看剧/看综艺
	电量消耗很快		微博
	使用频率很高		记录（马蜂窝打卡）
	手机随时在手上		看新闻
	使用概率大		网上冲浪

步不离的关系，也有受访者表示“旅游过程中，手机使用率很高，电量消耗也很快（d1）”“使用频率为整日游玩时间的 3/5（b6）”。其中，众多被访者认为智能手机在旅途中扮演着必不可少的角色，如“手机的功能很强大，就像是保姆管家一样，可以规划我的旅游行程；也是财务助理，手机就是个钱包（a9）……手机对我来说就像是哆啦 A 梦，能够解决我所有的问题（c2）……手机代替了导游与本地人，有了手机，关于目的地的一切我都能够了如指掌，其实也根本不需要导游和本地人介绍了（a8，b3）”，甚至还有被访者认为手机是自己的情感依托者，手机为旅游行程带来了快乐与满意，如“手机像妈妈一样，只要有手机就很安心（d1）；像儿子一样离不开（c1）；手机是好朋友，陪伴着我的整个旅游行程（b2）”。

从使用功能来看，信息查询功能是游客使用较为频繁的功能之一，特别是查攻略、美食、酒店信息、交通信息、天气信息等与旅游活动相关的信息搜索已经成为游客使用手机的重要因素；智能手机的社交功能也是游客使用的重要功能之一，首先，基本的打电话、发短信功能均是游客处理工作、联系家人的重要渠道；其次，以微信为主的社交软件也是游客使用的重要内容，特别是微信群消息、朋友圈消息的查看与点赞评论等互动均成为游客旅游过程中使用得比较频繁的功能。而就娱乐功能来说，拍照与分享照片已经成为记录旅游过程的重要方式，除此之外，听音乐、看电影、看综艺、刷微博、看新闻等也占据着旅游活动过程当中的排队等候、用餐等候等时间。

综上所述，笔者根据游客对智能手机使用功能的分类将智能手机的功能性介入分为信息使用、社交使用与娱乐使用。

二、移动媒体工具介入的前导因素与理论模型

智能手机的介入已经成为旅游活动中的常见现象。在探究智能手机介入的访谈过程中，我们对游客使用智能手机的前导因素进行了理论探讨，编码结果显示，游客智能手机的使用行为是在多因素共同影响下的结果。首先是智能手机本身给旅游带来的便利性与娱乐性，其次是同行同伴的智能手机使用行为会相互“传染”，景区 Wi－Fi 等手机使用的便利条件也会直接导致智能手机使用行为的发生。另外，游客日常生活中智能手机的使用习惯、景区的无聊度与游客自身在旅游过程中的社交孤独感也会影响游客对智能手机的看法与使用。

景区无聊度、日常使用习惯与社交孤独感是影响游客使用手机的起始因素。具体来说，从景区因素来看，景区商业化程度高、景区景点的差异性较小、景区景点及娱乐项目吸引力弱均会造成游客对旅游目的地的游玩兴趣不高，会认为景区不值得游玩，如访谈者所说“这个地方太无聊了，景点跟其他海边也没有什么差别，没有什么让我放下手机的理由（a1）……景区小店都是卖东西的，且东西也大同小异（b6）”。从自我因素角度来看，手机依赖已经成为一种常态，较多访谈者认为自己对手机的依赖度较高，且认为手机是缓解交流尴尬的重要方式，在面对不想回复和不想参与的话题时，总是会利用手机这个比较私人化的物品来逃避话题，较多被采访者均表示，“当觉得无话可说，或者不想参与同伴之间的话题时，便会开始玩手机（a1，a9）”；除此之外，被采访者也提到，“平时生活中就比较爱看手机，旅游过程中，查看手机已经成为一种习惯（b7）”。从与同伴之间的交往关系来看，当同伴给予的关照较少时，游客会认为自己受到了冷落而感觉到孤独，认为手机更能够给旅游带来快乐，甚至有游客认为“手机更能给我安全感（b3）”。

与智能手机使用的直接相关的感知也影响着游客的智能手机使用行为。智能手机的介入程度与其作为工具的易用性和可用性密切相关，技术接受模型也较好地证明了智能手机作为旅游活动过程中的一种工具，其可用性与趣味性与游客的使用意愿、使用行为均具有较强的关联性。从社会影响角度来看，游客的智能手

机使用行为容易受身边人群的影响，一方面，游客存在一定的从众心理，特别是同伴的行为，也就是说，同行旅伴的手机使用行为会传染至游客自身，当发现同伴查看智能手机时，自己也会不自觉地拿出手机查看消息或者浏览一些新闻、八卦等，如被访者所说“一个人开始玩另外一个也开始玩，不玩倒很奇怪（a6）”。另一方面，朋友或同事通过社交软件对旅游经历的分享也会激发游客使用智能手机的频率以及分享旅游经历的频率，如“好朋友在朋友圈的分享让我也想要多拍一些好看的照片来分享，也展示一下我的旅游过程（b4）”。在访谈过程中，我们还发现，依托于目的地智慧旅游的发展，Wi－Fi 网络的全覆盖为游客在目的地使用智能手机提供了网络基础；智能手机的旅游便利性功能，如票务预订、公交扫码、电子门票、电子地图、电子支付、打车等功能使旅游活动变得更加方便，这在一定程度上会增加游客对智能手机的使用与依赖，如被访者所说“每到一个地方，都会习惯性地拿出手机查看一下是否有可用的 Wi－Fi，如果有，便会搜一下微博、查看一下微信消息等（a1）”。

在此基础上，根据计划行为理论，研究将游客对智能手机使用的可用性与趣味性总结为行为态度，行为态度中包括了工具性态度与情感性态度，正好对应智能手机使用行为的可用性与趣味性；将其他人群对游客智能手机使用的影响过程归结为主观规范；将目的地智慧设施建设对智能手机使用创造的便利条件归纳为知觉行为控制。研究还将游客日常生活中的智能手机使用习惯、景区的无聊度及社交孤独感作为游客智能手机使用的起始因素，构建了移动媒体工具介入的前因机制理论模型，如图 3－2 所示。

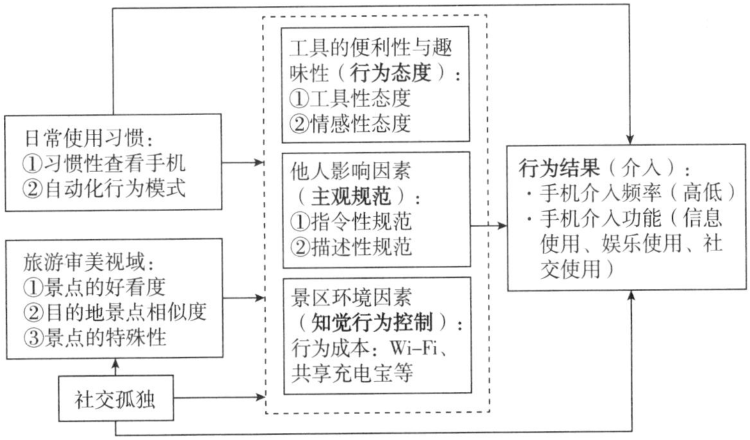

图 3－2 移动媒体工具介入的前因机制理论模型

第三节　移动媒体工具介入与游客旅游交往行为的影响关系

一、多层次的游客旅游交往行为

根据访谈编码结果，研究发现移动媒体工具介入背景下，游客的交往行为表现出了新的特征。研究结合差序格局理论与访谈编码结果，根据游客的交往数量与交往情感的差异性，将游客的交往行为分为了“熟人关系之间的交往”“陌生关系之间的交往”和“自我交往”三个层次。具体来看，游客与熟人关系之间的交往主要是指与朋友、同事、家人、伴侣等同行者之间的交流，受访者表示智能手机的使用对熟人关系的交往影响较小，如“手机也不会影响我的交流，因为我们知道平时跟父母也没有什么共同话题，而跟你网上的朋友随时都可以聊天，所以在度假过程中还是要少玩手机（a3）”，也有受访者表示，与同伴之间的交往会比与其他主体之间的交往更多，如“在旅途中跟同伴的交流会比较多一些，特别是在比较熟悉的地方，跟其他游客，包括从业者、当地居民的交流相对会少一点（b8）”。游客的“陌生关系之间的交往”包括了游客与目的地居民、目的地从业者及其他游客等目的地陌生群体之间的交往，研究发现，游客与陌生关系群体之间的交往明显少于与熟人关系之间的交往，并且交往关系很浅，如部分受访者表示“比较少与当地人去互动，觉得没有必要（b3）”，“除了问我们去哪里玩，也很少和我们聊其他的东西了（a4）”，也有受访者直接表示与目的地其他人群交往较少，如“我觉得跟当地人交流会变得比较少（a5）”，“基本上有手机就不会和其他人进行交流了，可能是因为现在小红书就能够清楚地了解到当地的具体情况（d2）”，“整个旅途中只跟住宿老板进行了交流，还有就是刚刚邻桌的是我们老乡，然后就没有了（d2）”，从受访者的意见来看，并非内心不愿意交流，而是考虑到移动媒体工具介入背景下的更多其他因素，才逐渐使交流发生了改变，如部分受访者表示“我本意其实挺想深度游的，我也不想走马观花一样，但是现在想交流也没有人配合，其他人（目的地群体）都心存芥蒂，也不会愿意跟你交流（d2）”。

在对游客交往行为进行分层之后，研究对不同层次交往关系所表现出的交往情感进行了编码与分析。研究发现，受智能手机等移动媒体工具的影响，游客与“熟人关系”之间的交往情感主要表现在亲密度与疏远感方面，具体表现在使用智能手机带来的对同伴的忽视和被忽视，如“同伴一直玩手机我也会很不开心，‘你一直玩手机，那我干啥呀！’（b2）”，“有时候也会觉得一直玩手机，然后父母可能和你说话也没听到吧（c2）”，“特别是在吃饭的时候，彼此都在玩手机，所以就会觉得好像关系不是很亲密了（c2）”；而游客与“陌生关系”之间的交往情感主要表现在信任感方面，主要表现在交往关系中的不信任，如“人生地不熟的，出于安全因素的考虑，一般都不会和其他陌生人进行交流，因为你也不知道别人到底是干什么的（b2）”，“较多目的地人员都是推销人员，不愿意理会（a4）”，“觉得当地人交流更多的是语言不通，还有就是你对地方的治安情况也不知道（社会环境、安全），会有一种在陌生的环境会让你不愿意交流（c2）”。除此之外，与智能手机使用相关的情感还包括游客对自身恢复感的感知，具体表现在智能手机使用带来的游客注意力分散、自我认同以及交往行为带来的恢复感等方面。

由此，研究将游客的交往行为分为了“熟人关系之间的交往”“陌生关系之间的交往”和“自我关系交往”三个方面。后续的研究将从三个不同层次交往关系中游客交往数量与交往情感的双重角度探索移动媒体工具带来的差异化影响。

二、移动媒体工具的时间性介入对游客交往行为的“挤占效应”

以智能手机为代表的移动媒体工具已经成为游客出游过程中的必备工具，笔者在访谈过程中发现，旅游活动过程中，移动媒体工具的介入程度比较高。较多游客均表示智能手机已经成为旅游过程中寸步不离的重要物品，如“现在手机都是寸步不离；手机电量消耗很快（d1）”“十小时玩，九小时手机在手上（c2）”。智能手机的使用已经从生活溢出到旅游世界当中，甚至人们在旅游过程中显示出对智能手机更大的依赖性。与此同时，游客也发现交往会因此变得更少，如“有时候你看到他在玩手机，觉得他有可能在忙吧，也就不好一直叽叽喳喳地跟他聊了（d1）”，可见，游客在移动媒体工具中花费的时间必然会挤占其他活动的时间，在旅游活动过程当中亦是如此，长时间使用智能手机会在一定程度上占据游客的交往时间，较多的情况下，游客会由于正在使用手机而无暇顾及同伴的需求。总的来说，智能手机的使用所占据的时间会在一定程度上对游客线下交往行为产生“挤占效应”。

三、移动媒体工具的功能性介入对游客交往行为的“替代效应”

1. 信息使用与游客交往行为

移动媒体工具介入对游客交往行为的替代效应主要表现在移动媒体工具的智能化、多样化功能的使用代替了游客部分的交往需求。具体来看，如表 3－4 所示，游客对移动媒体工具的依赖性主要表现在其功能使用方面，通过编码发现游客对移动媒体工具的使用动机主要集中于“信息需求”“娱乐”与“关系维护”三个方面，这些功能在一定程度上代替了游客的交往需求。具体来看，智能手机的信息搜索功能为游客的旅游过程带来了便利，受访者描述道“在 2010 年智能手机还不普及的时候，我出去旅游会带一本攻略书，厚厚的一本，而且旅游过程中也发现，书上的攻略都是比较旧的，都很难用起来；而现在有了智能手机，很多 APP 都实时更新目的地信息，真的特别方便（C3）”，“景区都有二维码景点介绍，可以扫码来听一听（c1）”，智能手机带来的便利有目共睹，但是另一方面，访谈者也提到“小红书上都能够知道当地的具体情况（a6）……现在都不用去问当地人了，比如哪里比较好吃，到景点距离是多远，每个人的感知都会不一样，每个人的回答也会不一样，不如手机来得直接，可能手机查查能有更客观的了解（d2）”，也就是说，游客获取目的地信息的需求被智能手机的信息功能所代替，游客与目的地之间的交往关系也在一定程度上被替代了。

2. 社交使用与游客交往行为

智能手机带来的随时随地的联系，也成为游客旅途中经常性使用手机的一种方式，与朋友分享旅游美景、旅游趣事，关注朋友动态，处理工作安排，与家人保持联系均成为手机关系维护的重要表现，其中两位高中毕业旅行的受访者表示“要是没有手机估计家里人也不会让我们出来玩，也没法出来，也不认识路，也不认识人（a4）”。旅途中的工作处理也成为智能手机使用的重要原因。智能手机的社交功能在一定程度上扩大了游客的交往范围，游客的交往行为不仅包含了面对面的交往行为，还包括来自线上与日常生活、与虚拟社区之间的交往行为，其中依托移动媒体工具产生的这种交往行为有可能会对游客在旅游活动过程中的交往行为造成一定的替代。特别是对于陌生群体来说，移动媒体工具的交往功能满足了游客的交往需求，使游客在旅游活动空间内的交往行为减少；而对于熟人交往行为，有被访者认为，智能手机的使用造成了彼此之间交往的减少，如：

“一个朋友一直通过微信与其他人聊天，并未参与我们三个人的行程制定（c2）”；也有被访者认为，与同伴之间的交流并未受到影响，如：“自己一个人会玩手机比较多一点，但是跟家人一起出游还是会比较克制，而与他们多些交流（b7）”，“在旅途中跟同伴的交流会比较多一些，特别是在比较熟悉的地方，跟其他游客，包括从业者、当地居民的交流相对会少一点（b8）”。由此可见，移动媒体工具介入背景下，智能手机一定程度上满足了游客旅游过程中的交往需求，具体来看，对陌生关系交往产生的替代效应较大，而对熟人关系交往的影响较小。

3. 娱乐使用与游客交往行为

娱乐使用是移动媒体工具的重要功能之一，其在游客的长途交通、旅游途中、等候期间以及归程扮演着一种重要娱乐工具的角色，如被访者所说：“我们有一次坐长途火车时，因为没有带玩游戏的道具，我们就利用手机的游戏应用玩‘谁是卧底’之类的游戏，玩着玩着会觉得时间过得很快（a9）”，而对于娱乐使用与游客的交往行为的关系，在熟人关系方面，智能手机娱乐功能也能够将旅游过程中的同行者进行连接，一定程度上会增加交往的机会，如受访者表示“我们通常也会一起‘开黑’（聚在一起组队玩同一个游戏）（a9）”；与此同时，游客也有可能因为过多地投入到娱乐使用当中而忽略同伴，进而减少交往次数。对于陌生关系来说，智能手机的娱乐使用也会减少游客与陌生群体之间的交往行为，其交往与互动带来的娱乐需求被智能手机的娱乐功能所代替。

四、移动媒体工具的功能性介入对游客交往情感的“干扰效应”

1. “亲密关系”的疏远感：游客 VS 同伴

智能手机作为旅游行程的辅助工具，切实为游客旅游活动的开展提供了较多便利。与此同时，学者们的研究也发现技术使用超过一定的阈值时会产生上瘾的行为，并对生活产生负面影响（Baumeister R. F.，Leary M. R.，1995）。旅游过程中使用智能手机过度频繁对游客旅游体验造成的负面影响逐渐凸显（Yang C. L.，2013）。个人的注意力是一种有限的精神资源，支撑着个体的认知与行为（Pashler H.，1994）。从社会关系角度来看，当同伴的关注点集中于除自己以外的事物中时，会影响人们之间的交流与感情的培养。当游客专注于移动媒体工具中的内容时，往往会忽视同伴的需求，包括了旅游体验需求与心理上的情感需求。如被访谈者指出，当自己没有得到及时的回应时，内心会觉得不舒服，“我跟我朋友出去玩，我们在车上，她玩她的手机，我玩我的手机，晚上在宾馆也是各自玩手机，就感觉没有在家的时候叽叽喳喳聊得那么亲密……我这边跟你聊天，但是你在玩手机或者回信息，我没有得到及时的回应，心里就会有点不舒服，这样朋友之间的关系就会有点微妙（d1）”；另外，由于关注点的错位，游客自身也比较容易忽视掉同伴的需求，如“有时候一直在玩手机，父母跟你说话你也没有听到（c2）”，与此同时，同伴过于关注手机也会造成游客感受到被忽视，如“你一直在玩手机，那我干什么呢？”“人家在忙（一直看手机）的时候也就不好意思打扰了嘛（b7）”。可见，智能手机的使用会在一定程度上对熟人关系情感产生一定的干扰效应，具体来看：

（1）信息使用与“亲密关系”的疏远感。从信息使用方面来看，一方面，旅游信息功能的使用能够让游客更好地了解旅游目的地，实现更好的旅游体验并且促进同伴关系的培养；另一方面，由于信息的复杂性与不同个体关注焦点具有交错性时，智能手机的多元信息也会造成与同伴之间的决策摩擦。游客与同伴作为一个无领导的同等地位的小团体，对于目的地吸引物的偏好、对网络信息的选择均会有所差异，容易造成同伴之间决策的不同，久而久之，很容易因此造成同伴之间的隔阂与疏远，使“熟人关系”往亲密的相反方向发展。如“在去购物的时候，我们通过手机查询一些商场的信息，本来我们想要去的是不同的商场，舍弃哪一个都不太愿意，虽然最后我妥协了，但是内心还是觉得有些许遗憾（c3）”，“我们三个人出门游玩，其中一个人只顾着自己通过手机与男朋友聊天，没有参与到我们的行程计划当中，然后我感受到我的另一个小伙伴就有点不高兴，因为很多攻略我们需要查看，需要整理，其实也挺复杂的（c2）”。不同的个体由于出游动机与旅游需求存在一定的差异，而在面对纷繁复杂的旅游推荐与信息时会具有不同的偏好，当面临必须舍弃的选择时，会存在一定的冲突，这种内心的冲突也是潜伏的阻碍友情的因素。

（2）社交使用与“亲密关系”的疏远感。从社交使用来看，一方面，智能手机的社交使用主要表现在与朋友、家人的联系，朋友圈、微博、短视频等社交软件的经历分享等，被访者反映“即使不在群里发言，但也会随时关注大家都在聊啥（a3）”，虽然如此，并未对同伴之间的交流产生较大的负面影响，恰好有可能成为相互之间沟通的话题。并且受访者还表示智能手机的社交使用并不影响其与同伴之间的交流，恰好是智能手机的社交功能能够让线上联系随时发生，则会投入更多精力在面对面的交流过程当中，如“手机也不会影响我的交流，因为我们知道平时跟父母很少聊天，而与网上的朋友可以随时随地的联系，还是会更注意珍惜旅游的这段时间关注身边人（a3）”；另外，社交使用也是联系同伴的重要媒介，如被访者所说“在我们见面之前，我们也是一直通过手机联系，然后碰面（b3）……并且在旅途中走散了，手机的联系功能能够让我们彼此联系起来”，进而获得更多的安全感。另一方面，语言、表情与肢体动作都是人与人之间交往的重要媒介，智能手机的社交功能虽然增加了个体的在线交往行为，却直接导致游客对同伴的忽视，语言、表情的延迟反应，阻碍了沟通与信息传播的“同步性”。一旦游客的交往需求得不到满足，便会影响互相之间的情感信任，感受到疏远。

（3）娱乐使用与“亲密关系”的疏远感。从娱乐使用来看，其使用的方式对于亲密关系的情感感知具有差异化的影响。一方面，当游客将智能手机作为旅伴之间共同娱乐的工具时，会加深同伴之间的交流与互动亲密感，如“我们会在酒店一起看近期比较火的综艺节目或者电视剧，随之会有很多的话题（a5）”，“一起玩游戏能够很好地打发无聊的时间，我们都会很放松（a9）”。另一方面，当智能手机作为某一方的娱乐工具时，则会造成对同伴的忽视。如被访者表示：“我聊天得到的那种回应不是咱俩面对面把手机放下这种回应，也许我会有点不舒服，然后这样朋友之间的关系也会有点微妙（d1）”。可见，娱乐使用方式的差异有可能会造成与同伴关系亲密感的差异性。

2. “陌生关系”的信任感：游客 VS 目的地群体

与目的地人群之间的交往属于与陌生人之间的交往，这种交往被称为“工具性关系”（黄光国和胡先缙，2005），被认为是一种“合则来，不合则去”的一次性关系，一般来说，交往的双方遵循着“公平法则”的资源交换（商品与服务的购买）常常是及时实现的，并不存在长期的施报关系。旅游的过程是一种情感体验的过程，旅游情境当中，这种工具性的关系需要向情感性的关系逐渐转化才能促使游客获得更多的情感体验，其中“互惠”是基础，“信任”是关键。智能手机的时间性介入直接关乎游客对移动媒体工具的依赖程度，其高频率的使用在减少游客与目的地群体交往数量的同时，也会减少游客对目的地群体、对目的地文化的感知与认知，从而产生信任感的变化；而智能手机的功能性使用也会由于需求及时满足替代部分“工具性关系”的交往，从而对“陌生关系”之间的信任感产生差异化的影响。

（1）信息使用与“陌生关系”的信任感。从信息使用来看，一方面，信息使用能够有利于我们了解目的地的概况，增加对目的地文化与人群的认知。另一方面，智能手机信息使用有可能强化游客对旅游目的地人群的不信任感。随着旅游景区商业化的发展，旅游目的地的居民已经变成了旅游从业者或者退出了旅游景区发展范围，访谈过程中，我们发现，较多游客具有较强的防备心理，怀疑我们的访谈动机，对这种交往具有强烈的不安全感与不信任感。究其原因，访谈者提到“出门在外遇到很多主动过来搭讪的人，实际上都是会向你推销东西或者是乞讨的，99%都是这两种，因此，你过来访谈的时候，我的第一感觉其实是有些厌烦的，因为你知道，遇多了这种（b7）”，“整个旅游过程中，我们也没有和当地的人交流，因为在街上叫你的人都是叫你去吃饭、买东西的人（a4）”，可见，景区发展的商业化、景区秩序的影响，以及游客对目的地群体的信任感较低的情况下，移动手机的功能更加强化了游客对陌生关系的不信任感，较多游客认为智能手机的信息功能其实可以替代这种关系，如“那种真正帮助你的人都很少，很多时候，人家帮助你都是要求回报的，现在有手机很方便，什么都能查到，因此也没必要去麻烦别人了（a9）”。

（2）社交使用、娱乐使用与“陌生关系”的信任感。从社交使用与娱乐使用角度来看，人们可以轻易地通过移动媒体工具实现与朋友、家人之间的交往，也可以从娱乐使用方面获得更多的放松感，这种交往需求的满足使游客认为与目的地人群之间的交往显得不必要，如游客所说“减少不必要的接触（b5）”，“有时候与他人交流也是麻烦别人，然后他们有时候也不了解目的地的情况，就是做徒劳的功夫（a9）”。有游客提出“手机就是本地人（a8）”，认为手机基本上可以代替本地人，从而减少与目的地人群的交往行为，也认为智能手机具有比本地人更客观的意见与建议。

3. “个人关系”的恢复感：游客 VS 内心

根据注意力恢复理论，远离生活的压力、融身于更广阔的空间或环境、参与与游客内心需求相符合的活动，适当体验一些可承受的刺激性活动有利于个人注意力的恢复、压力的释放和疲劳的恢复。而长时间地沉浸于移动媒体工具当中，一方面，有可能会将日常生活的疲倦与压力延伸甚至加强；另一方面，由于未投身于自然环境或者异地环境当中，而使原本的注意力与专注力得不到恢复、疲倦得不到缓解。相反，当游客从日常生活中抽离出来，远离日常生活的压力，才会获得一定的恢复感。可见移动媒体工具作为一种联系日常生活与旅游世界的媒介，其连接的程度即时间性介入与连接的方式即功能性介入均与个人感知的恢复感具有一定的相关性，并且存在差异化的影响效应。

（1）信息使用与“个人关系”的恢复感。从信息使用来看，一方面，依托于智能手机的信息功能能够提高游客对目的地的了解，游客能够更轻松地规划属于自己的个性化旅游线路，有选择性地参与旅游目的地项目；另外，智能手机的信息服务也能够为旅游者提供导航，实现对旅游行程的合理规划；提供最新的目的地信息，使游客能够及时了解目的地的相关情况；以及更多的查询功能，包括天气、交通、门票、景点等信息，均有利于游客实现对旅游目的地的认知从而获得更好的体验感知。除此之外，提前了解旅游目的地的相关情况也有利于旅游者去体验旅游目的地最新奇的事物以获得更宽广的视野。总之，智能手机的信息使用所带来的便利性有利于游客在旅游体验过程中获得放松感与恢复感。另一方面，移动媒体工具带来的信息也具有片面性和滤镜化，如“我觉得网上有时候很多信息也不全，而且有可能是假的（a1）”“像很多网红的地方，他通过智能手机传过来的时候，有可能就是经过美化了的，然后在我们真实的旅游过程当中，其实看不到这么美的东西，就非常有可能遇到那种网红的‘坑’景点（c3）”“我们要去一家店的话，就可能会排很长的队，因为它已经成为网红了，那种靠智能手机不断地传播，因为传播太快了，觉得是这样，也有可能会存在误传（c2）”，这些经过过滤和美化的信息也会影响游客的旅游体验感与恢复感。

（2）社交使用与“个人关系”的恢复感。从社交使用来看，一方面，移动媒体工具提供了展示自我的平台。根据社会比较理论，社会活动会影响人们的自我评价（Festinger L.，1954）。具体来看，人们通常会与周围的人进行比较来获得自我反省，如果认为别人比自己优越，那么这种比较往往会引起负面的情绪，如果别人被认为不如你，这种比较会增强自我评价，产生积极的情绪（Collins，Rebecca L.，1996；Emmons R.，Diener E.，1985）。以智能手机为代表的移动媒体工具为游客展示自我生活提供了较好的媒介与平台，微信朋友圈、微博及抖音等短视频软件成为了游客旅游见闻展示的重要阵地，如“因为我们路过那里，我们肯定要有个足迹展示在朋友圈对不对？然后朋友圈就不会觉得空白的，然后就不会别人一进来看却发现相片什么的都没有，对不对？（b4）”，游客通过展示旅游途中的经历还会获取正面积极的情绪，其中一位被采访者很自豪地告诉我“我是我们同学之间的领跑者，大家看我们出来玩，发现这个地方不错，然后不一会也会来我们这儿（a4）”。Dann 的二元旅游动机理论提出，人们总会希望能够获得他人的认可，而旅游是获得自我认同和地位提升的重要途径，特别是当人们在日常生活中的社会地位无法迅速提升时，个体会将注意力转移到旅游活动过程当中，通过旅游获得自我认同和地位提升。游客通过朋友圈展示自己的旅游状态实现了与日常社会关系之间的连接，并通过在线评论与点赞获得更积极的自我感觉。另一方面，当游客在线上交往占据面对面过多的时间时，也会造成一定的负面影响，这种负面影响可能通过与同伴双方的交往情感感知进行传递，如“特别是大家在吃饭的时候，朋友一直发微信，与其他朋友聊天，我就感觉不到我们之间的感情了，有些疏远，让我也很不高兴（c2）”。

（3）娱乐使用与“个人关系”的恢复感。从娱乐使用来看，其娱乐功能的介入也带来了差异化的影响。具体来看，休息和放松是人们在休假期间出门旅游的基本动机之一（Pearce D.，2011），游客出游的目的在于离开惯常环境，体验非惯常环境实现暂时远离工作与生活的压力。其中休假被认为是缓解工作压力（Bloom J. D.，2015）、缓解疲劳（Chen C. C.，et al.，2016）、保持心理灵活性（Bloom J. D.，et al.，2014）的重要方式，也可以说，旅游是游客寻找自我的一个过程。相反，智能手机的社交功能、娱乐功能、信息功能紧密地将游客与它的日常生活联系在一起，而不能够很好地沉浸在旅游活动过程中，这对游客的自我寻求产生了一定的影响（Kirillova K.，Wang D.，2016）。如被采访者认为“玩了一些网红景点，但是发现并没有想象中的那么好玩，多数的网红景点都很坑（a8）”，“很多人全程都在玩手机，旅游回去之后对目的地的印象也就停留在几张照片上，没有投入到旅游体验的过程当中，也没有什么特别的收获（c1）”。另外，“逛得太累了，已经不想再说话了，所以玩玩手机也是一种休息的方式（a6）”，可见，移动媒体工具的使用使得游客旅途中的闲暇时光变得更加自由与放松，游客可以根据自己的需求选择与自己、与他人相处的模式。

五、移动媒体工具与游客交往行为的关系模型

基于以上研究，我们发现移动媒体工具的介入对游客旅游交往行为具有一定的替代效应和干扰效应，主要表现为移动媒体工具的使用对游客的交往数量具有“替代效应”，对游客交往关系情感感知具有“干扰效应”。具体来看：①根据交往数量与交往情感感知的差异，游客的交往行为在移动技术介入背景下呈现三个层次，分别为“熟人关系之间的交往”“陌生关系之间的交往”和“自我交往”，从交往关系情感感知来看，则分为熟人关系的“亲密度”、陌生关系的“信任感”和自我关系的“恢复感”。②移动媒体工具的时间性介入直接对游客的交往

行为产生“挤占效应”。③移动媒体工具的功能性介入对游客交往行为的“替代效应”：信息需求被智能手机的信息功能所代替，减少了与目的地之间的信息交往；社交需求获得满足，代替了与目的地陌生群体的交往行为，而对熟人关系交往影响较小；娱乐使用则有可能促进同行者之间的交往，一定程度上减少与陌生群体之间的交往。④移动媒体工具的功能性介入对游客交往关系情感的“干扰效应”，具体来看：在“亲密关系”的疏远感感知当中，信息使用对游客的交往情感具有双向影响，其中有可能由于偏好与决策的差异造成一定的冲突，但在整体上，其有利于游客与同伴之间的交流；社交使用的影响也具有多面性，一方面，与日常生活的连接会带来一定的压力；另一方面，社交使用带来的安全感使得游客减少了熟人关系之间的疏远感。娱乐使用带来的影响具有多面性，既有可能带来亲密感，也有可能由于忽视同伴造成一定的疏远。在“陌生关系”的信任感感知当中，信息使用减少了游客对目的地群体、目的地文化的直接感知，可能使信任感产生一定的变化；社交使用与娱乐使用也会使游客与陌生群体之间的沟通减少，从而导致信任感发生一定的变化。而对于个人恢复感来说，信息使用给旅游带来的便利性有利于游客获得放松感和恢复感；社交使用也会对游客的恢复感产生积极效应；娱乐使用使游客能够更加放松，也有利于游客获得恢复感；但是，智能手机的功能性使用也会影响游客的注意力恢复，使得游客无法获得更多让自己放松的内部资源，从而阻碍游客的恢复过程。

在此基础上，研究提出了时间性介入、功能性介入作为移动媒体工具介入的两个主要概念；移动媒体工具的介入直接影响游客的交往数量，并最终带来交往情感感知，即游客交往关系的变化，其中交往关系主要根据“熟人关系”“陌生关系”与“自我交往”将其分为熟人（同伴）交往关系亲密度、陌生交往关系信任感与自我交往恢复感，三者关系中，交往关系的亲密度与交往关系的信任感也会进一步影响自我交往的心理恢复感。具体的理论模型如图 3 – 3 所示。

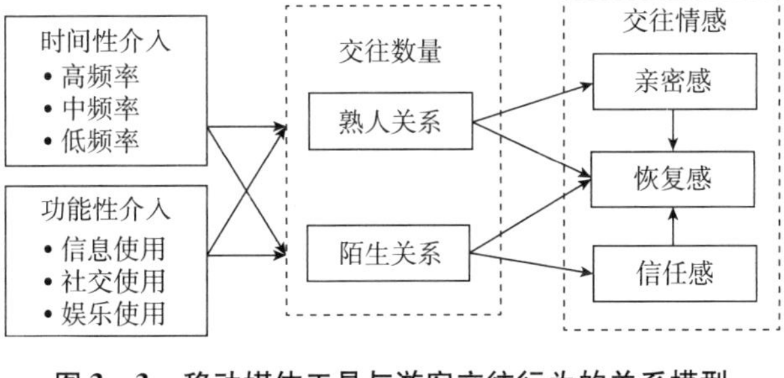

图 3 – 3　移动媒体工具与游客交往行为的关系模型

第四节　本章小结

旅游过程中的社会交往为游客创造了感情与情绪的传递纽带，使旅游目的地变成了充满感情色彩的场域。自20世纪70年代以来，主客交往是学界一直关注的话题，其中，社会交换理论常被运用于解释游客与目的地居民的交往行为，认为交往是一种追求利益平等的理性的、有逻辑的经济行为。但是，在旅游交往的过程中，传统社会交往活动的理性原则受到了质疑，研究发现人情味是旅游活动过程中游客交往的重要影响因素，也只有充满人情味的交往方式才能够使游客获得更好的旅游体验。社会交往是游客旅游决策的重要影响因素，特别是家庭、亲情、友情或爱情等关系均促使了旅游需求（杨勇，2016）。旅游交往行为是学界研究的重点内容。

在移动媒体技术发展与普及的时代背景下，移动媒体工具的使用已经从日常生活完全溢出到旅游活动过程当中。在移动媒体工具的影响下，旅游交往行为具有了完全不同于传统旅游活动的交往属性。传统的社会交往活动的利益、理性和逻辑原则受到了挑战，移动信息技术的发展改变了游客的交往行为。一方面，移动媒体工具承载的在线互动功能拓展了游客的交往范畴，以社交软件为主的在线互动为个体构建了一个虚拟社区，虚拟与现实社区构建了个体更大的交往领域；移动媒体工具作为一个重要的中介拓展了交往的时间维度与空间维度（Rettie R.，2005），使游客的交往行为不再固定为两个个体或群体之间面对面的交流，移动媒体工具使交往的随时性与延迟性得以实现。另一方面，移动媒体工具的使用也在一定程度上占据了人们的线下交往时间。研究发现，智能手机的过度使用会造成游客的"缺席"（absence presence），即游客的关注点过度集中在移动设备上时，会造成对景区景点的"疏忽性失明"（inattentional blindness）（Simons D. J.，2000），也容易造成对同伴的忽视（Gergen K. J.，2002），直接影响游客的旅游体验。移动媒体工具的介入在一定程度上影响游客的交往行为，深入认知游客交往行为的新特征是游客行为研究的关键，也是进一步提升游客旅游体验的关键。因此，本部分的内容主要集中于扎根理论的研究方法，通过对访谈资料的收集与整理，探明移动媒体工具的介入过程与移动媒体工具介入对游客交往行为的影响过程。

本章主要运用了扎根理论方法，结合访谈调研资料，在游客交往情境下对游客旅游过程中的移动媒体工具介入的前因机制与后果机制进行了质性分析，构建了移动媒体工具介入的前因机制模型与移动媒体工具介入对游客交往行为的后果机制模型。具体来看：

（1）移动媒体工具介入过程主要包括了时间性介入、功能性介入两个范畴，其中时间性介入主要表现在使用的频率，功能性介入主要表现在信息功能介入、娱乐功能介入及社交功能介入。

（2）移动媒体工具介入是一个复杂的技术介入问题，其中前因影响因素包括了景区因素——景区审美视域、个人因素——社交孤独感与日常智能手机使用习惯以及工具态度性因素——智能手机的便利性与趣味性，他人带来的影响因素——主观规范，目的地智能手机使用的便利性设施因素——知觉行为控制。基于此，研究基于计划行为理论，将景区审美视域与个人使用习惯作为前因变量，以社交孤独作为调节变量构建了移动媒体工具介入的前因影响因素模型。

（3）根据费孝通的“差序格局”理论与移动媒体技术研究下的注意力恢复理论，本书提出了游客交往行为中的“亲密关系”“陌生关系”与“自我关系”三个类别，其中亲密关系是指与同伴之间的交往，陌生关系是与目的地居民、从业者以及其他游客等初次见面的群体之间的交往，自我关系是游客与自我内在的一个交流。结果证明，智能手机的介入带来了游客交往情感方面的变化，主要表现在“亲密关系”的疏远感、“陌生关系”的不信任感，以及“自我关系”的恢复感三个方面。

（4）智能手机作为移动媒体工具从功能性与时间性两个方面介入了游客的旅游过程当中，其中功能性主要表现在信息搜索功能、娱乐功能与关系维护功能。具体来看，时间性主要在于智能手机作为游客旅途中重要的辅助工具，使用占比时间对游客旅游交往行为的“挤占效应”，直接导致游客交往行为的减少；功能性的使用满足顾客的部分需求，从而会造成对游客交往行为（数量）的“替代效应”；另外，研究还发现移动媒体工具使用带来的游客情感方面的变化，即“亲密关系”的疏远感、“陌生关系”的不信任感，以及“自我关系”的自我认同感与恢复感会对游客的交往行为造成一定的“干扰效应”。在此基础上，研究构建了以移动媒体工具介入表现为因变量、交往行为为中介、性格为调节变量、交往关系情感变化为结果变量的理论结构模型。

第四章　问卷设计、数据收集与基础检验

本章内容主要包括问卷的设计、数据收集与数据的基础检验。研究在文献研究与第三章理论模型构建的基础上，形成了初始问卷，通过预调研与问卷信效度分析，对问卷进行了进一步的修改与调整并确定最终问卷，并进行了正式调研。具体来看，本章主要包含的内容有：①问卷设计，包括了问卷设计原则、设计过程以及题项设计三个主要部分；②预调研与数据分析，包括了问卷发放与收集、预调研样本结构与问卷信效度分析；③正式调研，主要包括了样本正态分布检验、共同方法偏差分析等内容。

第一节　研究问卷设计与变量测量

一、问卷设计

1. 问卷设计的原则

问卷设计、抽样调查与统计分析是问卷调查研究的三大关键环节与本质特征（风笑天，2009）。其中，问卷设计的规范性是整个问卷调查结果科学性的前提条件，问卷设计关涉到研究的信度与效度。根据陈晓萍等（2008）的《组织管理研究的实证方法》中的观点，问卷设计应该遵循六大基本原则：①一般性，问卷的相关题项需要通俗易懂，避免专业术语、缩略语和模棱两可的问题对答题者造成的干扰；②非诱导性，问卷的设置尽量避免敏感性、威胁性的问题，防止引导性问题；③明确性，提问需清晰明确、便于回答；④合理性，问卷题项必须与调查主题相关；⑤答案设置均衡性；⑥逻辑性，整个问卷题目排列应该按照先简后

难、先广义后具体的顺序排列，对于同一主题的问题最好放在一起，而对于相对敏感以及与个人信息紧密相关的问题放在最后。

2. 问卷设计的过程

（1）明确调查目的和调查内容。明确调查目的和调查内容是问卷设计的前提和基础。本书的调查目的在于从游客微观视角出发，验证移动媒体工具（智能手机）介入过程中的前因影响因素及介入性质给游客交往行为带来的改变。研究主要分为两大模块，一是移动媒体工具介入的前因影响因素研究，主要包括了七个变量：日常使用习惯、景区无聊度、社交孤独感、行为态度、主观规范、知觉行为控制与行为意愿；二是移动媒体工具介入对游客交往关系的影响机制研究，主要包括了七个变量：手机的时间性介入、功能性介入、交往数量、交往质量、关系疏远感、关系亲密度与自我恢复体验。除此之外，问卷还设置了性别、年龄、学历、月平均收入、出游方式、出游频率等作为控制变量。

（2）量表的搜集与选择。研究在文献综述与第三章理论构建的基础上确定了基本的变量，并根据已有研究，搜集了权威期刊中信效度较好的量表进行整理与综合，并根据本书的调查目的选择适合测量游客相关感知的成熟量表，量表的期刊来源如表4－1所示。

表4－1　核心量表的期刊来源

期刊名称	参考量表数量
Tourism Management	3
Computers in Human Behavior	2
Journal of Travel Research	2
Tourism Management Perspective	2
Telematics and Informatics	1
European Psychiatry	1
Journal of Research in Personality	1
Annals of Tourism Research	1
Journal of Destination Marketing & Management	1

（3）测量题项的翻译过程。研究主要选取的量表来自于国际权威期刊，存在翻译与文化适应等相关问题，因此，研究对测量题项进行了严格的翻译与修改。首先，对题项进行英翻汉；其次，邀请了研究团队其他两位在读博士成员再次将已经翻译的中文题项翻译成英文，并对比该翻译与原英文之间的差异，进一步对中文阐述进行修改，直至所翻译的中文题项能够完全表达英文量表题项所表述的意思；最后，再次整理翻译之后的中文表述，以实现题项表述的合理性与通俗性。

（4）整体问卷的编制、讨论与修改。研究基于翻译之后的量表与本书整理的理论框架结构，进一步对问卷量表进行整理与综合，构成整体问卷。问卷主要分为两部分，第一部分为问卷的核心变量测量，其中，核心变量又主要分为前因影响因素、智能手机介入与游客交往行为相关的变量三大模块；第二部分主要为人口统计变量，主要涉及游客性别、年龄、学历、职业、月均收入、出游方式、出游频率等内容。

二、变量测量与题项设计

1. 前因影响因素的量表

（1）智能手机使用习惯。习惯是在特定环境下通过反复的行为形成的一种无意识的自觉行为（Oulasvirta A.，et al.，2012；LaRose R.，et al.，2004）。习惯具有正负两方面的影响：良好的习惯能够让个体同时处理多项任务并完成复杂的工作（Wood W.，Neal D. T.，2007）；不恰当的习惯会导致一种无意识的行为，并干扰其他行为内部或外部线索激活，如旅游过程中无意识地查看智能手机会在一定程度上影响游客的注意力（Ayeh，Julian K.，2018）。在日常生活中，智能手机的使用习惯会溢出至游客旅途过程当中，因此本书将日常使用习惯作为手机使用相关的重要变量之一。Van Deursen 等（2015）探讨了手机使用习惯与手机上瘾之间的关系，其中手机使用习惯的信度为 0.92，量表具有较好的信效度。该量表的具体题项如表 4－2 所示。

（2）社交孤独感。孤独是社会心理学中重要的概念，孤独感指一个人在与他人缺乏联系或交流的情况下感受到的孤立感程度，是一种主观感知，即并非客观地被孤立或独自一人（Perlman D.，Peplau L. A.，1981）。社交孤独（Social Loneliness）则专指与人际交往相关的感知，被认为是缺乏社交网络的结果。Matook 等（2015）认为社交孤独指个体没有吸引力的社交网络，包括没有共同兴趣

表 4－2 日常使用习惯的量表

题目编码	测量问项	具体来源
HSB1	使用智能手机是我日常生活中的一部分	Van Deursen 等（2015）
HSB2	查看智能手机已经是我的一个习惯	
HSB3	我经常不自觉地使用智能手机	
HSB4	智能手机已经成为我生活的一部分	
HSB5	当我需要完成某项任务时，使用智能手机是一个显而易见的选择	

或活动的朋友和同事。Lee（2015）首先将社交孤独感应用到在线旅游社区研究当中，并将社交与情感孤独分为社交孤独（Social Loneliness）、朋友孤独（Friend Loneliness）与浪漫孤独（Romantic Loneliness）三个维度，并认为在线网络社区为人们提供了一个共享对话的平台，有利于客户社交互动引起的孤独感；Tan 和 Lu（2019）等则将社交孤独的概念应用到旅游情境当中，认为同伴对旅游的投入度会影响到游客的社交孤独感知，并最终会影响游客的旅游满意度。文章选取的社交孤独感的量表被较大部分旅游领域学者所采用，从以往的研究来看，量表具有较好的信效度，且与网络使用、交往行为具有较强的相关性，由此，本书最终采取了该量表。具体题项如表 4－3 所示。

表 4－3 社交孤独感的量表

题目编码	测量问项	具体来源
SL1	旅行过程中，我觉得我是同伴中重要的一员（R）	Lee 和 Hyun（2015）；Tan 和 Lu（2019）
SL2	我的旅伴不了解我本次旅游的动机和理由	
SL3	我没有与同伴分享旅途中的见闻，但我希望可以	
SL4	我无法依靠我的旅伴来制定旅游计划	
SL5	没有旅伴了解我本次出游的真正看法	

（3）旅游审美视域。审美视域（Aesthetic Scope）来源于美学，审美是消费者对物质环境的一种评判（Breiby M. A.，Slatten T.，2015）。而对于旅游来说，休闲旅游通常来说是一种愉悦活动，而其体验的来源便是目的地的审美品质，目的地的审美也直接关系着游客体验的满意度（Alegre J.，Garau J.，2010）。Kirillova 和 Lehto（2015）对目的地审美属性进行了探究，提出了审美视域是审美范围中重要的特征，并强调审美视域是关系游客满意度的重要因素。目的地审美视域的程度也与游客的行为具有直接的关系。本书所运用的审美视域量表具体题项

如表4－4所示，该量表在Kirillova和Lehto（2015，2016）与Tan和Lu（2019）的相关研究中得到了运用与证明，量表具有较好的信度与效度。

表4－4　旅游审美视域的量表

题目编码	测量问项	具体来源
AS1	对我来说，该地没有什么好看的景点（R）	Kirillova和Lehto（2015，2016）；Tan和Lu（2019）
AS2	对我来说，该地旅游景点类型大致相同（R）	
AS3	对我来说，该地的景区景点比较普通，不是很特别（R）	

（4）行为态度。行为态度（Attitudes）是个体对质性某一特定行为喜爱或不喜爱程度的评估。根据计划行为理论，态度包括了工具性成分与情感性成分两个部分的内容，其中工具性成分主要是感知该工具的有用或有害、有价值或无价值的程度，情感性成分则是对行为本身的喜爱程度与行为愉悦程度（Conner M.，Sparks P.，2011）。在本书中，行为态度是指对智能手机使用行为的态度，智能手机同时具有了工具性与内容性两个方面的内容，又根据技术接受的拓展模型的观点，将行为态度的工具性成分与情感性成分与技术的感知有用性与技术的感知趣味性相结合，最终构成了该量表的测量问项（见表4－5）。该量表在游客环保行为（Han H.，2015）、移动设备使用行为（Piazza A. J.，et al.，2019）、社交网络使用（Baker R. K.，White K. M.，2010）中均得到使用，结果显示，量表具有较好的信效度。

表4－5　行为态度的量表

题目编码	测量问项	具体来源
ASU1	智能手机的使用对于我的旅游是有益的	Yoo J.（2014）；Han H.（2015）；Piazza等（2019）
ASU2	使用智能手机是解决我旅游中遇到困难的重要方法	
ASU3	旅游过程中使用智能手机是一个很明智的行为	
ASU4	旅游过程中使用智能手机是一件很快乐的事情	
ASU5	旅游过程中使用智能手机是一件有趣的事情	

（5）主观规范。主观规范（Subjective Norm）是指个体决策是否执行某特定行为时感知到的社会压力，反映了重要他人或团体对个体决策的影响。主观规范被认为是一种社会压力，主要包括了示范性规范（Descriptive Norm）与指令性规范（Injunctive Norm）两种类型（段文婷和江光荣，2008）。而在游客使用智能

手机的行为过程当中，游客主观规范是个体感知到的来自四周参照人（群体）或社会环境对其使用行为形成的外部压力，主要包括两个方面的内容：一方面，旅游同伴以及其他游客使用智能手机的行为会造成一种从众行为，也就是一种描述性规范；另一方面，商家会希望游客使用电子支付、家人会希望游客使用手机保持联系等行为也会迫使游客使用智能手机。因此，主观规范的量表主要包括了描述性规范（SN1 ~ SN3）与指令性规范两大类型（SN4 ~ SN6）。本书参考了 Yoo J.（2014）、Han H.（2015）及 Piazza 等（2019）等对主观规范采用的量表，并根据手机使用行为进行了修改。具体题项如表 4 -6 所示。

表 4 -6 主观规范的量表

题目编码	测量问项	具体来源
SN1	同伴在旅游过程中会一直使用智能手机	Yoo J.（2014）； Han H.（2015）； Piazza 等（2019）
SN2	我的好朋友会在朋友圈分享自己的旅游信息	
SN3	周围大多数游客都会在旅游过程中用智能手机拍照	
SN4	家人朋友希望我在旅游中经常使用智能手机保持联系	
SN5	朋友希望我与他一起使用智能手机搜索信息、玩游戏、看剧等	
SN6	商家希望我通过智能手机实现电子支付	

（6）知觉行为控制。知觉行为控制（Perceived Behavioral Control）是指个体感知到执行某特定行为容易或困难的程度，反映个体对促进或阻碍执行行为因素的知觉。在本书的研究中，旅游目的地的智慧化建设为移动媒体工具（智能手机）的使用提供了一定的便利条件，在此基础上，研究将无线网络、共享充电宝与景区的智慧设施建设作为知觉行为控制的三个便利性条件，并就此形成了知觉行为控制的量表。具体题项如表 4 -7 所示。

表 4 -7 知觉行为控制的量表

题目编码	测量问项	具体来源
PBC1	旅游地无线网络让我容易使用我的智能手机	Yoo J.（2014）； Han H.（2015）； Piazza 等（2019）
PBC2	旅游地的共享充电宝让我可以自由地使用智能手机	
PBC3	旅游地的设施建设支持我用一部智能手机就可以完成旅游活动	

2. 手机使用相关的量表

（1）时间性介入。时间性介入主要是指智能手机的使用占据旅游行程时间的比例。本书中主要使用频率进行测量。研究依据 Mackay 和 Vogt（2012）等的研究，主要将智能手机的使用频率分为三个程度："低频率——从不或者不常使用""中频率——偶尔使用""高频率——经常使用，旅游中大半的时间都会使用"。

（2）功能性介入。依据文献，我们将智能手机的功能性介入分为信息使用、娱乐使用与社交使用三个方面。研究采用了 Tan 和 Lu（2019）在对旅游活动过程中智能手机的相关研究所用的量表，该量表被证明具有较好的信效度。具体题项如表 4－8 所示。

表 4－8　功能性使用的量表

题目编码	测量问项	具体来源
IU1	旅游中，我使用智能手机寻找新的旅游信息	Tan 和 Lu（2019）
IU2	旅游中，我使用智能手机获取有用的旅游信息	
IU3	旅游中，我使用智能手机寻找我感兴趣的旅游信息	
EU1	旅游中，我使用智能手机来打发无聊时间	
EU2	旅游中，我使用智能手机是因为它能帮助我消磨时间	
EU3	旅游中，我使用智能手机是因为它能够带给我快乐	
EU4	旅游中，我使用智能手机是因为它很有趣	
EU5	旅游中，我使用智能手机是因为它让我很放松	
SU1	旅游中，我使用智能手机与其他人进行互动	
SU2	旅游中，我使用智能手机维持人际关系	
SU3	旅游中，我使用智能手机给别人打电话	
SU4	旅游中，我使用智能手机给其他人发信息	
SU5	旅游中，我通过智能手机上的社交软件与他人进行联系	

3. 交往行为相关的量表

（1）交往数量。交往数量的量表主要分为四个主体进行测量。分别是游客与当地居民之间的交往数量、游客与目的地从业者之间的交往数量、游客与其他游客之间的交往数量、游客与同伴之间的交往数量。

（2）关系信任感。信任是另一方能够被信任的一种信念，是人们对他人善意和能力的信心（Casimir G.，et al.，2006），在旅游情境中，游客对陌生环境的旅游目的地的信任感主要体现在对其他游客素质的信任、对目的地居民友好的信任以及对目的地从业者专业的信任等，本书主要采用了 Liu 和 Wang（2019）等开发的游客对旅游目的地信任的量表。具体题项如表 4－9 所示。

表 4－9 关系信任感的量表

题目编码	测量问项	具体来源
RT1	目的地的其他游客对我都很友好	Wang 等（2019）
RT2	其他旅游目的地的游客都是文明的	
RT3	目的地的其他游客都愿意帮助我	
RT4	在目的地我与其他游客能够建立很好的交往关系	
RT5	目的地居民对我很诚实	
RT6	目的地居民是很可靠的	
RT7	目的地居民对我很热情	
RT8	我与目的地居民能够相互理解、相互信任	
RT9	目的地的从业者对我来说是可靠的	
RT10	目的地员工对我很友好	
RT11	目的地员工能够为我提供专业的服务	

（3）人际疏远感。人际疏远感与人际亲密感相对应，是由人际互动产生的一种心理感知。游客之间的互动行为可以影响他们在体验过程中的情感状态（Wirtz J.，et al.，1999），会导致游客感知的疏远感和亲密感的差异。其中，亲密感被认为通常伴随着一种心理联系，这种心理联系使得个体与亲密的他人之间有着共同的情感和生理上的联系（Cwir D.，et al.，2011）。研究根据 Dai 和 Yang（2017）对亲人关系之间的疏远感的测量改编了移动技术介入背景下游客交往疏远感的量表。具体题项如表 4－10 所示。

表 4－10 人际疏远感的量表

题目编码	测量问项	具体来源
IA1	我觉得我不能很好地与旅伴进行交流	Yang 等（2017）
IA2	虽然和旅伴一起旅游，但是我觉得我们并不是很亲密	
IA3	我觉得我时常被我的旅伴忽略	
IA4	我有什么感受都会藏在心里，也不愿意跟我的旅伴分享	
IA5	通过这次旅行，我发现我对我的旅伴不是特别了解	

(4) 自我恢复体验感。恢复是指个体在有压力的经历中被调用个体功能系统然后回到他们的压力前水平 (Sonnentag S., Fritz C., 2007), 游客的恢复体验感是指游客通过旅游休闲活动之后缓解日常生活的压力、获得放松从而缓解高压力环境中的负荷反应。自我恢复感逐渐成为旅游体验中的重要内容, 也受到了众多学者的关注, 如 Chen 等 (2016); Kirillova 和 Wang (2016); Kawakubo 等 (2019); Lee 等 (2016), 本书采用了 Chen (2016) 等在度假体验研究中旅游恢复体验的量表。具体题项如表 4-11 所示。

表 4-11 自我恢复体验感的量表

题目编码	测量问项	具体来源
RE1	这次旅行让我得到了很好的放松	Chen 等 (2016)
RE2	这次旅行让我开阔了视野	
RE3	这次旅行让我认识了一些新的事物	
RE4	这次旅行让我可以自由地度过我想过的时间	
RE5	这次旅行让我从工作中得到了休息	

4. 人口统计变量

智能手机的使用、游客的交往行为均会受到个体自身相关因素的影响, 通过已有文献梳理, 本书设置了性别、年龄、省份、出游方式、学历、职业、月平均收入和出游频率等人口统计变量, 并将其作为本书研究的控制变量。

第二节 预调研与问卷的信效度检验

一、问卷的发放与回收

在正式调研之前, 研究对问卷进行预调研以保证问卷的适应性, 以进一步对量表的条目进行修改和完善。研究以电子问卷调研的方式进行预调研。具体问卷发放过程中, 主要以“滚雪球”的方式通过微信、QQ、微博等邀请被访者进行填写, 其中被访者要求在近半年内具有不短于 3 天旅游时间的旅行经历。问卷发放开始于 8 月 20 日, 结束于 9 月 20 日, 发放过程共一个月, 最终获得有效问卷

200 份，根据吴明隆①（2010）的研究，我们认为预调研的问卷数量不应少于最多题项量表项数的 5 倍以上，该样本数量满足了测试样本量的要求。

二、样本的描述性统计分析

研究对预调研的样本进行了统计分析，结果如表 4－12 所示：

表 4－12　样本结构（n＝200）

类别		频数	百分比（%）	类别		频数	百分比（%）
性别	男	103	51.5	学历	初中及以下	8	4.0
	女	97	48.5		高中	24	12.0
年龄	00 后	46	23.0		专科	56	28.0
	90 后	112	56.0		本科	95	47.5
	80 后	28	14.0		硕士及以上	17	8.5
	70 后	11	5.5	月均收入	≤2500 元	44	22.0
	60 后	3	1.5		2501～5000 元	47	23.5
	50 后及以上	0	0		5001～10000 元	72	36.0
出游频率	<1 次/年	47	23.5		10001～20000 元	26	13.0
	1～5 次/年	131	65.5		≥20001 元	11	5.5
	>5 次/年	22	11.0				
出游方式	朋友出游	81	40.5				
	家人出游	73	36.5				
	个人出游	3	1.5				
	同事出游	22	11.0				
	情侣出游	21	10.5				

（1）性别方面，男性占比 51.5%（n＝103），女性占比 48.5%（n＝97），男女比例基本平衡。

（2）年龄方面，00 后样本占比 23.0%（n＝46），90 后样本占比 56.0%（n＝112），80 后样本占比 14.0%（n＝28），70 后样本占比 5.5%（n＝11），60 后样本占比 1.5%（n＝3），50 后及以上样本占比 0%（n＝0）。其中，90 后样本占

① 吴明隆．问卷统计分析实务［M］．重庆：重庆大学出版社，2010：45.

据样本较大比例，其次为00后与80后，70后、60后与50后及以上样本数量相对较少。

（3）学历方面，初中及以下样本占比4.0%（n=8），高中样本占比12.0%（n=24），专科样本占比28.0%（n=56），本科样本占比47.5%（n=95），硕士及以上样本占比8.5%（n=17）。其中，本科样本占比最大，其次为专科样本，硕士及以上和初中及以下样本占比较少。

（4）月均收入方面，收入小于等于2500元的样本占比22.0%（n=44），收入处于2501~5000元的样本占比23.5%（n=47），收入处于5001~10000元的样本占比36.0%（n=72），收入处于10001~20000元的样本占比13.0%（n=26），大于等于20001元的样本占比5.5%（n=11）。其中月均收入为2501~10000元的样本占据较大比例。

（5）出游频率方面，每年出游频率小于1次的样本占比23.5%（n=47），每年出游频率为1~5次的样本占比65.5%（n=131），每年出游频率大于5次的样本占比11.0%（n=22）。

（6）出游方式方面，朋友出游与家人出游的样本占比较大，共77.0%（$n_{朋友}$=81；$n_{家人}$=73）。

三、量表的内部一致性检验

研究通过信度分析检验量表的可靠性，目的是采用同一测量工具进行重复测量时结果稳定一致的程度。本书的研究中，主要采用SPSS20.0对量表的内部一致性信度进行了测量。测量指标主要包括三个方面：①整体量表的Cronbach'α系数大于0.7；②每个测量校正的项总计相关系数（CITC）大于0.4；③项已删除后（α if item deleted）的值大于量表原来的α值，则应该删除该测量项（Churchill G. A.，1979）。

1. 前因影响因素相关变量的内部一致性信度检验

研究对前因影响因素相关量表的内部一致性进行了检验，量表主要包括了社交孤独、旅游审美视域、行为态度、主观规范、知觉行为控制，各量表的内部一致性检验结果如表4-13所示。具体来看，社交孤独量表的总体Cronbach'α值为0.739，其中SL1题项的校正的项总计相关性为0.071，且项已删除的Cronbach'α的值为0.829，表明该题项不符合检验标准，因此，在后续的研究与问卷调研过程中，将该项予以删除，删除该题项之后，我们发现其他题项的校正的项总计相关性高于 0.4 的标准，各题项已删除的 Cronbach'α 值（0.619～0.861）均小于原有的 Cronbach'α 值（0.739），由此可见，社交孤独量表中除题项 1 之外的其他题项具有较高的内部一致性。

表 4－13 前因影响因素相关量表的内部一致性信度检验

构念	题项	校正的项总计相关性 CITC	项已删除的 Cronbach'α	维度 Cronbach'α
社交孤独	SL2	0.587	0.661	0.739
	SL3	0.620	0.644	
	SL4	0.597	0.657	
	SL5	0.693	0.619	
旅游审美视域	AS1	0.701	0.827	0.857
	AS2	0.731	0.799	
	AS3	0.759	0.773	
行为态度	ASU1	0.604	0.825	0.843
	ASU2	0.624	0.822	
	ASU3	0.672	0.807	
	ASU4	0.717	0.794	
	ASU5	0.685	0.806	
主观规范	SN1	0.426	0.728	0.744
	SN2	0.505	0.701	
	SN3	0.502	0.706	
	SN4	0.476	0.710	
	SN5	0.517	0.697	
	SN6	0.492	0.705	
知觉行为控制	PBC1	0.651	0.693	0.788
	PBC2	0.660	0.681	
	PBC3	0.584	0.759	

旅游审美视域量表的内部一致性结果显示，其总体 Cronbach'α 值为 0.857，各题项的校正的项总计相关性均大于 0.4 的标准，且各题项指标删除后的 Cronbach'α值处于0.773～0.827，均小于量表整体的Cronbach'α值，则该量表具有较好的内部一致性。从行为态度的量表验证结果来看，行为态度量表的总体Cronbach'α为0.843，校正的项总计相关性在0.604～0.717，大于0.4的标准值；各题项指标删除后的Cronbach'α值处于0.794～0.825，均小于量表整体Cronbach'α的值，该量表具有较好的内部一致性。从主观规范量表的验证结果来看，量表的总体Cronbach'α值为0.744，其中，各题项的校正的项总计相关性值均在0.426～0.517，均大于0.4的标准；各题项指标删除后的Cronbach'α值处于0.697～0.728，均小于量表整体Cronbach'α的值，该量表具有较好的内部一致性。从知觉行为控制的量表验证结果来看，量表的整体的Cronbach'α值为0.788，各题项的校正的项总计相关性值均在0.584～0.660，均大于0.4的标准；各题项指标删除后的Cronbach'α值处于0.681～0.759，均小于量表整体Cronbach'α的值，该量表具有较好的内部一致性。

总体来说，手机介入前因因素相关的社交孤独、旅游审美视域、行为态度、主观规范、知觉行为控制五个变量具有较好的内部一致性。

2. 智能手机使用相关量表的内部一致性信度检验

研究对智能手机使用的相关变量的内部一致性进行了检验，主要涉及变量包括使用习惯、信息使用、娱乐使用与社交使用，各量表的内部一致性检验结果如表4－14所示。从使用习惯量表来看，量表的整体的Cronbach'α值为0.900，各题项的校正的项总计相关性值均在0.660～0.816，均大于0.4的标准；各题项指标删除后的Cronbach'α值处于0.863～0.897，均小于量表整体Cronbach'α的值，该量表具有较好的内部一致性。从信息使用量表来看，量表的整体的Cronbach'α值为0.874，各题项的校正的项总计相关性值均在0.693～0.814，均大于0.4的标准；各题项指标删除后的Cronbach'α值处于0.772～0.878，均小于量表整体Cronbach'α的值，该量表具有较好的内部一致性。

表4－14　手机使用相关量表的内部一致性信度检验

构念	题项	校正的项总计相关性 CITC	项已删除的 Cronbach'α	维度 Cronbach'α
使用习惯	HSB1	0.741	0.880	0.900
	HSB2	0.816	0.863	
	HSB3	0.728	0.882	
	HSB4	0.815	0.863	
	HSB5	0.660	0.897	

续表

构念	题项	校正的项总计相关性 CITC	项已删除的 Cronbach' α	维度 Cronbach' α
信息使用	IU1	0. 771	0. 810	0. 874
	IU2	0. 814	0. 772	
	IU3	0. 693	0. 878	
娱乐使用	EU1	0. 723	0. 919	0. 922
	EU2	0. 771	0. 909	
	EU3	0. 845	0. 895	
	EU4	0. 831	0. 897	
	EU5	0. 819	0. 900	
社交使用	SU1	0. 683	0. 886	0. 894
	SU2	0. 774	0. 864	
	SU3	0. 733	0. 873	
	SU4	0. 780	0. 864	
	SU5	0. 744	0. 870	

从娱乐使用量表来看，量表的整体的 Cronbach' α 值为 0. 922，各题项的校正的项总计相关性值均在 0. 723 ~ 0. 845，均大于 0. 4 的标准；各题项指标删除后的 Cronbach' α 值处于 0. 895 ~ 0. 919，均小于量表整体 Cronbach' α 的值，该量表具有较好的内部一致性。从社交使用量表来看，量表的整体的 Cronbach' α 值为 0. 894，各题项的校正的项总计相关性值均在 0. 683 ~ 0. 780，均大于 0. 4 的标准；各题项指标删除后的 Cronbach' α 值处于 0. 864 ~ 0. 886，均小于量表整体 Cronbach' α 的值，该量表具有较好的内部一致性。

3. 交往行为相关量表的内部一致性信度检验

研究对交往行为相关变量的内部一致性进行了检验，主要涉及变量包括了关系信任、人际疏远感、自我恢复体验感，各量表的内部一致性检验结果如表 4 - 15 所示。

表 4 - 15 交往行为相关量表的内部一致性信度检验

构念	题项	校正的项总计相关性 CITC	项已删除的 Cronbach' α	维度 Cronbach' α
交往质量	QI1	0. 821	0. 919	0. 934
	QI2	0. 844	0. 915	

续表

构念	题项	校正的项总计相关性 CITC	项已删除的 Cronbach'α	维度 Cronbach'α
交往质量	QI3	0.835	0.916	0.934
	QI4	0.867	0.910	
	QI5	0.757	0.931	
关系信任	RT1	0.616	0.925	0.927
	RT2	0.695	0.921	
	RT3	0.713	0.920	
	RT4	0.697	0.921	
	RT5	0.777	0.916	
	RT6	0.796	0.915	
	RT7	0.767	0.917	
	RT8	0.690	0.921	
	RT9	0.727	0.919	
	RT10	0.700	0.921	
人际疏远感	IA1	0.793	0.930	0.938
	IA2	0.846	0.921	
	IA3	0.873	0.916	
	IA4	0.818	0.926	
	IA5	0.835	0.923	
自我恢复体验感	RE1	0.708	0.849	0.876
	RE2	0.753	0.838	
	RE3	0.725	0.845	
	RE4	0.727	0.844	
	RE5	0.629	0.871	

从交往质量量表来看，量表的整体的 Cronbach'α 值为 0.934，各题项的校正的项总计相关性值均在 0.757～0.867，均大于 0.4 的标准；各题项指标删除后的 Cronbach'α 值处于 0.910～0.931，均小于量表整体 Cronbach'α 的值，该量表具有较好的内部一致性。从关系信任量表来看，量表的整体的 Cronbach'α 值为 0.927，各题项的校正的项总计相关性值均在 0.616～0.796，均大于 0.4 的标准；各题项指标删除后的 Cronbach'α 值处于 0.915～0.925，均小于量表整体 Cronbach'α 的值，该量表具有较好的内部一致性。

从人际疏远感量表来看，量表的整体的 Cronbach'α 值为 0.938，各题项的校正的项总计相关性值均在 0.793 ~ 0.873，均大于 0.4 的标准；各题项指标删除后的 Cronbach'α 值处于 0.916 ~ 0.930，均小于量表整体 Cronbach'α 的值，该量表具有较好的内部一致性。从自我恢复体验感量表来看，量表的整体的 Cronbach'α 值为 0.876，各题项的校正的项总计相关性值均在 0.629 ~ 0.753，均大于 0.4 的标准；各题项指标删除后的 Cronbach'α 值处于 0.838 ~ 0.871，均小于量表整体 Cronbach'α 的值，该量表具有较好的内部一致性。

四、探索性因子分析

探索性因子分析（EFA）的目的是确定量表的维度和检验量表的建构效度，一般采用主成分分析法进行探索性因子分析，对多维构念采用斜角，即最大方差法（VARIMAX）或正交（OBLIMIN）因子旋转法，基于特征根值（Eigenvalue）大于 1 进行主成分抽取（Cartell R.，1966）。研究运用 SPSS20.0 软件分别对各量表进行探索性因子分析。

1. 前因影响因素相关变量的探索性因子分析

（1）日常使用习惯。日常使用习惯量表的探索性因子分析结果如表 4 – 16 所示。其中，KMO 值为 0.878，Bartlett 的卡方检验相伴概率为 0.000（$P<0.001$），各观测变量的公因子方差值为 0.598 ~ 0.796，均大于 0.4；且因子载荷系数值为 0.773 ~ 0.892，均在 0.5 以上。总的来说，该量表具有较好的建构效度。

表 4 – 16 日常使用习惯量表的探索性因子分析结果

取样足够度的 KMO	0.878	
Bartlett 球形检验	近似卡方 = 598.903；df = 10；Sig. = 0.000	
题项	公因子方差	因子载荷
HSB1	0.705	0.840
HSB2	0.796	0.892
HSB3	0.688	0.830
HSB4	0.792	0.890
HSB5	0.598	0.773
特征根值		3.580
累计解释的总方差		71.591

（2）社交孤独。社交孤独量表的探索性因子分析结果如表4－17所示。其中，KMO值为0.773，Bartlett的卡方检验相伴概率为0.000（P<0.001），各观测变量的公因子方差值为0.615～0.771，均大于0.4；且因子载荷系数值为0.784～0.878，均在0.5以上。总的来说，该量表具有较好的建构效度。

表4－17　社交孤独量表的探索性因子分析结果

取样足够度的KMO	0.773	
Bartlett球形检验	近似卡方＝304.864；df＝6；Sig.＝0.000	
题项	公因子方差	因子载荷
SL2	0.615	0.784
SL3	0.632	0.795
SL4	0.643	0.802
SL5	0.771	0.878
特征根值		2.660
累计解释的总方差		66.508

（3）旅游审美视域。旅游审美视域量表的探索性因子分析结果如表4－18所示。其中，KMO值为0.729，Bartlett的卡方检验相伴概率为0.000（P<0.001），各观测变量的公因子方差值为0.748～0.806，均大于0.4；且因子载荷系数值为0.865～0.898，均在0.5以上。总的来说，该量表具有较好的建构效度。

表4－18　旅游审美视域量表的探索性因子分析结果

取样足够度的KMO	0.729	
Bartlett球形检验	近似卡方＝269.366；df＝3；Sig.＝0.000	
题项	公因子方差	因子载荷
AS1	0.748	0.865
AS2	0.779	0.883
AS3	0.806	0.898
特征根值		2.333
累计解释的总方差		77.768

（4）行为态度。行为态度量表的探索性因子分析结果如表4－19所示。其中，KMO值为0.754，Bartlett的方检验相伴概率为0.000（P<0.001），各观测变量的公因子方差值为0.586～0.665，均大于0.4；且因子载荷系数值为0.766～0.815，均在0.5以上。总的来说，该量表具有较好的建构效度。

表 4－19　行为态度量表的探索性因子分析结果

取样足够度的 KMO	0.754	
Bartlett 球形检验	近似卡方＝504.748；df＝10；Sig.＝0.000	
题项	公因子方差	因子载荷
ASU1	0.586	0.766
ASU2	0.609	0.781
ASU3	0.665	0.815
ASU4	0.651	0.807
ASU5	0.618	0.786
特征根值		3.130
累计解释的总方差		62.598

（5）主观规范。主观规范量表的探索性因子分析结果如表 4－20 所示。其中，KMO 值为 0.770，Bartlett 的卡方检验相伴概率为 0.000（$P<0.001$），各观测变量的公因子方差值为 0.360～0.481，其中 SN1 题项的公因子方差不满足基本标准，因此，研究对该题项进行删除。除此之外，其他题项的公因子方差均大于 0.4，且因子载荷系数值为 0.660～0.693，均在 0.5 以上。总的来说，该量表具有较好的建构效度。

表 4－20　主观规范量表的探索性因子分析结果

取样足够度的 KMO	0.770	
Bartlett 球形检验	近似卡方＝241.605；df＝15；Sig.＝0.000	
题项	公因子方差	因子载荷
SN1	0.360	0.600
SN2	0.470	0.686
SN3	0.472	0.687
SN4	0.435	0.660
SN5	0.481	0.693
SN6	0.454	0.674
特征根值		2.673
累计解释的总方差		44.543

（6）知觉行为控制。知觉行为控制量表的探索性因子分析结果如表 4－21 所示。其中，KMO 值为 0.699，Bartlett 的卡方检验相伴概率为 0.000（$P<0.001$），各观测变量的公因子方差值为 0.652～0.734，均大于 0.4；且因子载荷系数为 0.807～0.857，均在 0.5 以上。总的来说，该量表具有较好的建构效度。

表 4-21　知觉行为控制量表的探索性因子分析结果

取样足够度的 KMO	0.699	
Bartlett 球形检验	近似卡方 = 176.683；df = 3；Sig. = 0.000	
题项	公因子方差	因子载荷
PBC1	0.727	0.853
PBC2	0.734	0.857
PBC3	0.652	0.807
特征根值		2.113
累计解释的总方差		70.426

2. 智能手机使用相关变量的探索性因子分析

智能手机功能性介入量表的探索性因子分析结果如表 4-22 所示。首先，KMO 的值为 0.870，Bartlett 球形检验在 $P<0.001$ 水平上显著，表示功能性介入适合做因子分析。基于根植大于 1，采用斜角最大方差法对功能性介入进行了因子旋转，最终得到三个公因子，符合功能性介入中信息介入、娱乐介入与社交性介入的主要内容，并且累计解释的总方差为 75.672；各题项的公因子方差为 0.608～0.863，大于 0.4 的验证标准；各公因子维度下旋转后的因子载荷值均大于 0.5，且无交叉负载大于 0.5 的题项，表明智能手机的功能性介入量表具有较好的建构效度。

表 4-22　功能性介入量表的探索性因子分析结果

取样足够度的 KMO	0.870			
Bartlett 球形检验	近似卡方 = 1887.678；df = 78；Sig. = 0.000			
题项	公因子方差	因子载荷 1	因子载荷 2	因子载荷 3
IU1	0.821	0.189	0.114	**0.879**
IU2	0.863	0.082	0.143	**0.914**
IU3	0.727	0.197	0.224	**0.799**
EU1	0.669	**0.745**	0.226	0.250
EU2	0.716	**0.796**	0.237	0.160
EU3	0.829	**0.873**	0.228	0.125
EU4	0.820	**0.876**	0.213	0.087
EU5	0.796	**0.862**	0.210	0.093
SU1	0.608	0.350	**0.674**	0.178

续表

取样足够度的 KMO	0.870			
Bartlett 球形检验	近似卡方 =1887.678；df =78；Sig. =0.000			
题项	公因子方差	因子载荷 1	因子载荷 2	因子载荷 3
SU2	0.723	0.355	**0.746**	0.204
SU3	0.740	0.138	**0.840**	0.124
SU4	0.794	0.157	**0.865**	0.142
SU5	0.729	0.216	**0.822**	0.084
特征根值		6.313	1.826	1.698
累计解释的总方差		75.672		

3. 交往行为相关量表的探索性因子分析

（1）关系信任。关系信任量表的探索性因子分析结果如表 4 –23 所示。KMO 检验值为 0.918；Bartlett 球形检验在 P <0.001 水平上显著，表示关系信任的量表适合做因子分析。分子过程中采用最大方差法，基于特征根植大于 1 进行主成分分析时发现，关系信任中的居民信任分别负载在其他游客信任与从业者信任的因子之中。研究根据理论分析结果将关系信任分为其他游客信任、居民信任与从业者信任，因此，研究设置固定抽取三个因子，以斜角最大方差进行因子旋转，最后得到三个公因子，累计解释的总方差为 77.114。另外，各题项的公因子方差值为 0.665 ~0.856，均大于 0.4 的参考标准值；各公因子旋转后的因子载荷均大于 0.5，且无交叉负载大于 0.5 的题项，表明关系信任量表具有较好的建构效度。

表 4 –23　关系信任量表的探索性因子分析结果

取样足够度的 KMO	0.918			
Bartlett 球形检验	近似卡方 =2494.045；df =45；Sig. =0.000			
题项	公因子方差	因子载荷 1	因子载荷 2	因子载荷 3
RT1	0.665	**0.768**	0.227	0.152
RT2	0.761	**0.797**	0.173	0.311
RT3	0.776	**0.806**	0.219	0.279
RT4	0.674	**0.712**	0.273	0.304
RT5	0.856	0.346	0.322	**0.796**
RT6	0.835	0.380	0.355	**0.751**

续表

取样足够度的 KMO	0.918			
Bartlett 球形检验	近似卡方 =2494.045；df =45；Sig. =0.000			
题项	公因子方差	因子载荷 1	因子载荷 2	因子载荷 3
RT7	0.767	0.307	0.452	**0.684**
RT8	0.755	0.215	**0.775**	0.329
RT9	0.786	0.281	**0.784**	0.303
RT10	0.837	0.236	**0.850**	0.242
特征根值		6.056	1.098	0.557
累计解释的总方差		77.114		

（2）人际疏远感。人际疏远感量表的探索性因子分析结果如表 4 –24 所示。其中，KMO 值为 0.891，Bartlett 的卡方检验相伴概率为 0.000（P <0.001），各观测变量的公因子方差值为 0.752 ~0.850，均大于 0.4；且因子载荷系数值为 0.867 ~0.922，均在 0.5 以上。总的来说，该量表具有较好的建构效度。

表 4 –24　人际疏远感量表的探索性因子分析结果

取样足够度的 KMO	0.891	
Bartlett 球形检验	近似卡方 =1585.257；df =10；Sig. =0.000	
题项	公因子方差	因子载荷 1
IA1	0.752	0.867
IA2	0.817	0.904
IA3	0.850	0.922
IA4	0.783	0.885
IA5	0.803	0.896
特征根值		4.005
累计解释的总方差		80.105

（3）自我恢复体验感。自我恢复体验感量表的探索性因子分析结果如表 4 –25 所示。其中，KMO 值为 0.822，Bartlett 的卡方检验相伴概率为 0.000（P <0.001），各观测变量的公因子方差值为 0.568 ~0.740，均大于 0.4；且因子载荷系数值为 0.754 ~0.860，均在 0.5 以上。总的来说，该量表具有较好的建构效度。

表 4－25　自我恢复体验感量表的探索性因子分析结果

取样足够度的 KMO	0.822	
Bartlett 球形检验	近似卡方＝969.087；df＝10；Sig.＝0.000	
题项	公因子方差	因子载荷 1
RE1	0.671	0.819
RE2	0.740	0.860
RE3	0.701	0.837
RE4	0.687	0.829
RE5	0.568	0.754
特征根值		3.367
累计解释的总方差		67.347

五、初始测量量表的形成

根据预调研的分析结果，我们发现，问卷具有较好的信度与效度。研究通过对各变量的 Cronbach’α 系数、校正的项总计相关系数以及项已删除后的值与量表原来的 α 值对比分析，发现在前因影响因素当中，社交孤独中题项 1 的 CITC 值小于参考标准值，但其 Cronbach’α 系数均呈现出较好的结果，因此我们保留该题项，除此之外，其他变量的各项指标均达到参考标准要求；关于智能手机使用，即信息使用、娱乐使用与社交使用三个变量的各项指标均达到参考标准要求；交往行为相关的变量检验过程中，各变量均呈现出较好的内部一致性。在此基础上，研究还继续进行了探索性因子分析，结果发现各变量的因子载荷、KMO 值以及 Bartlett 的卡方检验均呈现较好数据结果，满足参考标注要求，因此研究认为，各核心量表具有较好的建构效度。

综上所述，除社交孤独变量中的题项 1 以外，其他变量均呈现出较好的内部一致性与建构效度。因此，研究形成了最终的正式问卷。

第三节　正式调研与数据收集

一、正式调研问卷的发放与回收

正式调研采用了纸质问卷与电子问卷两种发放方式，两种发放方式均以厦门为调研案例地，其中纸质问卷于厦门各景点让游客直接填写，电子问卷则是邀请最近前往过厦门鼓浪屿的游客以厦门旅游的经历与感受以及回想在该次旅游过程中的手机使用状况进行填写。笔者于2019年8~9月于厦门鼓浪屿、厦鼓轮渡码头、曾厝垵等游客集聚地进行了问卷的发放，共发放问卷420份，回收了416份，回收率为99.04%，其中有效问卷369份，问卷有效率88.70%；电子问卷主要通过问卷星、微博、微信与QQ等渠道以滚雪球的方式进行发放，共获得304份问卷，删除答题时间短于120秒及答题规律性的问卷，最终得到有效问卷213份，问卷有效率为70.07%。因此，本书最终获得的有效问卷共582份，有效样本资料如表4-26所示。

表4-26 正式调研有效样本的描述性统计情况（n=582）

类别		频数	百分比（%）	类别		频数	百分比（%）
性别	男	254	43.6	学历	初中及以下	69	11.9
	女	328	56.4		高中	180	30.9
年龄	00后	81	13.9		专科	114	19.6
	90后	384	66.0		本科	183	31.4
	80后	76	13.1		硕士及以上	36	6.2
	70后	25	4.3	月均收入	≤2500元	121	20.8
	60后	14	2.4		2501~5000元	165	28.4
	50后及以上	2	0.3		5001~10000元	203	34.9
出游频率	<1次/年	138	23.7		10001~20000元	62	10.7
	1~5次/年	385	66.2		≥20001元	31	5.3
	>5次/年	59	10.1				
出游方式	朋友出游	249	42.8				
	家人出游	181	31.1				
	个人出游	37	6.4				
	同事出游	45	7.7				
	情侣出游	70	12.0				

1. 案例地选择

研究选取了厦门作为案例地，厦门市拥有优越的滨海环境和休闲小资的文化氛围，素有“海上花园”之称。海、岛、山、岩、洞、寺、楼、亭、园、林等美景汇集，使旅游业成为厦门市的支柱产业，据厦门市发委统计，2018 年厦门的游客接待量达 8900 万人次，旅游总收入达 1400 亿元。其中国家 AAAAA 级旅游区鼓浪屿最具有代表性，南普陀以及有全国最美校园之一美称的厦门大学等景区均是热点景区，被称为“中国最文艺渔村”的曾厝垵也成为众多外来游客的必去之地。除此之外，厦门市是国家旅游局首批 18 个“国家智慧旅游试点城市”之一，厦门市整个的智慧旅游建设处于全国前列，其中依托于移动终端的智慧服务、智慧营销发展体系建设联通了异地游客与目的地的管理，也为异地游客通过移动媒体工具实现更好的旅游提供了便利。

2. 控制样本的有效性

一方面，我们选择了 8 月初至 9 月初前往鼓浪屿调研，避开了“十一”黄金周、小假期及暑假旅游的高峰时期，尽量降低了高聚集人群与环境对游客旅游体验的影响，减小游客景区审美视域的误差，控制影响游客智能手机使用的其他影响因素。另一方面，在问卷发放的过程中，特意在游客停留时间较长的轮渡码头、饭店餐馆、沙滩、景区长椅等方便填写问卷的场所进行调研，为游客提供一个较好的填写问卷的场景，尽可能减少外界环境对游客填写问卷过程的打扰。除此之外，在填写问卷之前，我们表明了我们学生的身份，并对调查问卷的目的进行了阐释，引导游客对问卷进行真实的填写。

二、正式调研数据的样本结构

正式调研数据的样本结构如表 4－26 所示。

（1）从性别来看，男女占比基本平衡，其中男性占比 43.6%（n＝254），女性占比 56.4%（n＝328）。

（2）从年龄来看，90 后占据样本的大多数，这与如今千禧一代成为消费主力有关，其次是 00 后、80 后占据样本比例较大。具体来看，00 后占比 13.9%（n＝81），90 后占比 66.0%（n＝384），80 后占比 13.1%（n＝76），70 后占比 4.3%（n＝25）；60 后占比 2.4%（n＝14），50 后及以上占比 0.3%（n＝2）。

（3）从学历来看，本科学历、专科学历与高中学历占据样本较大部分。具体来看，初中及以下学历占比 11.9%（n＝69），高中学历占比 30.9%（n＝180），专科学历占比 19.6%（n＝114），本科学历占比 31.4%（n＝183），硕士及以上占比 6.2%（n＝36）。

（4）从月均收入来看，工资水平在 5001～10000 元的样本占据最大比例，其次为月均收入在2501~5000元样本，月均收入大于10000元的相对较少，另外，收入小于等于2500元的占比也相对较大，这可能与样本中“在读学生”样本相对较多有关。具体来看，月均收入小于等于2500元的样本占比20.8%（n=121），月均收入为2501~5000元的样本占比28.4%（n=165），月均收入为5001~10000元的样本占比34.9%（n=203），月均收入为10001~20000元的样本占比10.7%（n=62），月均收入大于等于20001元的样本占比5.3%（n=31）。

（5）从出游频率来看，出游频率每年小于1次的样本占比23.7%（n=138），出游频率每年在1~5次的样本占比66.2%（n=385），出游频率大于5次的样本占比10.1%（n=59）。

（6）从出游方式来看，朋友出游与家人出游占样本比例最大。具体来看，朋友出游占比42.8%（n=249），家人出游占比31.1%（n=181），个人出游占比6.4%（n=37），同事出游占比7.7%（n=45），情侣出游占比12.0%（n=70）。

第四节　正式调研的研究数据检验

一、数据的描述性统计分析与正态性检验

研究对问卷数据进行了描述性统计分析与正态性检验，具体统计结果如表4-27所示。从各变量的均值与标准差来看，社交孤独变量的均值为2.17~2.63，其中SL1为反向题目，其均值为3.88。从整体来看，游客样本中社交孤独感知相对较少；各题项的标准差均大于1，表示该变量各题项数据的离散程度较大，不同样本对社交孤独感受的差异较大。旅游审美视域变量的均值为3.18~3.52，整体来看，游客对厦门各旅游景区的审美评价相对较高，标准差均大于1，可见数据离散程度较大，也就是说不同样本对厦门旅游美感的评价是有较大差异的。从使用习惯来看，其均值为4.34~4.52，标准差为0.795~0.878，游客日常生活中对智能手机的使用处于较高频率，但不同样本之间的差异性较大。从游客旅游过程中使用手机的行为态度来看，均值为3.87~4.38，游客普遍对智能手机使用带来的有用性和有趣性呈正面态度；各题项的标准差均小于1，数据离散程度较

小，大家对手机使用行为态度的差异较小。主观规范量表各题项的均值为3.78～4.46，初步证明周围人群对游客使用手机行为具有一定的影响，且从标准差来看，其值均在1左右，数据离散程度一般。知觉行为控制量表的均值为3.75～3.90，样本普遍感知到旅游景区给智能手机使用带来的便利性条件，其标准差为0.973～1.056，不同游客的感知具有一定的差异。

表4－27　数据的描述性统计分析

变量	题项	均值	标准差	偏度		峰度	
				偏度值	偏度的标准误	峰度值	峰度的标准误
社交孤独	SL1	3.88	0.984	－0.706	0.101	0.258	0.202
	SL2	2.46	1.099	0.467	0.101	－0.417	0.202
	SL3	2.62	1.316	0.304	0.101	－1.091	0.202
	SL4	2.63	1.195	0.303	0.101	－0.707	0.202
	SL5	2.17	1.098	0.797	0.101	－0.020	0.202
旅游审美视域	AS1	3.52	1.128	－0.521	0.101	－0.440	0.202
	AS2	3.18	1.127	－0.073	0.101	－0.868	0.202
	AS3	3.33	1.120	－0.278	0.101	－0.672	0.202
使用习惯	HSB1	4.52	0.795	－2.181	0.101	5.841	0.202
	HSB2	4.46	0.837	－1.977	0.101	4.519	0.202
	HSB3	4.34	0.878	－1.488	0.101	2.437	0.202
	HSB4	4.41	0.877	－1.781	0.101	3.356	0.202
	HSB5	4.38	0.817	－1.627	0.101	3.385	0.202
行为态度	ASU1	4.38	0.706	－1.264	0.101	2.762	0.202
	ASU2	4.42	0.704	－1.342	0.101	2.725	0.202
	ASU3	4.32	0.776	－1.106	0.101	1.330	0.202
	ASU4	3.93	0.955	－0.543	0.101	－0.309	0.202
	ASU5	3.87	0.997	－0.513	0.101	－0.404	0.202
主观规范	SN1	3.42	1.096	－0.290	0.101	－0.600	0.202
	SN2	4.14	0.871	－1.227	0.101	2.057	0.202
	SN3	4.46	0.707	－1.486	0.101	3.092	0.202
	SN4	4.26	0.846	－1.172	0.101	1.516	0.202
	SN5	3.78	1.040	－0.648	0.101	－0.059	0.202
	SN6	4.04	0.889	－0.545	0.101	－0.333	0.202

续表

变量	题项	均值	标准差	偏度		峰度	
				偏度值	偏度的标准误	峰度值	峰度的标准误
知觉行为控制	PBC1	3.75	1.057	-0.564	0.101	-0.255	0.202
	PBC2	3.86	1.003	-0.743	0.101	0.195	0.202
	PBC3	3.90	0.970	-0.697	0.101	0.101	0.202
信息使用	IU1	4.30	0.776	-1.151	0.101	1.730	0.202
	IU2	4.36	0.760	-1.410	0.101	2.902	0.202
	IU3	4.35	0.755	-1.148	0.101	1.593	0.202
娱乐使用	EU1	3.80	1.111	-0.686	0.101	-0.347	0.202
	EU2	3.67	1.151	-0.473	0.101	-0.768	0.202
	EU3	3.69	1.064	-0.485	0.101	-0.414	0.202
	EU4	3.61	1.113	-0.414	0.101	-0.651	0.202
	EU5	3.63	1.115	-0.435	0.101	-0.581	0.202
社交使用	SU1	4.00	0.931	-0.827	0.101	0.383	0.202
	SU2	3.96	0.947	-0.741	0.101	0.193	0.202
	SU3	4.13	0.920	-1.103	0.101	1.197	0.202
	SU4	4.14	0.890	-1.125	0.101	1.368	0.202
	SU5	4.19	0.883	-1.202	0.101	1.583	0.202
关系信任	RT1	3.87	0.751	-0.318	0.101	0.245	0.202
	RT2	3.60	0.829	-0.167	0.101	0.031	0.202
	RT3	3.77	0.782	-0.223	0.101	-0.006	0.202
	RT4	3.68	0.805	0.001	0.101	-0.388	0.202
	RT5	3.59	0.801	-0.020	0.101	-0.074	0.202
	RT6	3.73	0.743	-0.020	0.101	-0.296	0.202
	RT7	3.61	0.788	0.005	0.101	-0.248	0.202
	RT8	3.49	0.817	-0.063	0.101	0.147	0.202
	RT9	3.69	0.696	0.040	0.101	0.439	0.202
	RT10	3.72	0.714	-0.291	0.101	1.318	0.202
人际疏远感	IA1	2.26	1.061	0.716	0.101	-0.138	0.202
	IA2	2.22	1.076	0.679	0.101	-0.248	0.202
	IA3	2.20	1.098	0.763	0.101	-0.085	0.202
	IA4	2.16	1.068	0.725	0.101	-0.161	0.202
	IA5	2.29	1.137	0.658	0.101	-0.373	0.202

续表

变量	题项	均值	标准差	偏度		峰度	
				偏度值	偏度的标准误	峰度值	峰度的标准误
自我恢复体验感	RE1	4.04	0.738	0.031	0.101	0.814	0.202
	RE2	4.12	0.765	0.032	0.101	1.263	0.202
	RE3	4.18	0.755	0.031	0.101	1.757	0.202
	RE4	4.08	0.805	0.033	0.101	0.312	0.202
	RE5	4.04	0.872	0.036	0.101	1.353	0.202

从手机功能性介入来看，信息使用的均值为4.30～4.36，标准差为0.755～0.776；娱乐使用的均值为3.61～3.80，标准差为1.064～1.151；社交使用的均值为3.96～4.19，标准差为0.883～0.947。可见，旅游过程中，信息使用、娱乐使用与社交使用均是游客旅游过程中智能手机功能介入的重要组成部分，其中信息功能的使用较多，其次为社交使用和娱乐使用，而从标准差来看，娱乐功能使用的差异性较大，其次为社交使用，最后为信息使用。从关系信任来看，其均值为3.49～3.87，标准差为0.714～0.829，游客对交往关系的信任处于正向水平，但不同游客之间感受的差异也较大。从人际疏远感来看，其均值为2.16～2.29，标准差为1.062～1.137，可见游客人际交往疏远感普遍较低，且其差异相对较小。从自我恢复体验感来看，其均值为4.04～4.18，标准差为0.755～0.872，游客旅游的自我恢复感相对较高，但不同游客感知的差异也较大。

本书问卷中的量表数据大多数为连续型数据类型，其中连续型数据类型进行科学分析的前提便是数据的正态分布。正态性分布通常采用偏度与峰度指标进行衡量，Kline（2011）的研究发现，偏度系数的绝对值在3以内，峰度系数的绝对值在8以内，均可表示数据接近正态分布；反之，表示数据不符合正态分布，其中，若偏度系数的绝对值大于3，则为极端偏态，若峰度系数的绝对值大于20，则为极端峰态。本书通过SPSS20.0对有效样本数据进行了正态分布检验。结果如表4－27所示。各题项的偏度（Skew）系数绝对值均小于3，峰度（Kurtosis）系数的绝对值多数题项均小于6，其中较大多数题项峰度系数的绝对值均小于3，仅有几项大于3小于6，总的来说，本书中的样本数据服从正态分布，支持进一步的科学统计分析。

二、共同方法偏差检验

共同方法偏差（Common Method Biases）指的是因为同样的数据来源或评分

者、同样的测量环境、项目语境，以及项目本身特征所造成的预测变量与校标变量之间认为的共变（周浩、龙立荣，2004）。具体来看，共同方法偏差的主要来源包括：①问卷数据是统一数据来源或评分者，涉及一致性动机、虚假相关、社会称许性、默许、积极或消极的情感、短暂的情绪状态等因素；②量表题项特征造成的偏差，包括题项的社会称许性、题项复杂性或模糊性、量表格式、消极用语或反向编码题项；③测量题项语境导致的偏差，包括语境诱发的情绪、量表的长度、混合不同概念的干扰等；④测量环境所导致的偏差，包括测量的时间、地点等。本书中的实证研究部分主要采用了问卷调查方法，所有变量均来自同一套问卷，由同一被调查者所填写，并且，整个调查集中于某一时间段的同样测量环境下进行的测量，为了避免可能存在的共同方法偏差所造成的对研究结果的影响，本书有必要对研究数据进行共同方法偏差检验（余嘉元，2012）。

共同方法偏差的控制方法主要包括了程序控制和统计控制。其中程序控制主要是指研究设计与测量过程中所采用的控制措施，包括了对测量进行时间、空间、心理和方法上的分离，平衡题项的顺序，改善量表题项等。统计控制则是指从统计方法上进行共同方法偏差的控制，主要方法包括了 Harman 单因素检验、偏相关法、潜在误差变量控制法、多质多法模型、误差的独特性相关模型、直接乘积模型等。

研究根据 Harman 单因素方法对共同方法偏差进行了检验（Podsakoff P. M. , et al. , 2003）。具体通过将所有变量一起做探索性因子分析，并观察旋转因子分析结果，如果分析出的第一个主成分因子能够解释的总体方差变异量超过 50%，则表明存在较大的共同方法偏差问题；反之，则说明样本数据不存在严重的共同方法偏差。本书根据 Harman 的检验步骤，运用 SPSS21.0 进行探索性因子分析，结果第一个主成分因子解释的总方差的变异量为 21.676%，小于 50% 的判定标准。由此可见，样本数据的共同方法偏差对本书的影响程度较小。

第五节　控制变量对主变量的差异分析

一、性别对主变量的差异分析

性别对研究主变量的差异分析当中，本书采用独立样本 T 检验分析性别对各主变量的影响，检验结果如表4－28所示。性别对各主要变量的独立样本T检验发现，除信任感不具有方差齐性外，其他变量均具有方差齐性，其中性别对使用习惯、社交孤独、主观规范及亲密度的双尾检验结果显示Sig. 值均小于0.05。具体来看，男性游客在日常生活中对智能手机的使用显著低于女性游客（T＝0.061，P＜0.01）；男性游客在旅游过程中的社交孤独显著高于女性游客（T＝0.205，P＜0.05）；男性游客在对主观规范认知方面显著低于女性游客（T＝－0.131，P＜0.05）。除此之外，性别对其他变量并没有显著的影响。

表4－28　性别对主变量的独立样本T检验

性别	均值	标准差	主变量	方差假设	方差Levene检验		均值的T检验	
					F	Sig.	Sig.（双侧）	均值差值
男	4.33	0.765	使用习惯	假设方差相等	1.954	0.163	0.008	0.061
女	4.49	0.694		假设方差不相等			0.009	0.061
男	2.58	0.972	社交孤独	假设方差相等	0.171	0.680	0.010	0.205
女	2.38	0.931		假设方差不相等			0.011	0.205
男	3.17	1.011	旅游审美视域	假设方差相等	0.973	0.324	0.167	－0.114
女	3.28	0.967		假设方差不相等			0.170	－0.114
男	4.20	0.043	行为态度	假设方差相等	0.330	0.566	0.533	0.035
女	4.17	0.037		假设方差不相等			0.533	0.035
男	3.94	0.634	主观规范	假设方差相等	0.421	0.517	0.012	－0.131
女	4.07	0.607		假设方差不相等			0.012	－0.131
男	3.80	0.839	知觉行为控制	假设方差相等	0.044	0.833	0.357	－0.066
女	3.86	0.863		假设方差不相等			0.356	－0.066
男	4.31	0.685	信息使用	假设方差相等	0.848	0.357	0.481	－0.041
女	4.35	0.717		假设方差不相等			0.478	－0.041
男	4.05	0.771	社交使用	假设方差相等	0.141	0.708	0.385	－0.055
女	4.11	0.748		假设方差不相等			0.386	－0.055
男	3.66	0.941	娱乐使用	假设方差相等	0.132	0.717	0.767	－0.024
女	3.69	0.990		假设方差不相等			0.765	－0.024
男	3.00	0.764	陌生关系交往数量	假设方差相等	0.082	0.775	0.240	0.074
女	2.92	0.750		假设方差不相等			0.241	0.074
男	4.03	0.886	熟人关系交往数量	假设方差相等	0.130	0.719	0.171	－0.097
女	4.13	0.820		假设方差不相等			0.175	－0.097
男	3.69	0.627	信任感	假设方差相等	3.117	0.078	0.628	0.024
女	3.66	0.575		假设方差不相等			0.632	0.024

续表

性别	均值	标准差	主变量	方差假设	方差 Levene 检验		均值的 T 检验	
					F	Sig.	Sig.（双侧）	均值差值
男	3.64	1.003	亲密度	假设方差相等	0.965	0.326	0.003	-0.238
女	3.88	0.948		假设方差不相等			0.004	-0.238
男	4.07	0.648	恢复感	假设方差相等	0.413	0.521	0.398	-0.046
女	4.11	0.653		假设方差不相等			0.397	-0.046

二、年龄对主变量的差异分析

本调查问卷中研究样本的年龄构成包括了00后、90后、80后、70后、60后和50后及以上共6个年龄段，因此研究采用单因素方差分析来判断不同年龄阶段的游客在使用习惯、社交孤独、旅游审美视域、行为态度、主观规范、知觉行为控制、信息使用、社交使用、娱乐使用、交往数量（熟人关系之间的交往数量和陌生关系之间的交往数量）、亲密度、信任感和恢复感等研究中的主要变量是否存在差异性的影响。表4-29中年龄对各主要变量的方差齐性检验结果显示，亲密度的方差齐性检验中的P值小于0.05，除亲密度之外的其他变量的P值均大于0.05，即除亲密度之外的其他变量均具有方差齐性。

表4-29　年龄对各主变量的方差齐性检验及方差检验结果（N=582）

变量	方差齐性检验		方差检验	
	Levene 统计量	显著性	F	显著性
使用习惯	0.824	0.533	2.797	0.017
社交孤独	0.810	0.543	1.922	0.089
旅游审美视域	1.034	0.397	0.511	0.768
行为态度	1.337	0.247	3.062	0.010
主观规范	1.203	0.306	2.728	0.019
知觉行为控制	1.251	0.284	4.428	0.001
信息使用	1.566	0.168	1.916	0.090
社交使用	1.169	0.323	5.062	0.000
娱乐使用	1.078	0.372	2.476	0.031
陌生关系交往	1.276	0.273	2.931	0.013
熟人关系交往	0.101	0.992	2.374	0.038
亲密度	2.370	0.038	0.917	0.470
信任感	1.338	0.247	4.049	0.001
恢复感	1.046	0.390	1.879	0.096

从方差检验结果来看，社交孤独、旅游审美视域、信息使用、亲密度和恢复感的方差分析结果不显著，说明不同年龄阶段的游客在社交孤独、旅游审美视域、信息使用、亲密度和恢复感维度上不存在显著差异。而在使用习惯、行为态度、主观规范、知觉行为控制、社交使用、娱乐使用、陌生关系交往、熟人关系交往、信任感等变量中，表现出了显著的差异性。

研究继续对年龄与主变量进行了 LSD 多重对比检验，结果如表 4－30 所示。可见，00 后游客样本的智能使用习惯水平显著高于 90 后、80 后、70 后；00 后游客样本的智能手机使用行为态度高于 90 后、80 后与 60 后；00 后游客样本的知觉行为控制显著高于 90 后、80 后、70 后、60 后和 50 后及以上；00 后游客样本的娱乐使用显著高于 90 后、80 后和 60 后；60 后游客样本中熟人关系交往数量显著低于 00 后、90 后和 80 后；00 后样本与陌生关系交往数量显著高于 90 后和 50 后，而 50 后样本与陌生关系交往数量显著高于 90 后、80 后、70 后和 60 后；60 后样本与陌生关系交往数量显著低于 90 后；90 后游客样本的信任感显著低于 50 后及以上，60 后游客样本的信任感显著高于 50 后。

表 4－30 年龄对主变量的多重对比检验结果

变量	LSD 多重对比检验			变量	LSD 多重对比检验		
	年龄（I）	年龄（J）	均值差（I－J）		年龄（I）	年龄（J）	均值差（I－J）
使用习惯	00 后	90 后	-0.401*	行为态度	00 后	90 后	-0.361*
		80 后	-0.523*			80 后	-0.482*
		70 后	-0.477*			60 后	-0.679*
主观规范	00 后	90 后	-0.317*	社交使用	00 后	90 后	-0.531*
		80 后	-0.539*			80 后	-0.702*
		60 后	-0.574*			70 后	-0.521*
知觉行为控制	00 后	90 后	-0.410*	娱乐使用	00 后	90 后	-0.321*
		80 后	-0.441*			80 后	-0.371*
		70 后	-0.600*			60 后	-0.812*
		60 后	-0.931*	陌生关系交往数量	00 后	90 后	0.253*
		50 后及以上	-1.746*			50 后及以上	0.160*
熟人关系交往数量	60 后	00 后	-0.488*		90 后	60 后	0.616*
		90 后	-0.638*			50 后及以上	-1.502*
		80 后	-0.579*		80 后	50 后及以上	-1.662*
信任感	90 后	50 后及以上	-1.437*		70 后	50 后及以上	-1.506*
	60 后	50 后及以上	-1.677*		60 后	50 后及以上	-2.118*

注：* 表示均值差在 0.05 水平显著。

三、学历对主变量的差异分析

本书的样本中的学历主要包括了初中及以下、高中、专科、本科和硕士及以上共五个组别，研究采用单因素方差分析来判断不同学历对研究主要变量的差异性影响。表4－31中学历对各主要变量的方差齐性检验结果显示，亲密度与信任度的方差齐性检验中的P值小于0.05，除此之外，其他变量的P值均大于0.05，即除亲密度和信任度之外的其他变量均具有方差齐性。

表4－31　学历对各主变量的方差齐性检验及方差检验结果（N＝582）

变量	方差齐性检验		方差检验	
	Levene 统计量	显著性	F	显著性
使用习惯	0.701	0.591	0.848	0.495
社交孤独	1.231	0.296	1.620	0.168
旅游审美视域	1.275	0.278	2.416	0.048
行为态度	0.213	0.931	0.808	0.521
主观规范	0.737	0.567	1.809	0.125
知觉行为控制	0.197	0.940	2.002	0.093
信息使用	0.908	0.459	1.355	0.248
社交使用	1.652	0.160	0.654	0.624
娱乐使用	1.193	0.313	0.310	0.871
陌生关系交往	1.193	0.313	5.279	0.000
熟人关系交往	1.118	0.347	1.353	0.249
亲密度	2.932	0.020	2.124	0.076
信任感	3.679	0.006	0.777	0.540
恢复感	0.681	0.605	0.637	0.636

从方差检验结果来看，使用习惯、社交孤独、行为态度、主观规范、知觉行为控制、信息使用、社交使用、娱乐使用、熟人关系交往、亲密度、信任感和恢复感的方差检验显著性均大于0.5，说明不同学历样本在这些维度上不存在显著差异。而在旅游审美视域和陌生关系交往两个变量中，表现出了显著的差异性。

研究继续对学历与主变量进行了LSD多重对比检验，结果如表4－32所示，高中学历样本在旅游审美视域水平上显著低于本科学历样本；在陌生关系交往变量中，高中学历样本高于专科学历样本和本科学历样本。

表 4－32 学历对主变量的多重对比检验结果（N＝582）

变量	LSD 多重对比检验			变量	LSD 多重对比检验		
	学历（I）	学历（J）	均值差（I－J）		学历（J）	学历（J）	均值差（I－J）
旅游审美视域	高中	本科	－0.302*	陌生关系交往	高中	专科	0.412*
						本科	0.434*

注：*表示均值差在 0.05 水平显著。

四、月均收入对主变量的差异分析

本书研究样本中的月均收入包括了小于等于 2500 元、2501～5000 元、5001～10000 元、10001～20000 元和大于等于 20001 元共 5 个组别，研究采用单因素方差分析来判断不同月收入水平对研究主要变量的差异性影响。研究结果如表 4－33 所示，在方差齐性检验中，使用习惯、信息使用和信任感等变量的方差齐性检验中的 P 值小于 0.05，除此之外的其他变量的方差齐性检验的 P 值大于 0.050。因此，社交孤独、旅游审美视域、行为态度、主观规范、知觉行为控制、社交使用、娱乐使用、陌生关系交往、熟人关系交往、亲密度和恢复感等变量具有方差齐性。

表 4－33 月均收入对各主变量的方差齐性检验及方差检验结果（N＝582）

变量	方差齐性检验		方差检验	
	Levene 统计量	显著性	F	显著性
使用习惯	5.455	0.000	0.737	0.567
社交孤独	1.951	0.101	0.457	0.767
旅游审美视域	2.339	0.054	1.298	0.269
行为态度	2.362	0.052	2.140	0.074
主观规范	1.410	0.229	1.458	0.213
知觉行为控制	0.622	0.647	0.674	0.610
信息使用	3.417	0.009	0.544	0.704
社交使用	0.954	0.433	3.215	0.013
娱乐使用	1.850	0.118	2.013	0.091
陌生关系交往	1.481	0.206	0.378	0.824
熟人关系交往	0.894	0.467	0.390	0.816
亲密度	2.061	0.085	0.381	0.822
信任感	4.668	0.001	1.162	0.326
恢复感	2.335	0.054	0.104	0.981

从方差检验结果来看，使用习惯、社交孤独、旅游审美视域、行为态度、主观规范、知觉行为控制、信息使用、社交使用、娱乐使用、熟人关系交往、亲密度、信任感和恢复感的方差检验显著性均大于0.5，说明不同月收入水平的样本在这些维度上不存在显著差异。而在社交使用中，表现出了显著的差异性。

研究继续对月均收入与主变量进行了LSD多重对比检验，结果如表4-34所示，在社交使用中，月均收入小于等于2500元的样本显著低于月均收入为5001~10000元、10001~20000元、大于等于20001元的样本；月均收入为2501~5000元的样本显著低于月均收入为5001~10000元的样本。

表4-34　月平均收入对主变量的多重对比检验结果

变量	LSD多重对比检验		
	月均收入（I）	月均收入（J）	均值差（I-J）
社交使用	≤2500元	5001~10000元	-0.358*
		10001~20000元	-0.305*
		≥20001元	-0.418*
	2501~5000元	5001~10000元	-0.226*

注：*表示均值差在0.05水平显著。

五、出游方式对主变量的差异分析

本书的研究样本中出游方式总共包括了朋友出游、家人出游、个人出游、同事出游和情侣出游五个组别，研究采用单因素方差分析来判断不同出游方式对主要变量的差异性影响。研究结果如表4-35所示，在方差齐性检验中，社交孤独的P值小于0.5，说明方差齐性未通过检验；除社交孤独之外的其他变量的P值均大于0.5，方差齐性获得检验。

表4-35　出游方式对各主变量的方差齐性检验及方差检验结果（N=582）

变量	方差齐性检验		方差检验	
	Levene统计量	显著性	F	显著性
使用习惯	1.767	0.134	0.600	0.663
社交孤独	3.840	0.004	7.859	0.000
旅游审美视域	0.433	0.785	0.389	0.816
行为态度	0.388	0.817	0.412	0.800
主观规范	1.063	0.374	1.409	0.230

续表

变量	方差齐性检验		方差检验	
	Levene 统计量	显著性	F	显著性
知觉行为控制	0.527	0.716	0.451	0.772
信息使用	0.376	0.826	1.708	0.147
社交使用	0.425	0.791	0.581	0.676
娱乐使用	0.856	0.490	0.945	0.437
陌生关系交往	0.940	0.440	1.760	0.135
熟人关系交往	2.141	0.074	5.601	0.000
亲密度	0.444	0.777	5.950	0.000
信任感	1.239	0.293	2.233	0.064
恢复感	0.168	0.955	0.982	0.417

从方差检验结果来看，社交孤独、熟人关系交往和亲密度的方差检验显著性小于0.05，说明不同出游方式的样本在社交孤独、熟人关系交往和亲密度三个变量间具有显著的差异性。根据LSD多重对比检验结果来看，在社交孤独方面，朋友出游的样本显著低于家人出游和个人出游的样本，家人出游显著低于个人出游、显著高于情侣出游，个人出游显著高于同事出游与情侣出游；在熟人关系交往方面，朋友出游显著高于个人出游，家人出游显著高于个人出游，而个人出游显著低于同事出游和情侣出游；在亲密度上，朋友出游显著高于个人出游，家人出游显著高于个人出游，个人出游显著低于同事出游与情侣出游。如表4－36所示。

表4－36 出游方式对主变量的多重对比检验结果

变量	LSD多重对比检验			变量	LSD多重对比检验		
	出游方式（I）	出游方式（J）	均值差（I－J）		出游方式（I）	出游方式（J）	均值差（I－J）
社交孤独	朋友出游	家人出游	－0.328*	熟人关系交往	朋友出游	个人出游	0.685*
		个人出游	－0.839*		家人出游	个人出游	0.629*
	家人出游	个人出游	－0.511*		个人出游	同事出游	－0.674*
		情侣出游	0.294*			情侣出游	－0.683*
	个人出游	同事出游	0.774*	亲密度	朋友出游	个人出游	0.817*
		情侣出游	0.805*		家人出游	个人出游	0.668*
					个人出游	同事出游	－0.715*
						情侣出游	－0.869*

注：*表示均值差在0.05水平显著。

六、出游频率对主变量的差异分析

本书的研究样本中出游频率共包括了每年小于1次、每年1~5次、每年大于5次三个组别，研究采用单因素方差分析来判断不同出游频率对主要变量的差异性影响。研究结果如表4-37所示，在方差齐性检验中，使用习惯、行为态度和亲密度的P值小于0.5，说明方差齐性未通过检验；除此之外其他变量的P值均大于0.5，方差齐性获得检验。

表4-37 出游频率对各主变量的方差齐性检验及方差检验结果（N=582）

变量	方差齐性检验		方差检验	
	Levene统计量	显著性	F	显著性
使用习惯	4.556	0.011	3.425	0.033
社交孤独	2.142	0.118	1.213	0.298
旅游审美视域	2.889	0.056	0.739	0.478
行为态度	4.288	0.014	5.366	0.005
主观规范	2.815	0.061	4.855	0.008
知觉行为控制	0.310	0.733	0.090	0.914
信息使用	0.737	0.479	5.222	0.006
社交使用	0.313	0.732	0.099	0.905
娱乐使用	0.246	0.782	0.700	0.494
陌生关系交往	0.738	0.478	4.005	0.019
熟人关系交往	0.615	0.541	5.377	0.005
亲密度	4.316	0.014	1.217	0.297
信任感	2.091	0.124	1.564	0.210
恢复感	2.124	0.121	0.563	0.570

从方差检验结果来看，使用习惯、行为态度、主观规范、信息使用、陌生关系交往和熟人关系交往的方差检验显著性小于0.05，说明不同出游方式的样本在使用习惯、行为态度、主观规范、信息使用、陌生关系交往和熟人关系交往变量间具有显著的差异性。根据LSD多重对比检验结果来看，在使用习惯、信息使用、陌生关系交往和熟人关系交往中，每年小于1次出游频率的样本显著低于每年1~5次的游客；熟人关系交往显著大于每年大于5次的样本；在行为态度中

每年出游小于1次的游客显著低于每年出游1~5次的游客，每年出游1~5次的游客显著高于每年出游大于5次的游客；在主观规范中，每年出游小于1次的游客显著低于每年出游1~5次的游客，每年出游1~5次的游客显著高于每年出游大于5次的游客。如表4－38所示。

表4－38　出游频率对主变量的多重对比检验结果

变量	LSD多重对比检验			变量	LSD多重对比检验		
	出游频率（I）	出游频率（J）	均值差（I－J）		出游频率（I）	出游频率（J）	均值差（I－J）
使用习惯	每年小于1次	每年1~5次	-0.209*	行为态度	每年小于1次	每年1~5次	-0.259*
信息使用	每年小于1次	每年1~5次	-0.311*		每年1~5次	每年大于5次	0.335*
陌生关系交往	每年小于1次	每年1~5次	-0.278	主观规范	每年小于1次	每年1~5次	-0.204*
熟人关系交往	每年小于1次	每年1~5次	-0.271*		每年1~5次	每年大于5次	0.371*
	每年小于1次	每年大于5次	-0.259*				

注：*表示均值差在0.05水平显著。

第六节　本章小结

本章主要内容为研究实证部分的问卷设计、数据收集与数据的基础性检验三个部分。首先，对根据第三章的理论构建选择了合适的变量，在文献研究的基础上选择变量合适的测量量表；其次，以线上调研的方式对问卷进行了预调研，对问卷的信度与效度进行了测量，对量表的适应性进行了验证，并确定最终的实证问卷；最后，对正式问卷的发放与回收进行了详细的介绍，对正式调研的数据样本结构、正态性和共同方法偏差进行了检验，并分析了性别、年龄、学历、月均收入、出游方式和出游频率等控制变量对各主要变量的差异性影响。

研究结果显示：

（1）问卷中各量表具有较好的信度与效度。研究量表主要来自国际权威期刊的成熟量表，研究通过预调研获得的数据进行了问卷的效度检验，检验结果显示各量表具有较好的内部一致性，通过探索性因子分析发现，量表具有较好的建构效度，该问卷具有较好的信效度结构。

（2）正式调研问卷通过了正态性检验与共同方法偏差检验。研究对正式调研问卷进行了样本结构分析、正态性检验与共同方差偏差检验，研究结果显示正式问卷各量表具有较好的正态性，并通过了共同方法偏差的检验，整个数据支持进一步的数理统计分析。

（3）各控制变量对研究中的主要变量具有显著的差异性。研究通过方差分析，检验了性别、年龄、学历、月均收入、出游方式和出游频率等控制变量与主变量之间的差异性，研究结果显示，性别在使用习惯、社交孤独、主观规范及亲密度变量中具有显著差异性；年龄在使用习惯、行为态度、主观规范、知觉行为控制、社交使用、娱乐使用、陌生关系交往、熟人关系交往、信任感等变量中表现出了显著的差异性；学历在旅游审美视域和陌生关系交往两个变量中具有显著的差异性；月均收入在游客智能手机的社交使用中具有显著差异；出游方式在社交孤独、熟人关系交往和亲密度三个变量中具有显著差异性；出游频率在使用习惯、行为态度、主观规范、信息使用、陌生关系交往和熟人关系交往等变量中具有显著的差异性。

第五章　移动媒体工具介入游客旅游交往行为的前导因素

在第三章理论构建的基础上，研究将移动媒体工具介入的前因影响因素与对交往行为影响的后果机制的实证部分内容主要分为了两个章节进行阐述，其中本章主要是移动媒体工具介入的前导因素研究，本章将理性行为理论与非理性因素相结合，构建了行为态度、主观规范与知觉行为控制等理性因素与日常使用习惯、旅游审美视域与旅游社交孤独感等情境刺激因素相结合的游客移动设备使用行为的多因素融合影响模型。本章以休闲旅游地鼓浪屿为案例地，以该地正在旅游的游客为研究对象进行数据收集，以智能手机作为移动技术工具的代表设备，揭示游客旅游情境下智能手机使用行为的前因影响因素与深层次的决策反应，为移动媒体技术与旅游融合背景下的旅游市场管理提供理论指导。

第一节　理论基础与研究假设

一、移动媒体工具与旅游

移动媒体技术推动了旅游产业的变革，拓展了旅游的时空边界，为游客打开了全新的体验方式与体验过程。依托智能手机的智能预订、智能推荐、智能导航及智能营销逐步改善了旅游传统的商业模式（Tussyadiah Iis P.，2015；Bowen J.，et al.，2015），用户生成内容（User Generated Content，UGC）则链接了游客与旅游产业，游客通过社交分享、网络评论与在线互动等方式参与到旅游服务设计当中，实现旅游服务与产品的共创。而对游客而言，以智能手机为代表的移动设备在收集信息、丰富和构建体验方面均表现了更大的价值（Wang D.，et al.，

2012），具体来看，移动媒体工具随时性的信息访问为游客游前预订与旅游的自主安排提供了工具支持（Xiang Z.，et al.，2010），也为游中的信息搜索与问题解决提供了便利（Gretzel U.，2010）；社交功能缩短了异地空间与日常生活之间的距离；娱乐功能，如游戏、音乐、电影则进一步缓解了游客旅游中的等待时间（Wang D.，2014；Campbell S. W.，et al.，2011）。增强现实技术也在智能手机中得到应用，为游客旅游体验提供了一种新方式（Guttentag D. A.，2010）。

另外，智能手机作为一种多功能性的移动工具，与游客恢复体验之间的矛盾也逐渐凸显。Kirillova（2016）的研究发现智能手机带来的连通性与假期恢复理论之间具有较大的冲突，旅游是工作疲劳恢复的良好时机，但是智能手机带来的社交信息的数量与质量均会给游客的恢复带来负面影响。旅游过程中智能手机的介入会导致游客的注意力不足，造成游客既容易错过目的地美丽的风景，也容易错过与亲友增进感情的机会（Ayeh，Julian K.，2018）。Tribe 和 Mkono（2017）的研究还指出当游客使用信息技术工具达到成瘾的阈值时，会扰乱游客在旅游过程中对真实自我的寻求，并有可能对游客的旅游安全、旅游体验造成更大的负面影响。

二、计划行为理论与智能手机使用

计划行为理论由 Ajzen 于 1985 年最早提出，Ajzen 对个人决策过程做了很好的解释，认为一个人的行为最接近的预测因素是他/她参与该行为的意向，行为意向又主要由对行为的态度、主观规范与直觉行为控制决定（Ajzen I.，et al.，1991；Han H.，et al.，2011）。具体来看，Bagozzi 认为行为态度包括了工具性态度与情感性态度两个部分，是对执行某特定行为有用性与趣味性的看法；行为态度被认为是能够直接影响实际行为的重要因素，其对行为意向以及实际行为的积极影响在青少年社交网站的使用（Baker R. K.，et al.，2010）、游客的环保行为（Han H.，2015）、游客国家公园的违规行为（Goh E.，et al.，2017）及旅游中共享单车使用意愿（Kaplan S.，et al.，2015）等研究中均已被证明，积极的态度会导致正面的结果。主观规范是指个体感知到的来自周围参照人（群体）或社会环境对其采取某种行为的外部压力（Fishbein M.，et al.，1975），主要包括个体对他人是否赞成的指令性规范与个体对他人行为感知的描述性规范（于丹等，2008；Cialdini R. B.，et al.，1991）。一方面，智能手机的多样化功能拓展了人群之间交往的空间与交往的方式，家人总会通过智能手机紧密联系在异地旅游的游客，同伴也会通过移动智能设备将同行者联系到一起，或游戏或看剧等；逐渐普及的电子支付方式也鼓励着游客在购物的过程中使用移动支付工具（冯蛟等，2019）。另一方面，手机使用行为在一定程度上受到了从众心理的影响，这种从众行为是描述性规范的重要反映。Finkel 和 Kruger（2012）的研究发现当一个人的互动伙伴开始使用智能手机时，会增加人们开始使用智能手机的可能性。手机使用会形成一定的“镜像”现象，就如 Krasnova 等（2016）对伴侣手机使用的研究中所提到的，他们对伴侣使用手机的反应是开始使用自己的智能手机。游客在出游过程中会受到周围的其他游客、同行的同伴的手机使用的影响，拍照的频率会相互传染，手机信息的分享也使得游客能够更好地融入周围的环境当中；并且朋友的旅游信息分享也会增强游客对旅游信息分享的意愿与行为。知觉行为控制则是指个体感知到执行某种特定行为容易或困难的程度，反映的是个体对促进或阻碍行为因素的知觉。在智慧旅游政策的指导下，各旅游目的地提供了 Wi－Fi 全覆盖、充电宝移动站点等智能手机无限使用的条件以及电子导游、无人闸机、电子地图等智能手机使用需求，异地游客无须担心流量资费与使用时长，游客感知的可控性会进一步促进游客智能手机的使用。

因此，根据计划行为理论，本书提出如下假设：

H1：行为态度对旅游中智能手机使用行为具有显著的正向影响作用。

H2：主观规范对旅游中智能手机使用行为具有显著的正向影响作用。

H3：知觉行为控制对旅游中智能手机使用行为具有显著的正向影响作用。

三、日常使用习惯的溢出效应

根据联想学习理论框架下的双系统观点（Dickinson A.，et al.，1993；Wit S. D.，et al.，2009），人的行为是由目标导向的大脑系统和习惯性的大脑系统共同调节的。一般来说，人们的目标导向系统会占据主导作用，此时，行为是为了达到理想的目标或避免不理想的结果（Gillan C. M.，et al.，2011），另外，经过不断重复某一动作，实现刺激—反应过程之后，习惯系统也会占据主导地位。习惯是在特定环境下通过反复的行为形成的一种无意识的自觉行为（Oulasvirta A.，et al.，2012；LaRose R.，et al.，2004）。习惯的影响有正负两个方面，一方面，良好的习惯能够让个体同时处理多项任务并完成复杂的工作（Wood W.，et al.，2007）；另一方面，不恰当的习惯会导致一种无意识的行为，并干扰其他行为内部或外部线索激活，如旅游过程中无意识地查看智能手机会在一定程度上影响游客的注意力（Ayeh，et al.，2018）。

智能手机的互联网连接，移动浏览器与应用程序的全天连接，包括了搜索信息、在线社交、音乐视频等丰富多样的内容，使人们每天都离不开它（Novo－Corti I.，et al.，2014），Anshari 等（2016）通过对文莱民众手机使用习惯的调查发现，46%的受访者表示离开智能手机就“活不下去”，“无手机恐惧症”和“低头症”有可能在人群中开始出现。习惯性的智能手机使用行为不需要人们更多的认知努力便可以延续（Bayer J. B.，et al.，2015），另外，智能手机的检查习惯也会进一步刺激用户用手机去做其他的事情，从而增加人们对智能手机的使用总量（Oulasvirta A.，et al.，2012），并且已有研究发现，个体过去的行为如习惯性反应对现在的行为具有直接的影响作用（Bagozzi R. P.，et al.，2000）。而已有研究表明，旅行是科技使用的一个特殊阶段，日常生活中使用智能手机的习惯会在一定程度上溢出到旅游活动过程当中（Mackay K.，Vogt C.，2012；Wang D.，et al.，2016）。因此，本书提出如下假设：

H4：日常智能手机使用习惯对旅游中智能手机使用行为具有显著的正向影响作用。

四、旅游目的地审美要素与智能手机使用

视觉审美视域被认为是一种重要的资源，如同水、土壤、矿产和化石燃料等自然资源，对人们的身心健康具有重要的价值（Kane P. S.，1981；Kurdoglu O.，et al.，2010）。旅游目的地的美学特征是影响游客体验和满意度的重要因素（Kirillova K.，et al.，2014），目的地的审美品质，如风景，已经成为旅游研究中许多满意度和感知图像尺度的一个组成部分（Alegre J.，et al.，2010；Baloglu S.，et al.，2004）。Tan 和 Lu（2019）研究认为，如果目的地的审美范围足够宽广并且有足够多的活动来占用游客的时间，游客使用手机的时间有可能会相对较少。智能手机本身的特性便是带来移动的连接，当游客发现目的地的审美范围不够宽广时，会更倾向于在目的地寻求更多的旅游信息来支持他们的活动和需求。当游客感知的景区无聊感增加时，也会进一步诱发游客增加对智能手机的使用（Bayer J. B.，et al.，2015）。由此，本书提出如下假设：

H5：旅游审美视域对旅游中智能手机使用行为具有显著的负向影响。

五、旅游中的社交孤独与智能手机使用

根据社会心理学的研究，孤独是一种主观现象，即独处的人不一定孤独，群

处的人也有可能孤独。社交孤独是指缺乏足够的支持性社交网络，个人无法与之建立联系并获得归属感（Weiss R. S. , 1973）。而社交孤独感与人际交往有关，是由于缺乏有效的社交网络而造成的，主要包括没有共同兴趣或活动的朋友和同事（Matook S. , et al. , 2015）。基于 McKenna 和 Bargh（2000）的社会补偿假说，线下缺乏社交联系的人往往会上网弥补他们在线下生活中所缺乏的东西，互联网带来的交流模式的改变，有利于人们克服糟糕的社交技能获得更宽广的社交网络。Hood 等（2018）在 McKenna 的基础上利用社会补偿假说继续研究了孤独与朋友之间的关系，研究证明了孤独的人会通过其他方式去寻找社会联系，而社交网站则为人们提供了与他人进行连接的另一种重要的方式。与不那么孤独的人相比，孤独的人会更频繁地使用移动设备，特别是移动社交媒体（Rauch S. M. , et al. , 2014；Song H. , et al. , 2014）。智能手机的使用被认为是人缺乏安全依恋的替代选择（Flores P. J. , 2004），能够满足个人的人际依恋需求（Zhang X. , et al. , 2019），而在旅游活动过程中，一部分的安全感来自于同伴之间的互动与交流，当这种安全感比较缺乏时，游客便会倾向于使用社交媒体来弥补。

由此，本书提出如下假设：

H6：社交孤独对旅游中智能手机使用行为具有显著的正向影响作用。

六、习惯溢出、环境刺激与理性认知的交互作用

计划行为理论认为个体的行为习惯是理性的，认为行为的发生是基于个人意志力的控制，却较易忽视情境因素对个体行为的影响（张一涵和袁勤俭，2018）。具体来看，习惯被认为是影响个体行为的直接驱动因素（Klöckner C. A. , 2013；Mahon D. , et al. , 2006），一种重复的、自动的反应的习惯是一种缺乏计划和有限意识的行为（Lavelle M. J. , et al. , 2015），这种自发行为在理性认识的支持下会更容易发生，即日常使用智能手机的时间越多、依赖度越高，越会造成游客对智能手机使用行为的积极认知。可见，日常使用习惯与对智能手机使用行为的理性认知对实际使用行为具有一定的累积传递作用。情境因素的差异也会给个体的感知带来不同的影响，旅游审美视域作为一种对旅游目的地美学品质的综合评价与感知，直接影响游客的旅游满意度（Tan W. K. , et al. , 2019），而当游客的旅游需求得不到满足时，游客便会通过其他途径实现自我需求，这种需求较易转移至身边的其他娱乐方式，其中智能手机便是一个较好的工具。在旅游审美视

域差异化范围的刺激因素影响下，游客会对替代性工具产生差异化的态度，这种情境因素会影响游客对智能手机使用行为的理性思考，并进一步影响实际使用行为。而旅游中的社交孤独感与空虚感与无聊感紧密相关，会给人带来一种不适感（Sheldon P.，2012），直接影响游客对目的地的审美感受（Tan W. K.，et al.，2019），一方面，社交孤独感对智能手机实际使用行为的影响通过旅游审美视域的感知进行传递；另一方面，当游客在旅游过程中感受到了社交孤独时，智能手机可以较好地缓解他们的消极情绪与状态，智能手机成为其逃避现实状况、填补内心社交需求的媒介，导致游客对智能手机的依赖性（Kardefelt - Winther D.，2014），此时游客的这种需求与依赖均影响游客对智能手机带来的有用性与趣味性的评价，影响游客对智能手机使用行为条件的感知以及线上行为的重要性，并继续影响游客的持续性使用行为。

简单来说，游客旅游过程中对智能手机的使用一方面是一种旅游便利需求的理性行为，另一方面是习惯等自发性行为的传递，旅游目的地环境品质与旅游社交孤独感等情境因素的刺激，会综合对游客行为产生一定的干扰，这种多因素融合影响下，共同形成了游客旅途中智能手机使用的频率与强度。

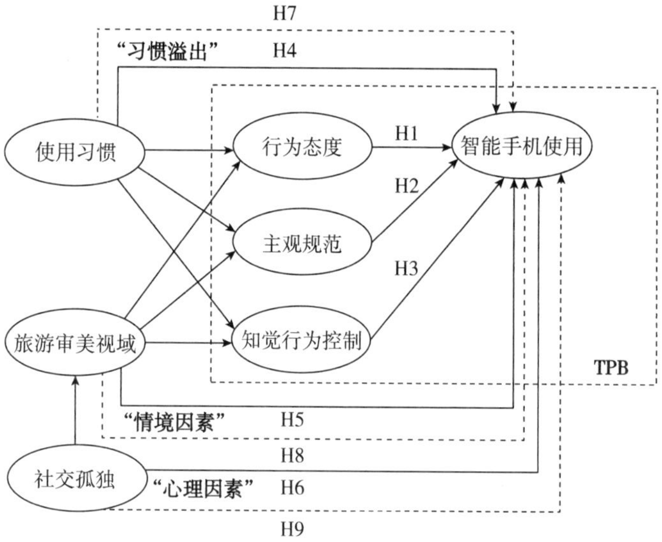

图5-1 移动媒体工具介入的前因机制模型

由此，本书提出以下假设：

H7：行为态度、主观规范、知觉行为控制在使用习惯与智能手机使用之间具有并列中介作用。

H8：行为态度、主观规范、知觉行为控制在旅游审美视域与智能手机使用之间具有并列中介作用。

H9：社交孤独与智能手机使用之间存在链式中介效应。

第二节　数据分析与假设验证

一、验证性因子分析

研究进一步使用 AMOS21.0 针对测量问项进行验证性因子分析，并使用吴明隆构建的开发效度计算程序用于计算平均变异抽取量（AVE）和组合信度（CR）。统计结果如表 5－1 所示，测量问项的因子载荷数值符合数据标准，其中主观规范 SN1 题项的因子载荷为 0.473，因此对该问项进行了删除，其他题项的因子载荷均在 0.5 以上，表明问项具有很高的效度。研究继续根据模型修正指数对问项进行修正，删除不满足要求的测量问项之后，主观规范变量的平均变异抽取量为 0.402，其他变量的平均变异抽取量均大于 0.5，表明问卷具有较好的建构效度。具体分析结果如表 5－1 所示。修正后的整体测量模型的简约适配指标 $\chi^2/df = 2.050$（<3）；模型的绝对适配度指标 RMSEA = 0.043，RMR = 0.046，均满足检验标准；增值适配度指标 NFI = 0.913，RFI = 0.902，IFI = 0.953，均接近于 0.9 或大于 0.9，表明模型整体适配情形较好。

根据 CFA 分析结果，各观测变量的标准化因子载荷值均大于 0.5，且各构念的平均变异抽取量 AVE 仅有主观规范为 0.402，其余变量的 AVE 均大于 0.5 的建议标准，说明测量模型具有较高的收敛效度，且每个量表的观测指标可以很好地解释潜变量。此外，各变量的组合信度 CR 也都达到了大于 0.7 的标准。整体来说，问卷具有较好的信效度。

表 5-1　变量的验证性因子分析

变量	测量题项	因子载荷	T 值	平均变异抽取量	组合信度	拟合指数
使用习惯	HSB1	0.833	24.310	0.698	0.920	$\chi^2/df=2.050$ RMR = 0.046 GIF = 0.892 AGFI = 0.871 PGFI = 0.751 NFI = 0.913 RFI = 0.902 IFI = 0.953 TLI = 0.947 CFI = 0.953 RMSEA = 0.043
	HSB2	0.901	27.612			
	HSB3	0.837	24.475			
	HSB4	0.895	27.301			
	HSB5	0.696	18.776			
社交孤独	SL2	0.757	19.833	0.548	0.828	
	SL3	0.704	18.050			
	SL4	0.644	16.119			
	SL5	0.841	22.802			
旅游审美视域	AS1	0.775	21.010	0.688	0.868	
	AS2	0.824	22.800			
	AS3	0.885	25.141			
行为态度	ASU1	0.507	12.653	0.508	0.827	
	ASU2	0.500	12.433			
	ASU3	0.581	14.864			
	ASU4	0.913	27.538			
	ASU5	0.927	28.187			
主观规范	SN2	0.617	15.014	0.402	0.769	
	SN3	0.625	15.229			
	SN4	0.723	18.317			
	SN5	0.644	15.830			
	SN6	0.547	12.976			
知觉行为控制	PBC1	0.771	19.796	0.572	0.800	
	PBC2	0.783	20.181			
	PBC3	0.713	17.979			
智能手机使用——信息使用	IU1	0.886	26.493	0.771	0.910	
	IU2	0.923	28.219			
	IU3	0.823	23.832			
智能手机使用——娱乐使用	EU1	0.684	18.460	0.694	0.918	
	EU2	0.712	19.469			
	EU3	0.902	27.836			

续表

变量	测量题项	因子载荷	T 值	平均变异抽取量	组合信度	拟合指数
智能手机使用——娱乐使用	EU4	0. 943	30. 018	0. 694	0. 918	χ^2/df = 2. 050 RMR = 0. 046 GIF = 0. 892 AGFI = 0. 871 PGFI = 0. 751 NFI = 0. 913 RFI = 0. 902 IFI = 0. 953 TLI = 0. 947 CFI = 0. 953 RMSEA = 0. 043
	EU5	0. 889	27. 138			
智能手机使用——社交使用	SU1	0. 795	22. 072	0. 585	0. 875	
	SU2	0. 827	23. 373			
	SU3	0. 672	17. 418			
	SU4	0. 744	20. 033			
	SU5	0. 778	21. 386			

二、相关性分析

研究继续对该部分的核心变量进行了相关性分析，具体结果如表 5 - 2 所示。研究还继续计算了 AVE 的平方根，并通过比较 AVE 与变量相关系数进一步验证变量的区分效度，结果表明，本书研究中的任何两个变量之间 AVE 的平方根均高于两者之间的相关系数，即数据的区分效度较好。

表 5 - 2　主要变量的相关性分析结果

变量	1	2	3	4	5	6	7	8	9
1 使用习惯	**0. 835**								
2 旅游审美视域	-0. 021	**0. 829**							
3 社交孤独	0. 008	-0. 261**	**0. 740**						
4 行为态度	0. 468**	-0. 077	-0. 020	**0. 713**					
5 主观规范	0. 404**	-0. 085*	-0. 014	0. 582**	**0. 634**				
6 知觉行为控制	0. 268**	-0. 180**	0. 118**	0. 402**	0. 438**	**0. 756**			
7 信息使用	0. 328**	-0. 088*	-0. 027	0. 490**	0. 457**	0. 323**	**0. 878**		
8 娱乐使用	0. 257**	-0. 260**	0. 160**	0. 424**	0. 377**	0. 445**	0. 376**	**0. 833**	
9 社交使用	0. 307**	-0. 133**	0. 033	0. 417**	0. 449**	0. 386**	0. 486**	0. 581**	**0. 765**

注：对角线上的加粗数字为 AVE 的平方根；** 表示 $p < 0.01$，* 表示 $p < 0.05$。

三、模型检验

在进行整体模型检验之前，研究针对所提出的模型与原始的 TPB 模型进行了对比（χ^2/df = 5.936，RMR = 0.077，RMSEA = 0.092，GFI = 0.786，CFI = 0.855，IFI = 0.856，NFI = 0.832，PGFI = 0.642），与习惯的溢出效应进行了对比（χ^2/df = 6.711，RMR = 0.163，RMSEA = 0.099，GFI = 0.853，CFI = 0.906，IFI = 0.907，NFI = 0.892，PGFI = 0.653），与旅游审美视域模型进行了对比（χ^2/df = 9.517，RMR = 0.210，RMSEA = 0.118，GFI = 0.830，CFI = 0.876，IFI = 0.877，NFI = 0.864，PGFI = 0.616），与社交孤独的影响效应进行了对比（χ^2/df = 8.119，RMR = 0.211，RMSEA = 0.111，GFI = 0.835，CFI = 0.875，IFI = 0.876，NFI = 0.860，PGFI = 0.633），研究发现本书所提出的模型具有更好的模型拟合结果（χ^2/df = 2.574，RMR = 0.081，RMSEA = 0.052，GFI = 0.884，CFI = 0.941，IFI = 0.941，NFI = 0.907，PGFI = 0.733）。结果表明，本书所提出的研究框架在统计数据的模型拟合度指标上明显优于其他模型，并且，该模型具有较强的预测能力（$R^2_{信息使用}$ = 0.376，$R^2_{娱乐使用}$ = 0.563，$R^2_{社交使用}$ = 0.514），其预测能力均明显大于计划行为理论模型（$R^2_{信息使用}$ = 0.357，$R^2_{娱乐使用}$ = 0.388，$R^2_{社交使用}$ = 0.375）、习惯的溢出效应模型（$R^2_{信息使用}$ = 0.137，$R^2_{娱乐使用}$ = 0.092，$R^2_{社交使用}$ = 0.133）、美学理论模型（$R^2_{信息使用}$ = 0.014，$R^2_{娱乐使用}$ = 0.082，$R^2_{社交使用}$ = 0.030）及社交孤独影响模型（$R^2_{信息使用}$ = 0.001，$R^2_{娱乐使用}$ = 0.037，$R^2_{社交使用}$ = 0.003）。具体结果如表 5-3 所示。

表 5-3　结构模型比较结果

模型拟合指标	计划行为理论	习惯的溢出效应	美学理论	社交孤独影响	概念模型
Fit indices					
χ^2/df	5.936	6.711	9.517	8.119	2.574
RMR	0.077	0.163	0.210	0.211	0.081
GFI	0.786	0.853	0.830	0.835	0.884
RMSEA	0.092	0.099	0.118	0.111	0.052
CFI	0.855	0.906	0.876	0.875	0.941
IFI	0.856	0.907	0.877	0.876	0.941
NFI	0.832	0.892	0.864	0.860	0.907
PGFI	0.642	0.653	0.616	0.633	0.733
R^2 (Adjusted)					
信息使用	0.357	0.137	0.014	0.001	0.376

续表

模型拟合指标	计划行为理论	习惯的溢出效应	美学理论	社交孤独影响	概念模型
娱乐使用	0.388	0.092	0.082	0.037	0.563
社交使用	0.375	0.133	0.030	0.003	0.514

四、直接效应检验

研究首先利用SPSS21.0对概念模型中的直接效应进行了检验，其中游客智能手机使用行为在验证性因子分析过程中经过因子旋转提取出了信息使用、娱乐使用与社交使用三个维度，Hur等（2017）在对移动媒体的研究中对游客旅游过程中的智能手机使用行为分为信息使用、娱乐使用与社交使用，Tan（2019）也进一步在实证研究中验证了智能手机使用三个维度的信效度。基于此，本书在后续的数据验证过程中对手机使用中的信息使用、娱乐使用与社交使用分别进行了验证。具体检验结果如表5-4所示。

表5-4 直接效应检验

假设	路径关系	标准化路径系数	Bootstarp 95% CI		P值	检验结果
			LLCI	ULCI		
H1	行为态度→信息使用	0.490	0.389	0.588	0.000	显著
	行为态度→娱乐使用	0.424	0.324	0.528	0.000	显著
	行为态度→社交使用	0.417	0.319	0.519	0.000	显著
H2	主观规范→信息使用	0.457	0.351	0.561	0.000	显著
	主观规范→娱乐使用	0.377	0.278	0.476	0.000	显著
	主观规范→社交使用	0.449	0.362	0.550	0.000	显著
H3	知觉行为控制→信息使用	0.323	0.233	0.412	0.000	显著
	知觉行为控制→娱乐使用	0.445	0.360	0.533	0.000	显著
	知觉行为控制→社交使用	0.386	0.291	0.480	0.000	显著
H4	使用习惯→信息使用	0.328	0.214	0.464	0.000	显著
	使用习惯→娱乐使用	0.257	0.161	0.372	0.000	显著
	使用习惯→社交使用	0.307	0.206	0.414	0.000	显著
H5	旅游审美视域→信息使用	-0.088	-0.169	-0.011	0.034	显著
	旅游审美视域→娱乐使用	-0.260	-0.339	-0.179	0.000	显著
	旅游审美视域→社交使用	-0.133	-0.218	-0.054	0.001	显著

续表

假设	路径关系	标准化路径系数	Bootstarp 95% CI		P 值	检验结果
			LLCI	ULCI		
H6	社交孤独→信息使用	-0.027	-0.113	0.057	0.517	不显著
	社交孤独→娱乐使用	0.160	0.083	0.242	0.000	显著
	社交孤独→社交使用	0.033	-0.050	0.112	0.424	不显著

行为态度对信息使用具有显著的正向影响（β=0.490，P<0.001），对娱乐使用具有显著的正向影响（β=0.424，P<0.001），对社交使用具有显著的正向影响（β=0.417，P<0.001），H1 得到统计学意义上的支持。主观规范对信息使用具有显著的正向影响（β=0.457，P<0.001），对娱乐使用具有显著的正向影响（β=0.377，P<0.001），对社交使用具有显著的正向影响（β=0.449，P<0.001），H2 获得统计学意义上的支持。知觉行为控制对信息使用具有显著的正向影响（β=0.323，P=0.011，<0.5），对娱乐使用具有显著的正向影响（β=0.445，P<0.001），对社交使用具有显著的正向影响（β=0.386，P<0.001），H3 获得统计学意义上的支持。使用习惯对信息使用具有显著的正向影响（β=0.328，P<0.001），对娱乐使用具有显著的正向影响（β=0.257，P<0.001），对社交使用具有显著的正向影响（β=0.307，P<0.001），H4 获得支持。旅游审美视域对游客的信息使用具有显著的负向影响（β=-0.088，P=0.034），对娱乐使用具有显著的负向影响（β=-0.260，P<0.001），对社交使用具有显著的负向影响（β=-0.133，P<0.001），H5 获得数据上的支持。社交孤独对娱乐使用具有显著的正向影响（β=160，P<0.001），对信息使用与社交使用的影响不显著，H6 获得统计数据的部分支持。

五、并列中介效应检验

行为态度、主观规范与知觉行为控制分别在日常使用习惯和旅游审美视域与旅游中智能手机使用行为间存在并列中介效应。研究利用 SPSS 宏程序 PROCESS2.16 中的 Model4 对本书概念模型中的中介效应进行检验。中介效应检验过程采用了 Bootstrap 检验方法，其中 Bootstrap 抽样数为5000，偏差校正95%的置信区间。检验结果如图 5-2 所示，具体的中介效应检验结果如表 5-5 所示。游客使用习惯与智能手机使用中的信息使用的间接效应为 0.247（0.177，0.332），

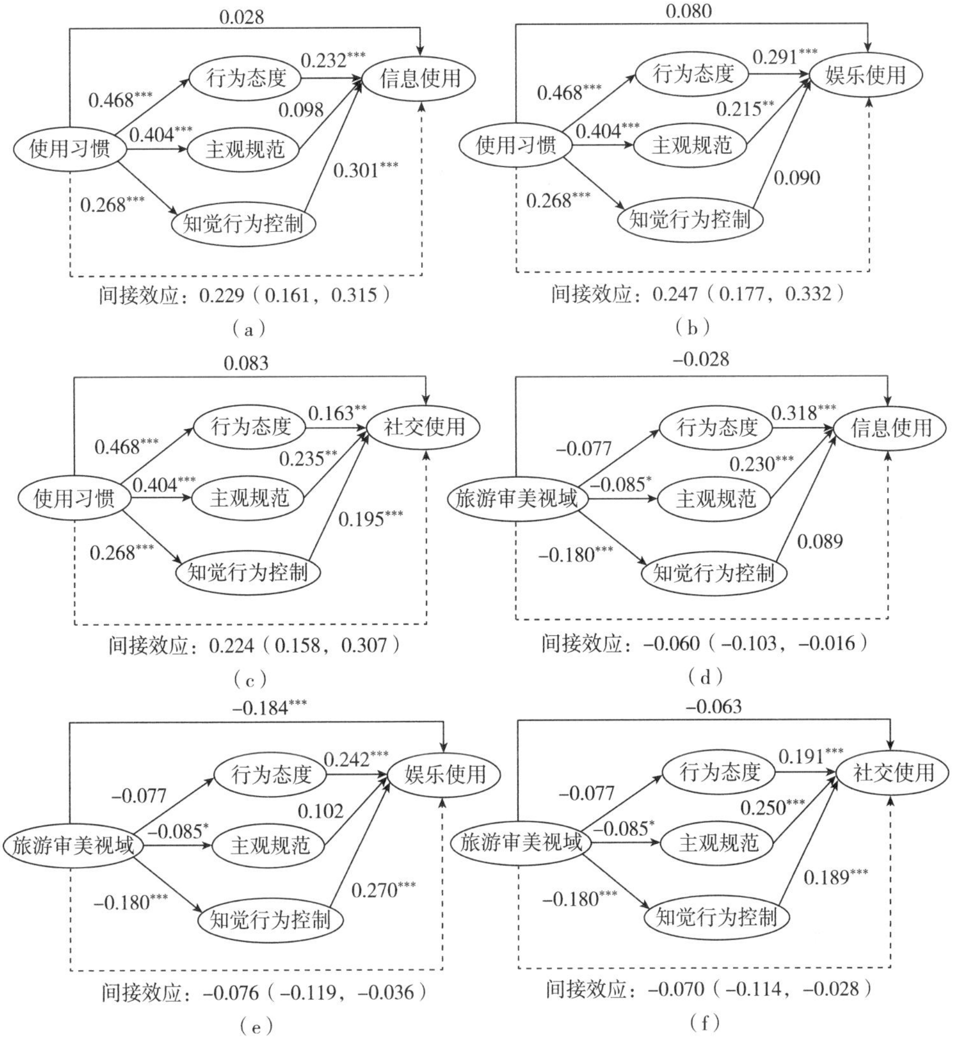

图5-2 日常使用习惯和旅游审美视域与旅游中智能手机使用行为并列中介效应

占总效应的 75.30%（0.247/0.328），与娱乐使用之间的间接效应为 0.229（0.163，0.314），占据总效应的 89.11%（0.229/0.257），与社交使用之间的间接效应为 0.224（0.156，0.302），占据总效应的 72.96%（0.224/0.307），可见，游客的行为态度、主观规范与知觉行为控制在智能手机日常使用习惯与旅游中的使用行为之间具有显著的并列式中介效应。旅游审美视域与信息使用之间的间接效应为 -0.060（-0.103，-0.016），占据总效应的 68.18%（-0.060/

-0.088)；旅游审美视域与娱乐使用之间的间接效应为 -0.076 （-0.121，-0.037)，占据总效应的29.23%（-0.076/-0.260)；旅游审美视域与社交使用之间的间接效应为 -0.070 （-0.117，-0.029)，占据总效应的 52.63%（-0.070/-0.133)。

表5-5 中介效应检验

效应		系数	SE	T	P	Boot LLCI	Boot ULCI
总效应	X1 on Y1	0.328	0.064	5.087	0.000	0.201	0.454
直接效应	X1 on Y1	0.080	0.053	1.530	0.127	-0.023	0.184
间接效应	总间接效应	0.247	0.040	—	—	0.177	0.332
	行为态度	0.136	0.034	—	—	0.077	0.209
	主观规范	0.087	0.029	—	—	0.037	0.150
	知觉行为控制	0.024	0.014	—	—	0.000	0.056
总效应	X1 on Y2	0.257	0.054	4.762	0.000	0.151	0.363
直接效应	X1 on Y2	0.028	0.051	0.551	0.582	-0.071	0.127
间接效应	总间接效应	0.229	0.038	—	—	0.163	0.314
	行为态度	0.109	0.030	—	—	0.058	0.177
	主观规范	0.040	0.023	—	—	-0.003	0.086
	知觉行为控制	0.081	0.022	—	—	0.044	0.128
总效应	X1 on Y3	0.307	0.055	5.568	0.000	0.199	0.415
直接效应	X1 on Y3	0.083	0.047	1.770	0.077	-0.009	0.176
间接效应	总间接效应	0.224	0.038	—	—	0.156	0.302
	行为态度	0.076	0.028	—	—	0.027	0.138
	主观规范	0.095	0.025	—	—	0.052	0.154
	知觉行为控制	0.052	0.018	—	—	0.023	0.094
总效应	X2 on Y1	-0.088	0.041	-2.149	0.032	-0.168	-0.008
直接效应	X2 on Y1	-0.028	0.036	-0.778	0.437	-0.098	0.042
间接效应	总间接效应	-0.060	0.022	—	—	-0.103	-0.016
	行为态度	-0.024	0.013	—	—	-0.054	-0.001
	主观规范	-0.020	0.011	—	—	-0.047	-0.001
	知觉行为控制	-0.016	0.009	—	—	-0.038	0.000
总效应	X2 on Y2	-0.260	0.039	-6.634	0.000	-0.337	-0.183

续表

效应		系数	SE	T	P	Boot LLCI	Boot ULCI
直接效应	X2 on Y2	-0.184	0.033	-5.492	0.000	-0.250	-0.118
间接效应	总间接效应	-0.076	0.021	—	—	-0.121	-0.037
	行为态度	-0.019	0.010	—	—	-0.043	-0.002
	主观规范	-0.009	0.006	—	—	-0.027	0.000
	知觉行为控制	-0.049	0.015	—	—	-0.083	-0.023
总效应	X2 on Y3	-0.133	0.042	-3.189	0.002	-0.215	-0.051
直接效应	X2 on Y3	-0.063	0.036	-0.174	0.082	-0.134	0.008
间接效应	总间接效应	-0.070	0.022	—	—	-0.117	-0.029
	行为态度	-0.015	0.008	—	—	-0.035	-0.002
	主观规范	-0.021	0.011	—	—	-0.047	-0.002
	知觉行为控制	-0.034	0.013	—	—	-0.066	-0.015

注：X1 为使用习惯，X2 为旅游审美视域，Y1 为信息使用，Y2 为娱乐使用，Y3 为社交使用。

六、多重中介效应检验

根据概念模型，旅游审美视域与行为态度、旅游审美视域与主观规范、旅游审美视域与知觉行为控制分别在社交孤独与旅游中游客的智能手机使用行为之间存在多重中介效应。在社交孤独与智能手机使用行为的直接效应检验过程中我们发现，社交孤独仅与手机使用中的娱乐功能使用具有显著的正向影响关系，与信息使用与社交使用的影响关系不显著，因此，研究继续验证了游客社交孤独与智能手机使用中的娱乐使用之间的多重中介效应。研究继续利用 PROCESS 中的 Model6 对游客的社交孤独与智能手机娱乐使用之间的多重中介效应模型进行了检验，并从中明确社交孤独与娱乐使用之间的链式中介效应，结果如表 5-6 所示，社交孤独与娱乐使用之间通过旅游审美视域与行为态度传递的总的中介效应为 0.043（0.001，0.089），占总效应的 26.88%（0.043/0.160），其中，仅通过旅游审美视域传递的中介效应为 0.052，仅通过行为态度传递的中介效应不显著，通过旅游审美视域与行为态度传递的链式中介效应为 0.009（0.001，0.021）；通过旅游审美视域与主观规范传递的中介效应为 0.047（0.005，0.090），占总效应的 29.38%（0.047/0.160），通过旅游审美视域与主观规范传递的链式中介效应为 0.009（0.001，0.020）；而旅游审美视域与知觉行为控制在社交孤独与

表5－6 链式中介效应检验结果

效应		系数	SE	T	P	Boot LLCI	Boot ULCI
社交孤独→旅游审美视域→行为态度→娱乐使用	总效应	0.160	0.041	3.901	0.000	0.079	0.240
	直接效应	0.116	0.037	3.901	0.002	0.043	0.190
	总间接效应	0.043	0.023	—	—	0.001	0.089
	Ind1	0.052	0.014	—	—	0.029	0.084
	Ind2	**0.009**	**0.005**	—	—	**0.001**	**0.021**
	Insd3	－0.018	0.018	—	—	－0.055	0.015
社交孤独→旅游审美视域→主观规范→娱乐使用	总效应	0.160	0.041	3.901	0.000	0.079	0.240
	直接效应	0.113	0.038	2.939	0.003	0.037	0.188
	总间接效应	0.047	0.021	—	—	0.005	0.090
	Ind1	0.052	0.014	—	—	0.029	0.084
	Ind2	**0.009**	**0.005**	—	—	**0.001**	**0.020**
	Ind3	－0.014	0.017	—	—	－0.048	0.017
社交孤独→旅游审美视域→知觉行为控制→娱乐使用	总效应	0.160	0.041	3.901	0.000	－0.006	0.142
	直接效应	0.068	0.038	1.795	0.073	－0.006	0.142
	总间接效应	0.092	0.023	—	—	0.048	0.138
	Ind1	0.044	0.012	—	—	0.023	0.073
	Ind2	**0.017**	**0.006**	—	—	**0.007**	**0.032**
	Ind3	0.031	0.019	—	—	－0.005	0.070

娱乐使用之间的中介效应为0.092（0.048，0.138），占总效应的57.5%（0.092/0.160），通过旅游审美视域与知觉行为控制传递的链式中介效应为0.017（0.007，0.032）。因此，游客社交孤独与智能手机的娱乐使用之间的多重中介效应存在。具体中介效应检验结果如图5－3所示。

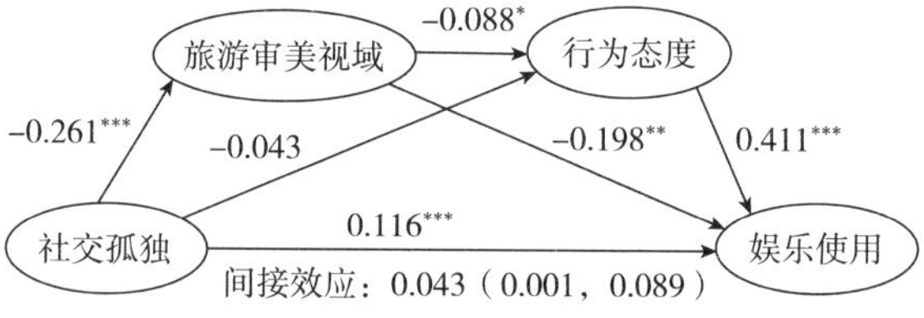

（a）

图5－3 社交孤独与娱乐使用之间的多重中介效应

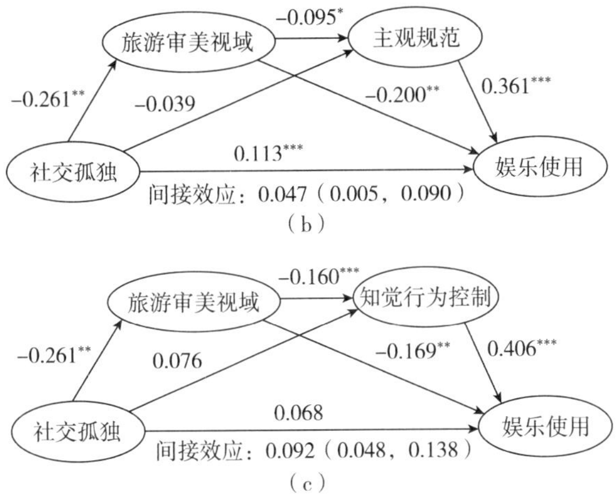

图5－3 社交孤独与娱乐使用之间的多重中介效应（续）

第三节 本章小结

智能手机的使用已经成为移动信息技术发展背景下的必然趋势，Oulasvirta等（2012）发现，人们的“检查行为”，即通过主页或者特定的程序查看信息在智能手机的总体使用中已经占据了很大的比例，智能手机正在逐渐占据人们日常生活中其他活动的时间。而目前来说，学界较多关注智能手机的介入特征与介入后果，而对智能设备介入的前因机制探讨不充分。从理论发展与旅游产业实践管理角度出发，现有研究在以下几个方面还存在理论创新的空间：

第一，目前的研究中并未将智能手机等移动设备介入研究提高到理论的高度，也并未对其前因机制进行有力的探讨；第二，研究方法需要进一步丰富，探究旅游情境中游客智能手机使用行为的前因影响因素是全面了解移动技术给旅游业带来的影响的基础性研究，而目前来说情境因素、环境因素及习惯因素等对游客移动设备的使用行为是否具有直接的影响作用尚缺乏明确的实证解释；第三，个体行为是一个理性与非理性的结合，将理性行为理论与非理性的环境与情境因素结合更充分地探究游客旅游中的移动技术工具使用行为的特征是有必要的。

研究从多因素融合的角度全面探讨了游客旅游过程中移动媒体工具的使用行

为，并且通过计划行为理论模型、习惯溢出模型、审美理论模型及社交孤独的影响模型等的对比分析，证明了多因素融合影响下游客智能手机使用行为模型的优越性。在此基础上，研究以游客的理性行为理论作为研究基础，以情境因素作为刺激变量，构建了以日常行为习惯、旅游审美视域与旅游社交孤独感作为自变量，行为态度、主观规范与知觉行为控制为中介，游客智能手机使用行为中的信息使用、娱乐使用与社交使用为结果变量的多因素概念模型。研究通过问卷的方式以休闲旅游地的游客为研究对象进行了数据收集，并对研究假设进行了统计学上的验证，数据结果较好地验证了本章提出的假设，具体结果如下：

（1）使用习惯、旅游审美视域、社交孤独、行为态度、主观规范与知觉行为控制等因素对游客旅游过程中智能手机的使用行为具有显著的影响作用，其中使用习惯、行为态度、主观规范与知觉行为控制对游客智能手机使用中的信息使用、娱乐使用与社交使用均具有显著的正向影响作用；旅游审美视域对游客智能手机使用中的信息使用、娱乐使用与社交使用均具有显著的负向影响作用；而社交孤独对游客的娱乐使用具有显著的正向影响作用，而对信息使用与社交使用的影响不显著。

（2）行为态度、主观规范与知觉行为控制分别在使用习惯、旅游审美视域与游客旅游中智能手机使用行为之间具有并列式中介作用。其中，使用习惯与智能手机使用行为中的信息使用、娱乐使用与社交使用的总间接效应分别为0.247、0.229、0.224，在使用习惯与信息使用之间的中介效应中，通过知觉行为态度传递的中介效应最大，为0.136，占总中介效应的55.06%（0.136/0.247）；在使用习惯与娱乐使用之间的中介效应中，通过知觉行为态度传递的中介效应最大，为0.109，占总中介效应的47.60%（0.109/0.229）；在使用习惯与社交使用之间的中介效应中，通过主观规范传递的中介效应最大，为0.095，占总中介效应的42.41%（0.095/0.224）。而在旅游审美视域与移动媒体工具的信息使用、娱乐使用与社交使用之间的中介效应分别为－0.060、－0.076、－0.070，在旅游审美视域与信息使用之间的并列中介效应中，通过行为态度传递的中介效应值最大，为－0.024，占总中介效应的40%（－0.024/－0.060）；在旅游审美视域与娱乐使用之间的并列中介效应中，通过知觉行为控制传递的中介效应值最大，为－0.049，占总中介效应的64.47%（－0.049/－0.076）；在旅游审美视域与社交使用之间的并列效应中，通过知觉行为控制传递的中介效应值最大，为－0.034，占总中介效应的48.57%（－0.034/－0.070）。

（3）旅游审美视域与行为态度、主观规范分别在社交孤独与游客智能手机的娱乐使用行为间具有显著的链式中介作用。具体来看，通过旅游审美视域与行为态度传递的中介效应为0.060，通过旅游审美视域与主观规范传递的中介效应为0.057，而旅游审美视域与知觉行为控制在社交孤独与娱乐使用之间不具有链式中介作用。

第六章　移动媒体工具介入游客旅游交往行为的作用机制

本章继续在第三章质性研究的基础上，对智能手机介入对游客交往行为的影响作进一步的实证研究。研究主要将智能手机的介入分为时间性介入与功能性介入，探究移动媒体工具的不同介入方式给游客交往行为带来的不同影响。研究还将游客的交往分为“陌生关系”之间的交往、“熟人关系”之间的交往和“自我”交往（自我恢复感知）三个层次，构建了移动媒体工具介入与游客多层次交往行为的影响机制与不同交往关系之间的交互影响机制。本章将从游客感知视角出发进行数据收集，以定量的方式探究移动媒体工具使用与游客交往行为和交往情感感知（信任感、亲密感、恢复感）之间的影响关系，揭示移动媒体工具介入背景下游客旅游交往行为的新特点与新表现，为旅游目的地从交往视角下改善游客旅游体验提供理论指导。

第一节　理论基础

一、移动技术与旅游恢复体验

传统的旅游体验观点强调游客对一种阈限体验的需求与渴望，在这种体验中，游客希望完全与日常生活、日常职责分离，享受匿名和自由（Jafari J.，1987；Hyounggon，et al.，2007），Jansson（2007）将其称为“封装”。随着研究的发展，阈限性作为旅游体验发生的必要条件逐渐受到旅游与日常生活经济实际上是相互渗透的这一观点的挑战，日常社会关系与工作相关的活动均会延伸到旅游情境当中（Pearce P. L.，et al.，2012；Uriely N.，2005），特别是在信息通信技术与移动信息技术发展的推动下，游客旅游环境与日常生活的边界更加模糊。旅游体验正在从阈值体验向移动技术介入背景下的旅游体验转变。

移动媒体技术对游客旅游体验的影响逐渐受到重视。一方面，部分研究表明智能手机等移动媒体工具的使用从多方面助力了旅游体验的实现，如购物意愿与购物便利（Hew，et al.，2018）、行程安排的灵活性（Mascheroni G.，2007）、旅游规划与信息搜索（Mackay K.，et al.，2012）、增强现实在遗产旅游体验中的应用（Benckendorff P.，et al.，2018）等。另一方面，部分学者的研究证实了智能手机的使用干扰了游客对旅游目的地的认识与理解，根据努力恢复理论（Effort－Recovery Theory），个体长时间处于压力较大的工作环境中会导致其产生负荷反应，而只有当个体不再处于压力环境中时，负荷反应才可以得到逆转。旅游被认为是一种较好的远离日常工作和生活环境的方式，是个体实现恢复、获得负荷逆转的方式之一，但是在移动技术的介入下，如智能手机、平板电脑等移动媒体工具，游客与日常生活的界限被模糊，会在一定程度上干扰游客恢复的实现（Kirillova K.，et al.，2016）。可见，有必要针对移动技术带来的旅游体验的影响做更多更深入的研究，从不同角度不同层次了解移动媒体工具对游客恢复感知的影响。

二、多层次的游客交往关系

人类的本质是社会性的，建立和维持社会关系的需要是获得主观幸福感的最基本动机之一（Baumeister R. F.，et al.，1995）。交往行为承载着重要的社会关系，游客的交往行为可以被分为不同层次关系的交往。传统旅游研究当中，旅游交往被认为包括了游客、其他游客、目的地居民或东道主以及目的地从业者等不同利益主体之间的交往。根据费孝通的差序格局理论，“中国社会的差序格局是从自我向他者延伸，一圈又一圈向外扩展，就像波纹在水面上泛开一样，每个人按与自我相隔的距离来界定自我与他者的关系”（费孝通，1947）。在旅游研究当中，Pearce（2005）首先提出了关系在旅游体验中的重要作用，并认为旅游中的关系包括了游客与自己之间的交流、与自己熟悉的旅伴之间的交流、与陌生游客之间的交流以及与当地人之间的交流。在此基础上，本书认为游客在旅游交往情境当中依然是以自我为中心，逐渐向“熟人亲密关系”“陌生关系”进行拓展构建的一个社交关系圈，其中“熟人亲密关系”是指游客与同伴之间的交往关系，“陌生关系”是指游客与目的地居民、从业者以及其他游客之间的交往关系，而这种陌生关系往往是指这种一次性的交往关系。

根据马克思的社会交往理论，我们知道交往行为不仅包括外部交往，也包括内部交往，具体来看，交往既是我与他者多样性视角融汇为一个更加相互包容的过程，更是一个自我“不断深入自我意识、自我批判和自我控制”而成为反思的、审慎的、自我的过程。在此基础上，研究提出交往不仅是与他者交往而获得情感体验的过程，更是一个自我交往、自我审视的过程。而自我交往便是个体通过外在环境的对比、逐渐反思自我、提升自我的方式。而在旅游情境当中，在技术介入引发的“沉浸”的背景下，游客自我恢复感知也受到了重视，技术介入带来的游客与自我内心之间无形的沟通与恢复也成为了旅游研究的重要内容。

综上所述，我们将游客的交往行为进一步分层为“熟人关系”交往、“陌生关系”交往和“自我关系”交往，并在此基础上进一步探究移动媒体工具介入对游客交往行为的影响过程机制。

第二节　研究假设与研究模型

一、智能手机时间性介入的挤占效应

研究认为智能手机的时间性介入会在一定程度上占据游客的时间，会对游客的交往与互动行为产生不同的影响。Rotondi（2017）等的研究认为不同技术对面对面社会互动产生的不同影响取决于他们的入侵程度，智能手机等移动媒体工具随时链接会带来即时性的沟通与联系占据了用户较多的时间。另外，智能手机等移动媒体工具给游客带来了一个多重空间——日常生活空间和旅游活动空间的重合（Geser H.，2004），这会分散游客在旅游活动空间的注意力并阻碍面对面交流（Misra S.，et al.，2016），Turkle（2011）研究证明人们在依赖于通信技术的过程中，也在逐渐地避免面对面的交流。此外，技术也被认为会影响人们的感官感知，智能手机等移动技术的过高频率使用使游客长时间处于感官超负荷的状态也会导致游客注意力不集中（Misra S.，et al.，2012；Pea R.，et al.，2012），极易导致游客减少与他人的交流。手机使用的时间长度甚至与人们的满意度紧密相关（Park N.，et al.，2016），在某些情况下，个人网络联系的密集程度还有可能导致社交孤立（Ling R.，2009）。

由此推断，游客在旅游活动过程中智能手机的使用频率会在一定程度上影响游客的交往行为，其中交往行为包括了交往数量与交往情感的感知，即陌生关系之间的交往数量、陌生关系的信任感、熟人关系的交往数量、熟人关系的亲密感和自我关系的恢复感。

由此，提出以下假设：

H1：智能手机的使用频率对不同层次的交往关系具有差异化的影响。

二、智能手机功能性介入的替代与干扰效应

1. 智能手机的功能性使用与“熟人”“陌生人”和“自我”的关系感知

移动媒体工具已经成为游客在具有不确定性的旅游世界当中的重要工具（Wang D.，et al.，2014），其中以智能手机为代表的移动媒体工具的功能主要包括了信息使用、社交使用与娱乐使用三个方面。其中，手机的社交使用主要包括了通过电话、电子邮件、短信和社交网络与他人进行联系，包括了工作相关的社交、家庭与朋友之间的信息往来（Wang D.，et al.，2014）。对于大众旅游者来说，与朋友和家人之间的联系成为最主要的社交内容之一。特别是对于年轻的游客来说，智能手机是安抚父母和家人的最好媒介与工具。信息使用则是指移动媒体工具带来的信息与咨询，游客在旅游活动过程中可以随时随地地访问智能平台，并最终形成整体旅游决策模式（Gretzel U.，2010）。

旅途中与同伴交往和互动的过程中，当双方都表现出足够的专注时会增强彼此的亲密度感知（Greene K.，et al.，2006）。移动媒体工具的使用却具有相反的意义，即智能手机的使用会造成使用者的分心进而妨碍了他们表达那些能够促进亲密关系的行为（Misra S.，et al.，2016）。一方面，当人们过多地将自己的精力投入到智能手机上时，会被视为对交往对象的一种排斥行为，交往对象会觉得自己不值得被关注，从而忽略他们的需求（Chotpitayasunondh V.，et al.，2018；David M. E.，et al.，2017）。另一方面，旅游活动过程中的智能手机使用的本质是一种多任务形式，使用者必须将其注意力分为两个甚至多个并发任务，即现实生活中的互动与虚拟的互动。而当游客在进入一种“缺席”（Gergen K. J.，2002）的状态时，便会造成对同伴互动行为的忽视，妨碍同伴之间在交流过程中的自我表露，而自我表露是发展与他人信任和亲密关系至关重要的纽带。Vandenabeele（2019）的研究也发现，当人们自己玩智能手机的频率越高时越会认为交往的对象越分心，而在情侣的交往中发现，低头玩手机的次数较多时，亲密感

知会呈现较低的水平。

信任的概念最早由美国心理学家 Deutsch 于 1958 年提出，信任在管理学、社会学、市场营销学等学科中得到了广泛的研究。在双方的关系当中，信任可以被定义为一方认为其交易伙伴具有完整性和可靠性的确定性（Sirdeshmukh D.，et al.，2002）。在旅游研究当中，信任一般被定义为旅游者感知的目的地相关的关键要素的可靠性和可信性（Marinao Artigas E.，et al.，2017），游客对目的地的信任感包括了游客对目的地人群、目的地形象以及目的地情感的信任感知。Chen C. F. 等（2013）的研究认为，游客的信任感是旅游目的地形象和个性化的结果。Liu 等（2019）通过定性与定量相结合的方法提出了旅游目的地信任的五维度结构，包括了对旅游管理机构的信任、对其他旅游者的信任、对居民的信任、对从业者的信任、对旅游企业的信任五个方面。本书在此基础上，将游客与目的地人群（陌生关系群体）之间的信任分为对其他旅游者的信任、对居民的信任与对从业者的信任三个方面。而人与人之间的交流与互动是产生信任感的基础，就像当游客认识到导游的表现比较好时便会对其产生较高的信任度（Chang K. C.，2014），而当游客依靠移动媒体工具便能够达到自己的目的，而减少了与目的地之间的交往时，也隔离了信任产生的来源，可见智能手机的功能性使用是影响游客对陌生关系信任感的重要因素。已有文献证明，目的地信任影响个体行为，如游客的忠诚度（Chen C. F.，et al.，2013）、出游意愿（Mohammed Abubakar A.，2016）、目的地依恋（Thomson M.，et al.，2005）和重游意愿（Kim S. H.，et al.，2002）。

恢复通常被定义为一个过程，在这个过程中，个体在有压力的经历中调用个体功能系统后回到个体的压力前水平（Sonnentag S.，et al.，2007）。根据努力恢复理论（Effort - Recovery Theory），面对高压工作环境的人通常会有负荷反应，比如疲劳或生理激活（Meijman，et al.，1998），而当他们不再接触工作时，负荷就会得到逆转。在组织行为学领域中，脱产活动，如日常与周末的娱乐活动，以及假期，都在人们的恢复过程中扮演着重要的角色（Derks D.，et al.，2014），其中这种远离日常环境、较长时间远离工作压力的度假旅行被认为具有较好的恢复能力（Dalia，et al.，2003）。根据资源保存理论（Hobfoll S. E.，1998），人们在努力地获取、保留和保护他们的资源，而在旅游的过程中，游客一方面能够从紧张的工作环境和日常生活的压力中获得短暂的休息以防止内部资源的进一步消耗，另一方面这种放松的休闲环境可以帮助游客获得更多的内部资源。而智能手机等移动媒体技术带来链接，使得游客在放松的过程中依然被迫地立即回复与工作相关的信息（Davis G. B.，2002），许多用户在发现手机有新信息时会觉得面临着巨大的压力（Jarvenpaa S. L.，et al.，2005）。可见，手机带来的即时通信模糊了游客的日常生活、工作状态与休闲时光之间的边界，使智能手机用户对工作、生活和休闲状态之间较难保持一个令人满意的平衡，这在很大程度上会中断或者干扰游客对内部资源的获取，从而对恢复体验形成一定的负面效应。另外，当智能手机作为一个娱乐工具时，也会使游客难以沉浸在旅游目的地的异地环境当中，从而有可能阻碍游客恢复感的获得。

由此，提出以下假设：

H2：智能手机使用对熟人关系亲密度具有负向影响作用。

H3：智能手机使用对陌生关系信任感具有负向影响作用。

H4：智能手机使用对自我恢复感具有显著的负向影响。

2. “熟人”关系亲密感、“陌生”关系信任感与“自我”恢复感

社会交往是指不同个体间面对面的接触（Cushner K.，et al.，1996；Yu J.，et al.，2014）。旅游为游客与其他主体之间的交往提供了较好的平台与氛围，游客能够通过社会交往与互动更好地实现对目的地的了解与认识，增强旅游体验及对当地文化的了解。背包客通过社会互动与目的地居民、从业者及其他游客构建着一种短暂但亲密的友谊（Murphy L.，2001）。但是随着信息通信技术的介入，包括智能手机、便携式电脑、在线社交网站等，逐渐改变着游客的社会交往活动（Mascheroni G.，2007）。具体来看，在移动技术的介入背景下，基于虚拟和物理交织的移动社交极大地重塑了旅行的形式和范围，以及面对面共同存在的特征（Sheller M.，et al.，2006），社会关系不仅在空间中被剥离和延伸，而且在移动和便携式网络中被重新嵌入。这种多维空间阻碍了游客面对面的交流，会导致游客与同伴之间产生一种疏离感。Hwang（1999）的研究认为，在社会交往的情景当中，个体首先会对自己与他人的亲密度进行评估，然后根据自己对亲密度的评估选择适当的行为，由于交往减少对亲密产生的负向影响会直接影响游客对整个旅游过程的评估，从而影响旅游恢复体验感。

信任就是认为另一方能够被信任的一种信念（Chen，et al.，2007），是人们对他人善意和能力的信心（Casimir G.，et al.，2006）。如目的地导游为游客提供的优质服务能够让游客增强对旅游目的地的信心与信任，并减少游客对目的地的风险感知（Zhang H. Q.，et al.，2004），促进正面的目的地形象的形成。

Ravald 和 Gronroos（1996）提出，信任是一种比满意度更高层次的综合评价，满意度实际上是信任的一个重要来源。对目的地的信任感是实现游客满意的前提，因为对目的地陌生群体的信任会降低游客对目的地的感知风险。另外，游客对目的地的信任包括了游客的文明与乐于助人，目的地居民的友好和相互理解以及从业者的专业与可靠性，这些因素都会促进游客放松心里的不安全感，从而更好地投入旅游活动当中，获得更多的放松与沉浸感，从而获得更多的恢复体验。

因此，提出以下假设：

H5：“熟人”关系亲密度对游客自我恢复感具有显著的正向影响。

H6：“陌生”关系信任感对游客自我恢复感具有显著的正向影响。

3. 智能手机使用与游客交往行为

移动媒体技术极大地改变了人们与现实世界和网络世界的互动方式，使社会交往不再受时间与空间的限制（Geser，et al.，2006）。已有研究提出，移动媒体工具为人们带来了多个平行空间——物理空间与虚拟空间，而智能手机、平板电脑等移动媒体客户端的链接使身体和感知在物理空间出席，但是用户却沉浸在以移动技术平台为中介的虚拟世界当中（Gergen K. J.，2002；Stone L.，2007）。也就是说，移动媒体设备转移了用户的注意力，将人们的思想导向了物理空间环境之外的其他地方，可见，人们的交往行为在这两个不同的空间中存在一定程度上的相互冲突（Palen L.，et al.，2000）。另外，研究也发现移动设备的出现会进一步打断面对面的人际交往，Gergen（2003）的研究指出移动设备导致了用户人际关系的“碎片化社会”（Micro - social Fragmentation）。虽然移动媒体工具的社交功能给人们带来了更广泛的社会关系与组织网络（Srivastava L.，2005），但是其不受限制的链接会占据人们的时间与精力，使得人们中断或减少线下的交往；Geser（2006）研究发现文本或语音信息会打断夫妻的用餐过程，也就是依托移动媒体工具的社交信息会影响人们的注意力，会影响个体之间的交流；另外，Humphreys（2005）在对公共场所使用手机的观察研究中也发现，人们虽然没有或者很少使用手机打电话进行直接的线上交流，但是却经常查看手机，这些行为会直接减少人们之间互动与交流。研究还发现，内向者与智能手机使用成瘾之间具有双向影响关系，内向者更容易沉迷于手机（Kuss D. J.，Van Rooij A. J.，Shorter G. W.，et al.，2013；Kuss D. J.，Griffiths M. D.，Binder J. F.，2013），而长时间使用手机的人更容易变得沉默寡言，从而会减少交往行为的发生。

由此，提出以下假设：

H7：智能手机使用对游客交往数量具有显著的负向影响。

H7a：智能手机使用对游客与陌生关系交往具有显著的负向影响。

H7b：智能手机使用对游客与熟人关系交往具有显著的负向影响。

根据关系质量理论，顾客在企业互动过程中持续提供价值，反之亦然，而对于游客与目的地陌生群体之间的关系一样，游客与该主体之间的交往会增加双方之间的信任感。研究认为，创造良好的个人基础是形成游客信任感知的基础，这种个人基础包括了目的地居民必须热情好客（Pizam A.，1999），也包括了从业者、旅游企业必须要诚实、业务能力强以及亲切友好（Sanzo M. J.，et al.，2003）。

亲密关系是人际关系中的一个重要方面，亲密关系是人们的一种普遍感知，这种感知是由一段时间内重复的人际互动产生的（Laurenceau J. P.，et al.，1998），而对于游客出游过程中的熟人，如伴侣、家人、朋友、同事等，在单次有限的旅游时间内，人际互动的数量与质量紧密关系熟人关系之间的亲密度感知。Bruner（1995）的研究认为旅游团队内部的友谊水平是旅游体验质量的决定因素之一，亲密关系的人际模型表明，自我表露是亲密关系感知的前提，而自我表露的前提是保证充分的互动交往关系（Reis H. T.，Shaver P.，1988）。交往时间的减少与交往过程的中断有可能会直接导致旅伴之间关系的疏远，而游客与同伴之间的交往数量则会直接影响到双方的亲密度感知。

由此，提出以下假设：

H8：关系交往对游客的关系感知具有正向影响。

H8a：陌生关系交往对陌生关系信任感具有显著的正向影响。

H8b：熟人关系交往对熟人关系亲密感具有显著的负向影响。

4. 智能手机使用与自我恢复感间的多重中介作用

一项实验研究发现，仅将手机置于参与者的视野中，就会影响亲密度和彼此之间的关系质量（Przybylski A. K.，et al.，2013），特别是对关系更密切的人群来说影响更大（Misra S.，et al.，2016），而之所以会产生这种影响是因为在移动技术介入背景下人们交往行为的变化。对于陌生关系来说，游客与其他游客之间的交往会进一步增强游客在陌生环境中的安全感与活动参与积极性，如 Islam 等（2017）的研究发现，顾客之间的互动可以很好地鼓励他们留在社区并积极地参与社区活动，在旅游过程中也一样，与其他游客、与目的地居民以及与目的地从业者之间的交流会增强游客的亲切感与信任度，相反，由于智能手机的使用带来交往行为的减少，会进一步对游客陌生关系之间的信任感产生传递作用；对于熟人关系来说，手机对亲密度的负向作用会进一步通过交往数量与质量进行传递。

另外，在旅游过程中，人们获得恢复的活动包括很多种（Sonnentag S.，Fritz C.，2007），其中，减少与惯常环境之间的联系被认为是缓解压力的重要原因。而以智能手机为代表的移动媒体工具的介入改变了人们与日常生活之间的联系，也使得人们正在逐渐地减少面对面的交流，而其结果却是增加了人们的孤独感，人与人之间的交流变得不那么真实，不那么有同理心，即便是在他们共同在场的情况下，当用户把精力花费在使用移动媒体工具上时，在与面对面的人之间的交流便会缺少实质性与深入的关注与思考（Turkle S.，2015）；关于手机的定性研究表明，当人们反应迟缓时会让人感到不舒服，而快速的反应会被解释为尊重或体贴（Lee J.，2014），手机的存在被证明会干扰人际关系，对人与人之间的谈话质量、亲密度与关系感知均具有显著的负向影响（Przybylski A. K.，Weinstein N.，2013）；在旅游情境下也一样，手机的使用会降低人们对现实世界的注意力（Strayer D. L.，et al.，2003），从而直接影响游客对目的地的观光与审美（Tan W. K.，et al.，2019），而阻碍了异地环境的恢复作用。另外，智能手机的使用占据了游客与人交往的时间，也在一定程度上打断了游客交往的过程，而人类本质上是社会性的，社会交往在人们的日常生活中起着重要的作用，其社会交往与积极的生理和心理健康紧密相关，能够较好地缓解压力（Cohen S.，et al.，1986）并且带来积极的情绪（Vittengl J. R.，et al.，2000），社会交往也是游客体验的重要部分，良好的社会交往能够带来更好的沉浸感，从而远离日常生活的压力，达到自我恢复的效果。

由此，提出以下假设：

H9：智能手机使用与自我恢复感之间具有多重中介作用。

由此，研究构建了移动媒体工具介入对游客多层次交往关系的影响模型。其中移动媒体工具的时间性介入直接影响游客的交往数量与交往情感感知；移动媒体工具的功能性介入包括了对智能手机的信息使用、娱乐使用和社交使用，智能手机的功能性使用在游客自我关系感知“恢复感”之间存在以陌生关系交往与熟人关系交往数量和情感的多重中介变量。具体的模型如图 6－1 所示。

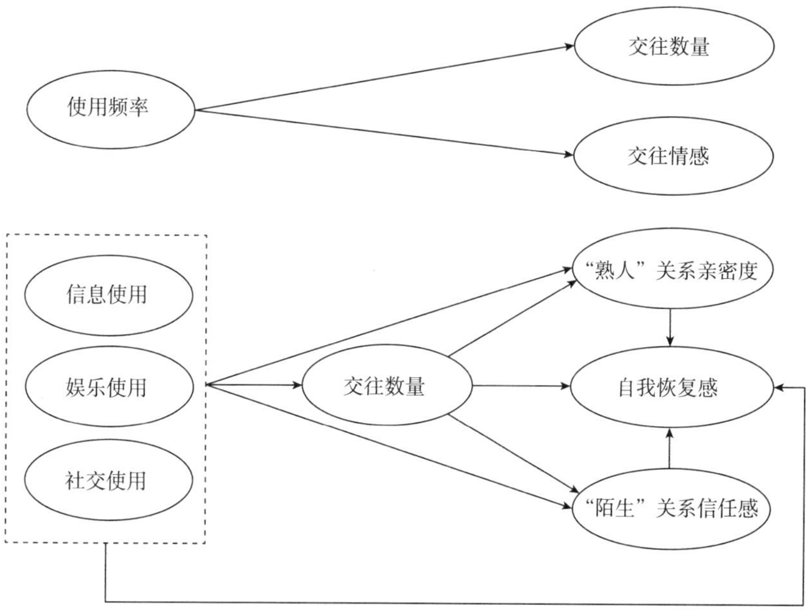

图6-1 移动媒体工具介入与游客交往的关系概念模型

第三节 数据分析与假设检验

一、数据分析方法

1. 混合结构方程模型

根据吴明隆（2010）的研究，同时包含潜性变量、显性变量的结构方程模型被定义为混合结构方程模型。在混合模型的路径分析过程中，潜性变量依然用椭圆形对象表示，显性变量通常直接以方形对象表示，同时，显性变量也可以用椭圆形对象表示，只是该潜在变量只对应一个观察变量表示显性变量可以百分之百地反映其潜在的特质构念。

在该模型中，由于显性变量只有一个测量题项，若未对该单一观察题项的误差方差（Error Variance）加以限制，则测量误差值的变异数会变为无法辨认的参数（Unidentified Parameters）。因此，需要我们进一步对该观察题项的误差方差进行限制，一般来说，使其固定为某个数值（通常是1或0）即可，其中将测量误差值的方差设定为0则表示测量指标题项可以百分之百由潜在构念来预测，此时观察题项的R^2为1（100%），如果将测量误差值的方差设定为1，表示测量题项大部分可以由潜在构念来预测，此时，观察题项的R^2为0.99（99%）。在本书中，我们将显变量（交往数量）的方差设定为1。

吴明隆（2010）还指出，在混合模型的路径分析中，模型与数据的适配指数RMSEA和RMR的值小于0.8，GFI和AGFI的值大于0.90，则表示整体模型与样本数据可以适配。

2. 多重中介效应分析方法

在本书提出的假设模型当中，在自变量智能手机使用与结果变量自我恢复感之间分别存在以陌生交往数量—陌生关系信任感与熟人交往数量—熟人关系亲密度变量为中介的多重中介关系。而多重中介关系检验主要包括三个步骤：

（1）总的中介效应（Total Mediation Effect），即估计和检验假设模型中所有间接效应的总和。

（2）特定路径的中介效应（Specific Mediation Effect），即估计和检验某个特定路径的中介效应。

（3）对比中介效应，即估计和检验某两个路径的中介效应的差异（柳士顺等，2009；Hayes A. F，2009）。

目前来说，AMOS、MPLUS以及LISREL等结构方程模型分析软件应用比较普遍，其中，采用AMOS和LISREL进行多重中介效应检验时，只能得到总的中介效应，而不能检验特定路径的中介效应；采用MPLUS进行多重中介效应检验能够得到总的中介效应和特定路径的中介效应的非标准化估计值，但是无法得出对比中介效应的分析结果。后续有学者提出可以利用增加辅助变量的方法实现结构方程软件的多重中介效应检验结果，但Macho和Ledermann（2011）指出基于结构方程软件增加辅助变量进行多重中介效应检验的方法仍然存在不足，其中AMOS软件由于不能满足辅助变量执行过程中的非线性约束要求，无法设置辅助变量；LISREL软件由于执行Bootstrap方法的步骤比较烦琐，在模型较为复杂的情况下，增设辅助变量会增加模型和分析函数的复杂性，较容易出错；MPLUS软件增设辅助变量后也只能得到非标准化的中介效应。

为了更好地实现多重中介效应的检验，本书主要利用SPSS宏插件PROCESS2.16对研究假设中的多重中介效应进行检验。PROCESS宏插件是由Hayes教授于2013年研究与开发的，该程序能够对研究模型中的直接效应与中介效应进行整个检验，是较好的中介效应与调节效应检验的统计学方法（Hayes A. F.，2015）。该宏插件是基于 Bootstrapping 法进行假设检验的，Bootstrapping 检验方法被认为比 Baron 和 Kenny 的方法以及 Sobel 法更为严谨。PROCESS 的多重中介效应检验能够较好地得出以下检验结果：

（1）总的中介效应。

（2）特定路径的中介效应。

（3）对比中介效应，即对比多个中介变量并检验出效应最大的某一个中介变量，进而能够更好地判断哪一个中介变量具有理论与实践意义。

二、验证性因子分析

研究使用 AMOS21.0 针对测量问项进行验证性因子分析，并使用吴明隆构建的开发效度计算程序用于计算平均变异抽取量（AVE）和组合信度（CR）。研究分别构建了主体模型的验证模型，涉及信息使用、娱乐使用、社交使用、陌生关系交往、关系信任感知、关系亲密度感知、自我恢复感知等变量，检验结果如表 6-1 所示。所有测量题项的因子载荷均满足要求。研究还继续计算问卷的平均变异抽取量和组合信度，结果所有维度的 AVE 均大于 0.7，达到参考标准；变量的 CR 值大于 0.8，数据具有较好的建构效度与一致性。

表 6-1 变量的验证性因子分析

变量	测量题项	因子载荷	T 值	平均变异抽取量	组合信度	拟合指数
智能手机使用——信息使用	IU1	0.822	26.295	0.7384	0.8941	$\chi^2=1555.499$ df = 558 $\chi^2/df=2.788$ RMR = 0.034 GIF = 0.869 AGFI = 0.844 PGFI = 0.728 NFI = 0.902 RFI = 0.890 IFI = 0.935 TLI = 0.926 CFI = 0.935 RMSEA = 0.055
	IU2	0.925	28.331			
	IU3	0.827	23.831			
智能手机使用——娱乐使用	EU1	0.706	19.254	0.7025	0.9210	
	EU2	0.733	20.274			
	EU3	0.901	27.772			
	EU4	0.937	29.711			
	EU5	0.887	27.035			
智能手机使用——社交使用	SU1	0.748	20.378	0.6143	0.8884	
	SU2	0.794	22.204			
	SU3	0.768	21.140			
	SU4	0.823	23.409			
	SU5	0.784	21.802			

续表

<table>
<tr><th>变量</th><th>测量题项</th><th>因子载荷</th><th>T 值</th><th>平均变异抽取量</th><th>组合信度</th><th>拟合指数</th></tr>
<tr><td rowspan="3">陌生交往数量</td><td>NSC1</td><td>0. 841</td><td>23. 549</td><td rowspan="3">0. 6835</td><td rowspan="3">0. 8663</td><td rowspan="23">χ^2 = 1555. 499
df = 558
χ^2/df = 2. 788
RMR = 0. 034
GIF = 0. 869
AGFI = 0. 844
PGFI = 0. 728
NFI = 0. 902
RFI = 0. 890
IFI = 0. 935
TLI = 0. 926
CFI = 0. 935
RMSEA = 0. 055</td></tr>
<tr><td>NSC2</td><td>0. 823</td><td>22. 859</td></tr>
<tr><td>NSC3</td><td>0. 816</td><td>22. 559</td></tr>
<tr><td rowspan="10">关系信任感知</td><td>RT1</td><td>0. 711</td><td>18. 966</td><td rowspan="4">0. 6224</td><td rowspan="4">0. 8678</td></tr>
<tr><td>RT2</td><td>0. 789</td><td>21. 962</td></tr>
<tr><td>RT3</td><td>0. 856</td><td>24. 782</td></tr>
<tr><td>RT4</td><td>0. 793</td><td>22. 097</td></tr>
<tr><td>RT5</td><td>0. 836</td><td>24. 188</td><td rowspan="3">0. 7164</td><td rowspan="3">0. 8833</td></tr>
<tr><td>RT6</td><td>0. 881</td><td>26. 255</td></tr>
<tr><td>RT7</td><td>0. 821</td><td>23. 503</td></tr>
<tr><td>RT8</td><td>0. 792</td><td>21. 922</td><td rowspan="3">0. 6712</td><td rowspan="3">0. 8595</td></tr>
<tr><td>RT9</td><td>0. 840</td><td>23. 900</td></tr>
<tr><td>RT10</td><td>0. 825</td><td>23. 293</td></tr>
<tr><td rowspan="5">关系亲密度感知</td><td>IA1</td><td>0. 830</td><td>24. 296</td><td rowspan="5">0. 7612</td><td rowspan="5">0. 9409</td></tr>
<tr><td>IA2</td><td>0. 877</td><td>26. 529</td></tr>
<tr><td>IA3</td><td>0. 913</td><td>28. 413</td></tr>
<tr><td>IA4</td><td>0. 856</td><td>25. 497</td></tr>
<tr><td>IA5</td><td>0. 884</td><td>26. 897</td></tr>
<tr><td rowspan="5">自我恢复感知</td><td>RE1</td><td>0. 793</td><td>22. 150</td><td rowspan="5">0. 6098</td><td rowspan="5">0. 8860</td></tr>
<tr><td>RE2</td><td>0. 840</td><td>24. 169</td></tr>
<tr><td>RE3</td><td>0. 813</td><td>22. 996</td></tr>
<tr><td>RE4</td><td>0. 776</td><td>21. 436</td></tr>
<tr><td>RE5</td><td>0. 672</td><td>17. 615</td></tr>
</table>

三、相关性分析

研究继续对该部分的核心变量进行了相关性分析，具体结果如表 6 – 2 所示。研究还继续计算了 AVE 的平方根，并通过比较 AVE 与变量相关系数进一步验证变量的区分效度，结果表明，本书中的任何两个变量之间 AVE 的平方根均高于两者之间的相关系数，即数据的区分效度较好（Fornell，Larcker，1981）。

表 6-2 后果机制主要变量的相关性分析

变量	1	2	3	4	5	6	7	8	9	10
1 信息使用	**0.859**									
2 娱乐使用	0.376**	**0.838**								
3 社交使用	0.486**	0.581**	**0.784**							
4 陌生交往数量	0.165**	0.245**	0.235**	**0.827**						
5 熟人交往数量	0.194**	0.000	0.135**	0.127**	—					
6 游客关系信任	0.251**	0.296**	0.272**	0.353**	0.165**	**0.789**				
7 居民关系信任	0.207**	0.278**	0.234**	0.364**	0.134**	0.712**	**0.846**			
8 从业者关系信任	0.180**	0.267**	0.205**	0.287**	0.102**	0.602**	0.728**	**0.819**		
9 熟人亲密感	0.113**	-0.115**	0.025	-0.231**	0.243**	-0.003	-0.061	-0.123**	**0.872**	
10 自我恢复感知	0.331**	0.192**	0.274**	0.301**	0.289**	0.352**	0.338**	0.334**	0.226**	**0.781**

注：加粗数字为变量 AVE 的平方根；**表示在 0.01 水平显著。

四、时间性介入与游客交往行为

1. 智能手机使用频率与游客交往数量的相关分析

研究运用列联表卡方检验方法来检验游客在旅游过程中智能手机的使用频率与交往数量之间的独立性和相关性。列联表卡方检验常用来检验离散变量的名义变量和有序变量间是否存在相关关系，是以卡方分布作为基础的一种非参数检验方法。卡方检验通常会与残差方差结合进行，在卡方值具有统计显著性的前提下，先用卡方检验来检验移动显著水平上多个样本之间的差异度，其 χ^2 值的计算公式为：

$$\chi^2 = \sum \sum [(f_0 - f_e)^2 / f_e]$$

其中，f_0 为观察次数；f_e 为期望次数。

再结合残差分析来检验各单元格的状况，一般而言，调整后残差的绝对值大于 1.96 时，表示有显著差异，即表明该因素是造成显著差异的主要因素。当样本含量小于 40 且单位格的理论频数 $T<1$ 时，或 $T<5$ 的格子数超过 25% 时，则应该考虑使用几何分布的 Fisher 精确概率法。

（1）智能手机使用频率与游客—当地人交往数量的相关性检定。采用卡方列联表法对游客在旅游过程中智能手机的使用频率与当地人交往数量的关联影响进行统计分析，结果表明，Pearson 卡方值为 14.571（P=0.068），对称度量 Cramer's V 值为0.156（P=0.068），游客智能手机使用频率与当地人交往数量之间的相关性未达到显著程度（见表6-3）。

表6-3 智能手机使用频率与游客—当地人交往数量的相关性

智能手机使用频率		游客与当地人的交往数量					合计
		从来不	很少	一般	比较频繁	非常频繁	
低频率	计数	0	4	3	1	1	11
	总数占比（%）	0.0	0.7	0.9	0.2	0.2	1.9
	调整残差	-0.4	1.0	-0.4	0.7	0.9	—
中频率	计数	2	76	176	48	10	312
	总数占比（%）	0.3	13.1	30.2	8.2	1.7	53.6
	调整残差	-1.3	1.0	0.5	-1.3	-0.7	—
高频率	计数	7	47	134	59	12	259
	总数占比（%）	1.2	8.1	23.0	10.1	2.1	44.5
	调整残差	1.5	-1.3	-0.5	1.6	0.6	—
合计	计数	9	127	315	108	23	582
	总数占比（%）	1.5	21.8	54.1	18.6	4.0	
卡方	Pearson $\chi^2=14.571$（df=8，P=0.068）						
对称度量	Cramer's V=0.156（P=0.068）						

（2）智能手机使用频率与游客—目的地从业者交往数量的相关性检定。研究继续采用列联卡方检验法对游客智能手机使用频率与目的地从业者交往数量的关联影响进行统计分析，结果显示，Pearson 卡方值为30.445（P=0.000），对称度量 Cramer's V 值为0.223（P=0.000），表明游客智能手机使用频率与目的地从业者交往数量之间的相关性在 $P<0.05$ 的水平上达到显著程度。即游客不同智能手机使用频率时，其与目的地从业者之间的交往数量也存在显著差异。具体来看，随机抽样调查的游客样本中，智能手机使用频率为"低频率"的仅占总样本的1.9%，而分别有53.6%、44.5%的游客认为自己在旅游过程中使用智能手机的频率为"中频率"和"高频率"。可见，智能手机已经成为一种重要的工具介入游客的旅游活动过程当中，且介入程度较高。从游客与目的地从业者之间的交往数量来看，除去选择"一般"的研究样本，在智能手机使用为"低频率"的样本中，与从业者交往数量"非常频繁"（0.7%，AR=4.8）所占比例最高；

在智能手机使用为“中频率”的样本中，与从业者交往数量为“很少”（12.9%，AR=0.7）所占比例最大；而在智能手机使用为“高频率”的样本中，与从业者交往数量为“很少”（10.3%，AR=−0.7）所占比例最大。初步判定，游客使用智能手机越频繁，与目的地从业者之间的交往则越少（见表6−4）。

表6−4 智能手机使用频率与游客—目的地从业者交往数量的相关性

智能手机使用频率		游客与目的地从业者的交往数量					合计
		从来不	很少	一般	比较频繁	非常频繁	
低频率	计数	0	2	4	1	4	11
	总数占比（%）	0.0	0.3	0.7	0.2	0.7	1.9
	调整残差	−0.6	−0.3	−0.6	0.8	4.8	—
中频率	计数	7	75	163	55	12	312
	总数占比（%）	1.2	12.9	28.0	9.5	2.1	53.6
	调整残差	−0.9	0.7	0.6	−0.9	−0.8	—
高频率	计数	11	60	124	52	12	259
	总数占比（%）	1.9	10.3	21.3	8.9	2.1	44.5
	调整残差	1.1	−0.7	−0.5	1.2	−0.1	—
合计	计数	18	137	291	108	28	582
	总数占比（%）	3.1	23.5	50.0	18.6	4.8	100
卡方	Pearson χ^2 =30.445（df=8，P=0.000）						
对称度量	Cramer's V=0.223（P=0.000）						

（3）智能手机使用频率与游客—其他游客交往数量的相关性检定。研究继续采用列联卡方检验法对游客智能手机使用频率与其他游客交往数量的关联影响进行统计分析，结果显示，Pearson卡方值为19.951（P=0.011），对称度量Cramer's V值为0.182（P=0.011），表明游客智能手机使用频率与其他游客交往数量之间的相关性在P<0.05的水平上达到显著程度。即游客不同智能手机使用频率时，其与其他游客之间的交往数量也存在显著差异。具体来看，除去选择交往数量为“一般”的样本，在智能手机使用为“中频率”和“高频率”的样本中，与其他游客之间的交往选择“很少”的均占据最大比例，分别为总样本的20.1%和10.8%（见表6−5）。

表 6-5 智能手机使用频率与游客—其他游客交往数量的相关性

智能手机使用频率		游客与其他游客的交往数量					合计
		从来不	很少	一般	比较频繁	非常频繁	
低频率	计数	0	3	5	1	2	11
	总数占比（%）	0.0	0.5	0.9	0.2	0.3	1.9
	调整残差	-0.7	-0.2	0	-0.4	1.9	—
中频率	计数	11	117	125	47	12	312
	总数占比（%）	1.9	20.1	21.5	8.1	2.1	55.6
	调整残差	-0.9	1.9	-1.3	0.5	-1.0	—
高频率	计数	16	63	131	33	16	259
	总数占比（%）	2.7	10.8	22.5	5.7	2.7	44.5
	调整残差	1.1	-2.0	1.4	-0.5	0.7	—
合计	计数	27	183	261	81	30	582
	总数占比（%）	4.6	31.4	44.8	13.9	5.2	100
卡方	Pearson χ^2 = 19.951（df = 8，P = 0.011）						
对称度量	Cramer's V = 0.182（P = 0.011）						

（4）智能手机使用频率与游客—同伴交往数量的相关性检定。采用卡方列联表法对游客在旅游过程中智能手机的使用频率与同伴之间交往数量的关联影响进行统计分析，结果表明，Pearson 卡方值为 22.769（P = 0.004），对称度量 Cramer's V 值为 0.140（P = 0.004），游客智能手机使用频率与游客和同伴交往数量之间具有显著的相关性（见表 6-6）。

表 6-6 智能手机使用频率与游客—同伴交往数量的相关性

智能手机使用频率		游客与同伴的交往数量					合计
		从来不	很少	一般	比较频繁	非常频繁	
低频率	计数	0	1	3	0	7	11
	总数占比（%）	0.00	0.2	0.5	0.0	1.2	1.9
	调整残差	-0.2	0.8	0.2	-3.1	2.9	—
中频率	计数	1	9	66	145	91	312
	总数占比（%）	0.2	1.5	11.3	24.9	15.6	53.6
	调整残差	-0.7	-1.6	-2.0	0.6	2.1	—

续表

智能手机使用频率		游客与同伴的交往数量					合计
		从来不	很少	一般	比较频繁	非常频繁	
高频率	计数	2	14	73	119	51	259
	总数占比（%）	0.3	2.4	12.5	20.4	8.8	44.5
	调整残差	0.8	1.4	1.9	0.3	-2.9	—
合计	计数	3	24	142	264	149	582
	总数占比（%）	0.5	4.1	24.4	45.4	25.6	100
卡方	Pearson $\chi^2=22.769$（df=8，P=0.004）						
对称度量	Cramer's V=0.140（P=0.004）						

2. 智能手机使用频率对游客交往情感的方差分析

研究利用单因素方差分析检验游客智能手机使用频率给游客交往情感带来的影响。方差分析是通过对实验数据进行分析，检验方差相等的多个正态总体均值是否相等，进而判断各因素对实验指标的影响是否显著。研究结果如表6-7所示，方差齐性检验中，陌生关系交往、亲密度、信任感和恢复感的P值均大于0.050，也就是说这些变量通过了方差齐性检验，而熟人关系交往的P值为0.003，未通过方差齐性检验。研究的方差检验结果显示，熟人关系交往的显著性为0.003（$P<0.05$），亲密度的显著性值为0.023（$P<0.05$），可见，智能手机使用频率对熟人关系交往和亲密度两个变量具有显著的影响，而智能手机使用频率对陌生关系交往、信任感和恢复感等均不具有显著的影响。

表6-7　智能手机使用频率对信任感、亲密度和恢复感的方差齐性检验及方差检验

变量	方差齐性检验		方差检验	
	Levene 统计量	显著性	F	显著性
陌生关系交往	0.767	0.513	1.173	0.320
熟人关系交往	5.826	0.003	5.933	0.003
亲密度	1.721	0.162	3.223	0.023
信任感	0.777	0.507	0.613	0.607
恢复感	0.353	0.787	0.875	0.454

由于熟人关系交往未通过方差齐性检验，因此研究对智能手机使用频率与熟

人关系交往进行 Tamhane 检验，而对游客旅游过程中智能手机使用频率与游客亲密度感知之间的关系进行 LSD 多重对比检验。具体结果如表 6-8 所示，从均值差来看，从熟人关系交往来看，智能手机使用为中频率的游客的交往频率显著高于智能手机使用为高频率的游客；从亲密度来看，智能手机使用为低频率的游客感知的亲密度水平显著高于中频率、高频率的游客。

表 6-8　智能手机使用频率对亲密度的多重对比检验结果

变量	LSD 多重对比检验		
	频率（I）	频率（J）	均值差（I-J）
熟人关系交往	中频率	高频率	0.229*
	高频率	中频率	-0.229*
亲密度	低频率	中频率	1.150*
		高频率	0.693*
	中频率	低频率	-1.150*
	高频率	低频率	-0.693*

注：*表示均值差在 0.05 水平显著。

五、功能性介入与游客交往行为

1. 直接关系检验

研究运用 AMOS21.0 执行混合模型的路径分析，并采用最大似然法为拟合方法及偏差校正非参数百分比 Bootstrap 进行模型检验，并且重复抽样 2000 次，计算 95% 的置信区间。具体来看，研究将移动媒体工具的使用分为信息使用、社交使用和娱乐使用三个方面，并对以信息使用、社交使用和娱乐使用分别作为自变量，以交往数量（包含熟人关系之间的交往与陌生关系之间的交往）为中介，交往关系感知（包含“熟人”关系亲密度、“陌生”关系信任感和自我恢复感三个方面）为结果变量的概念模型（见图 6-2～图 6-4）进行了验证。

（1）信息功能介入与游客交往行为。以信息功能介入的模型中，整体模型的适配指标均达到了良好的适配标准，具体来看，$\chi^2/df=2.407$（<3）；绝对适配指数 RMR = 0.054（<0.8），RMSEA = 0.049（<0.8）；GFI = 0.915（>0.8），AGFI = 0.894（>0.8），PGFI = 0.738，NFI = 0.934，RFI = 0.924，IFI = 0.960。可见，假设模型是合适的。研究结果如图 6-2 所示。

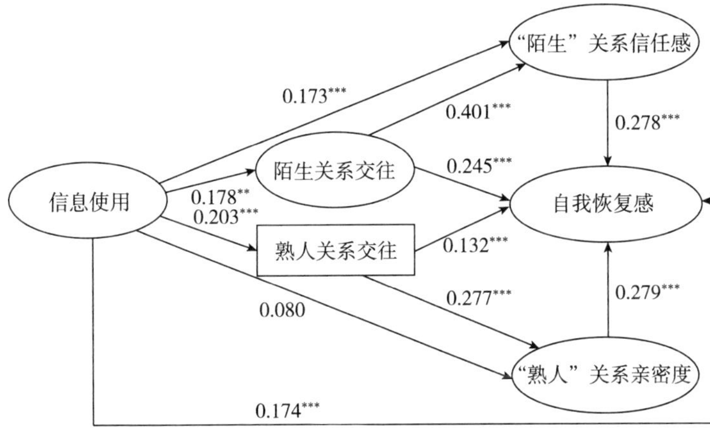

图6－2 信息使用与交往行为模型

具体来看，信息功能介入的直接效应检验结果如表6－9所示。信息功能使用对"熟人"关系亲密度具有显著的负向影响（β=0.080，P=0.075），H2未获得数据上的支持；信息功能使用对"陌生"关系信任感具有显著的正向影响（β=0.173，P=0.001），信息功能使用对"自我"恢复感具有显著的正向影响（β=0.174，P=0.001），H3与H4均未获得统计数据上的支持；"熟人"关系亲密度对自我恢复感具有显著的正向影响（β=0.279，P=0.001），"陌生"关系信任感对自我恢复感具有显著的正向影响（β=0.278，P=0.001），H5和H6获得统计数据上的支持；信息功能使用对陌生关系交往具有显著的正向影响（β=0.178，P=0.003），信息功能的使用对熟人关系交往具有显著的正向影响（β=0.203，P=0.001），H7a、H7b未获得数据上的支持；陌生关系交往正向影响"陌生"关系信任感（β=0.401，P=0.001），熟人关系交往对"熟人"关系亲密度具有显著的正向影响（β=0.227，P=0.001），H8a、H8b获得数据上的支持。研究继续对游客交往关系与游客自我恢复感之间的关系进行了验证，结果显示：陌生关系交往对自我恢复感具有显著的正向影响（β=0.245，P=0.001），熟人关系交往对自我恢复感具有显著的正向影响（β=0.132，P=0.001）。

（2）社交功能介入与游客交往行为。以社交功能介入的模型中，整体模型的适配指标均达到了良好的适配标准，具体来看，$\chi^2/df=2.258$，绝对适配指数RMR=0.049（<0.8），RMSEA=0.047（<0.8）；GFI=0.914，AGFI=0.895，PGFI=0.748，NFI=0.931，RFI=0.921，IFI=0.960。可见，假设模型是合适

的。研究结果如图 6－3 所示。

表 6－9　信息功能介入模型的直接路径系数检验结果

假设	路径	标准化路径系数	Bootstarp95% CI (LLCI，ULCI)	P 值	检验结果
H2	信息使用→"熟人"关系亲密度	0.080	(－0.011，0.167)	0.075	不支持
H3	信息使用→"陌生"关系信任感	0.173	(0.082，0.248)	0.001	不支持
H4	信息使用→"自我"恢复感	0.174	(0.077，0.273)	0.001	不支持
H5	"熟人"关系亲密度→自我恢复感	0.279	(0.202，0.356)	0.001	支持
H6	"陌生"关系信任感→自我恢复感	0.278	(0.192，0.367)	0.001	支持
H7a	信息使用→陌生关系交往	0.178	(0.080，0.276)	0.003	不支持
H7b	信息使用→熟人关系交往	0.203	(0.106，0.309)	0.001	不支持
H8a	陌生关系交往→"陌生"关系信任感	0.401	(0.307，0.487)	0.001	支持
H8b	熟人关系交往→"熟人"关系亲密度	0.277	(0.145，0.309)	0.001	支持

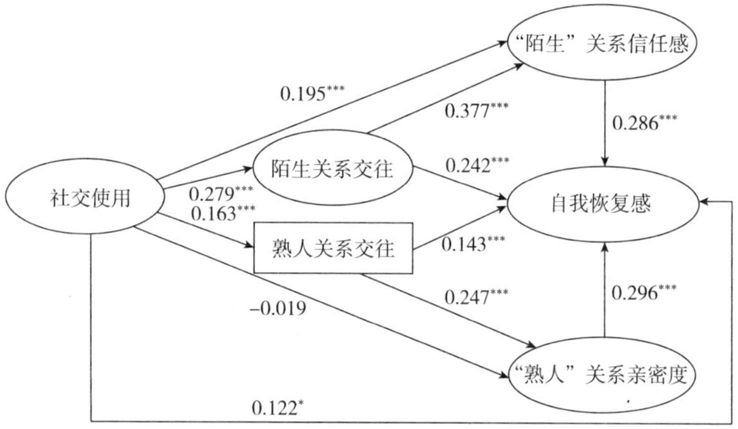

图 6－3　社交使用与交往行为模型

具体来看，社交功能介入的直接效应检验结果如表 6－10 所示。社交功能使用对"熟人"关系亲密度的影响不显著（β＝－0.019，P＝0.702），H2 未获得统计数据上的支持；社交功能使用对"陌生"关系信任感具有显著的正向影响（β＝0.195，P＝0.001），社交功能使用对"自我"恢复感具有显著的正向影响（β＝0.122，P＝0.017），H3 和 H4 未获得数据上的支持；"熟人"关系亲密度对自我恢复感具有显著的正向影响（β=0.296，P=0.001），“陌生”关系信任感对自我恢复感具有显著的正向影响（β=0.286，P=0.001），H5和H6获得数据上的支持；社交功能使用对陌生关系交往具有显著的正向影响（β=0.297，P=0.001），社交功能使用对熟人关系交往具有显著的正向影响(β=0.163，P=0.001)，H7a、H7b未获得数据上的支持；陌生关系交往对“陌生”关系信任感具有显著的正向影响（β=0.377，P=0.001），熟人关系交往对“熟人”关系亲密度具有显著的正向影响（β=0.274，P=0.001），H8a、H8b获得统计数据上的支持；研究继续验证了游客交往数量与游客自我恢复感之间的关系，结果显示，陌生关系交往对游客的自我恢复感具有显著的正向影响（β=0.242，P=0.001），熟人关系交往对游客的自我恢复感具有显著的正向影响（β=0.143，P=0.001）。

表6－10　社交功能介入模型的直接路径系数检验结果

假设	路径	标准化路径系数	Bootstarp95% CI（LLCI，ULCI）	Bootstarp95% CI P值	检验结果
H2	社交使用→“熟人”关系亲密度	-0.019	(-0.116，0.076)	0.702	不支持
H3	社交使用→“陌生”关系信任感	0.195	(0.097，0.295)	0.001	不支持
H4	社交使用→“自我”恢复感	0.122	(0.024，0.219)	0.017	不支持
H5	“熟人”关系亲密度→自我恢复感	0.296	(0.222，0.371)	0.001	支持
H6	“陌生”关系信任感→自我恢复感	0.286	(0.200，0.372)	0.001	支持
H7a	社交使用→陌生关系交往	0.279	(0.180，0.373)	0.001	不支持
H7b	社交使用→熟人关系交往	0.163	(0.057，0.268)	0.001	不支持
H8a	陌生关系交往→“陌生”关系信任感	0.377	(0.280，0.466)	0.001	支持
H8b	熟人关系交往→“熟人”关系亲密度	0.247	(0.165，0.326)	0.001	支持

（3）娱乐功能介入与游客交往行为。以娱乐功能介入的模型中，整体模型的适配指标均达到了良好的适配标准，具体来看，$\chi^2/df=2.257$，绝对适配指数RMR=0.044（<0.8），RMSEA=0.047（<0.8）；GFI=0.914，AGFI=0.895，PGFI=0.750，NFI=0.935，RFI=0.926，IFI=0.963。研究结果如图6－4所示。

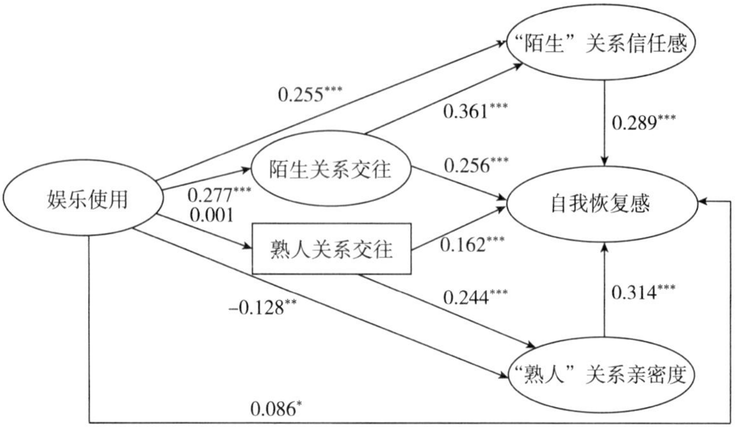

图6-4 娱乐使用与交往行为模型

具体来看，娱乐功能介入的直接效应检验结果如表6-11所示。智能手机的娱乐功能使用对游客旅游过程中的“熟人”关系亲密度具有显著的正向影响（β=-0.128，P=0.002），H2获得统计数据上的支持；娱乐功能使用对“陌生”关系信任感具有显著的正向影响（β=0.255，P=0.001），娱乐功能使用对“自我”恢复感具有显著的正向影响（β=0.086，P=0.041），H3、H4未获得数据上的支持；“熟人”关系亲密度对自我恢复感具有显著的正向影响（β=0.314，P=0.001），“陌生”关系信任感对自我恢复感具有显著的正向影响（β=0.289，P=0.001），H5、H6获得统计数据上的支持；智能手机的娱乐功能使用对陌生关系交往具有显著的正向影响（β=0.277，P=0.001），对熟人关系交往的影响不显著（β=0.001，P=0.991），H7a、H7b未获得数据上的支持；陌生关系交往对“陌生”关系信任感具有显著的正向影响（β=0.361，P=0.001），熟人关系交往对“熟人”关系亲密度具有显著的正向影响（β=0.244，P=0.001），H8a、H8b获得统计数据上的支持。研究继续对游客交往数量与游客的自我恢复感之间的关系进行了验证，结果显示，陌生关系交往对游客的自我恢复感具有显著的正向影响（β=0.256，P=0.001），熟人关系交往对游客的自我恢复感具有显著的正向影响（β=0.162，P=0.001）。

表 6－11　娱乐功能介入模型的直接路径系数检验结果

假设	路径	标准化路径系数	Bootstarp95% CI		检验结果
			（LLCI，ULCI）	P 值	
H2	娱乐使用→“熟人”关系亲密度	－0. 128	（－0. 204，－0. 042）	0. 002	支持
H3	娱乐使用→“陌生”关系信任感	0. 255	（0. 166，0. 341）	0. 001	不支持
H4	娱乐使用→“自我”恢复感	0. 086	（0. 004，0. 175）	0. 041	不支持
H5	“熟人”关系亲密度→自我恢复感	0. 314	（0. 241，0. 390）	0. 001	支持
H6	“陌生”关系信任感→自我恢复感	0. 289	（0. 197，0. 377）	0. 001	支持
H7a	娱乐使用→陌生关系交往	0. 277	（0. 198，0. 358）	0. 001	不支持
H7b	娱乐使用→熟人关系交往	0. 001	（－0. 086，0. 083）	0. 991	不支持
H8a	陌生关系交往→“陌生”关系信任感	0. 361	（0. 269，0. 451）	0. 001	支持
H8b	熟人关系交往→“熟人”关系亲密度	0. 244	（0. 159，0. 324）	0. 001	支持

2. 多重中介效应检验

根据研究假设与模型，游客智能手机的功能性介入，包括信息使用、社交使用与娱乐使用，分别与游客的自我恢复感之间具有多重中介效应。研究运用 SPSS PROCESS 宏程序（2. 16 版本）中的模型 6（2mediators），基于置信区间（CI）为 95% 的 Bootstrap（n＝5000）进行多重中介检验，检验过程将“熟人”关系交往与“陌生”关系交往的相关因素进行区别，分别对移动媒体工具的功能性介入—陌生关系交往—陌生关系信任感—自我恢复感与移动媒体工具的功能性介入—熟人关系交往—熟人关系亲密度—自我恢复感进行检验，以更好地区分移动媒体工具介入下游客的不同交往关系对游客自我恢复感的影响。

（1）信息功能介入模型中的中介效应。研究假设认为“陌生”关系交往（交往数量）与“陌生”关系信任感在信息使用与游客的自我恢复感之间存在多重中介效应，检验结果如表 6－12 所示。信息使用与自我恢复感之间的总效应为 0. 331，置信区间为（0. 219，0. 443）；直接效应为 0. 240，置信区间为（0. 136，0. 344）；总的间接效应为 0. 091，置信区间为（0. 059，0. 130）。由此可见，陌生关系交往与陌生关系交往信任感在游客旅游中的移动媒体工具的信息使用与自我恢复感之间具有部分中介作用，总的中介效应占总效应的 27. 58%（0. 091/0. 331）。具体来看，当游客的信息使用与自我恢复感之间分别存在一个中介（陌生关系交往数量、陌生关系交往信任感）和两个中介（陌生关系交往数量与陌生关系交往信任感）时，均存在显著的中介效应。其中，仅通过陌生关系交往数量传递的中介效应为0.027（0.010，0.051），仅通过陌生关系信任感传递的中介效应为0.049（0.027，0.077），通过陌生关系交往与陌生关系信任感逐级传递的中介效应为0.015（0.007，0.029）。由此可见，游客旅游过程中移动媒体工具的信息使用与自我恢复感之间的多重中介模型较好地解释了变量之间的关系，在旅游过程中，游客与陌生关系之间的交往数量与交往信任感感知共同在移动媒体工具功能性使用与自我恢复感之间具有多重中介作用。由此，H9得到验证。

表6-12　信息功能、陌生关系与自我恢复感之间的多重中介效应

效应		系数	SE	T	P	Boot LLCI	Boot ULCI
总效应	X on Y	0.331	0.057	5.798	0.000	0.219	0.443
直接效应	X on Y	0.240	0.053	4.524	0.000	0.136	0.344
间接效应	X on Y（Total）	0.091	0.018	—	—	0.059	0.130
	Ind1	0.027	0.010	—	—	0.010	0.051
	Ind2	0.015	0.005	—	—	0.007	0.029
	Ind3	0.049	0.013	—	—	0.027	0.077

注：X=信息使用，Y=自我恢复感；Ind1=信息使用→陌生关系交往→自我恢复感；Ind2=信息使用→陌生关系交往→陌生关系信任感→自我恢复感；Ind3=信息使用→陌生关系信任感→自我恢复感。

研究继续对“熟人”关系交往与“熟人”关系亲密度在游客旅途中移动媒体工具的信息使用与自我恢复感之间的多重中介效应进行了检验，结果如表6-13所示。信息使用与自我恢复之间的总效应为0.331，置信区间为（0.219，0.443）；直接效应为0.276，置信区间为（0.177，0.374）；总的间接效应为0.055，置信区间为（0.027，0.094）。由此可见，熟人关系交往与熟人关系亲密度在信息使用与自我恢复感之间具有部分中介作用，总的中介效应占总效应的16.62%（0.055/0.331）。具体来说，当信息使用与自我恢复感之间存在熟人关系交往（交往数量）一个中介时，中介效应为0.039，置信区间为（0.017，0.075）；当信息使用与自我恢复感之间存在熟人关系亲密度一个中介时，中介效应为0.010，置信区间为（0.000，0.029）；当存在熟人关系交往和熟人关系亲密度两个中介时，中介效应为0.007，置信区间为（0.003，0.014）。由此可见，游客旅游过程中移动媒体工具的信息使用与自我恢复感之间的多重中介模型较好地解释了变量之间的关系，在旅游过程中，游客与熟人关系之间的交往数量与交往亲密度感知共同在移动媒体工具功能性使用与自我恢复感之间具有多重中介作用。由此，H9 得到验证。

表 6-13　信息功能、熟人关系与自我恢复感之间的多重中介效应

效应		系数	SE	T	P	Boot LLCI	Boot ULCI
总效应	X on Y	0.331	0.057	5.798	0.000	0.219	0.443
直接效应	X on Y	0.276	0.050	5.493	0.000	0.177	0.374
间接效应	X on Y（Total）	0.055	0.017	—	—	0.027	0.094
	Ind1	0.039	0.014	—	—	0.017	0.075
	Ind2	0.007	0.003	—	—	0.003	0.014
	Ind3	0.010	0.007	—	—	0.000	0.029

注：X = 信息使用，Y = 自我恢复感；Ind1 = 信息使用→熟人关系交往→自我恢复感；Ind2 = 信息使用→熟人关系交往→熟人关系亲密度→自我恢复感；Ind3 = 信息使用→熟人关系亲密度→自我恢复感。

（2）社交功能介入模型中的中介效应。研究假设认为“陌生”关系交往（交往数量）与“陌生”关系信任感在社交使用与游客的自我恢复感之间存在多重中介效应，检验结果如表 6-14 所示。社交使用与自我恢复感之间的总效应为 0.274，置信区间为（0.173，0.374）；直接效应为 0.161，置信区间为（0.070，0.252）；总的间接效应为 0.113，置信区间为（0.078，0.159）。由此可见，陌生关系交往与陌生关系交往信任感在游客旅游中的移动媒体工具的社交使用与自我恢复感之间具有部分中介作用，总的中介效应占总效应的 41.24%（0.113/0.274）。具体来看，当游客的社交使用与自我恢复感之间分别存在一个中介（陌生关系交往数量、陌生关系交往信任感）和两个中介（陌生关系交往数量与陌生关系交往信任感）时，均存在显著的中介效应。其中，仅通过陌生关系交往数量传递的中介效应为 0.037（0.016，0.065），仅通过陌生关系信任感传递的中介效应为 0.022（0.012，0.037），通过陌生关系交往与陌生关系信任感逐级传递的中介效应为 0.054（0.029，0.086）。由此可见，游客旅游过程中移动媒体工具的社交使用与自我恢复感之间的多重中介模型较好地解释了变量之间的关系，在旅游过程中，游客与陌生关系之间的交往数量与交往信任感感知共同在移动媒体工具社交功能性使用与自我恢复感之间具有多重中介作用。由此，H9 得到验证。

表 6-14　社交功能、陌生关系与自我恢复感之间的多重中介效应

效应		系数	SE	T	P	Boot LLCI	Boot ULCI
总效应	X on Y	0.274	0.051	5.354	0.000	0.173	0.374
直接效应	X on Y	0.161	0.047	3.459	0.001	0.070	0.252
间接效应	X on Y（Total）	0.113	0.020	—	—	0.078	0.159
	Ind1	0.037	0.012	—	—	0.016	0.065
	Ind2	0.022	0.006	—	—	0.012	0.037
	Ind3	0.054	0.014	—	—	0.029	0.086

注：X = 社交使用，Y = 自我恢复感；Ind1 = 社交使用→陌生关系交往→自我恢复感；Ind2 = 社交使用→陌生关系交往→陌生关系信任感→自我恢复感；Ind3 = 社交使用→陌生关系信任感→自我恢复感。

研究继续对“熟人”关系交往与“熟人”关系亲密度在游客旅途中移动媒体工具的社交使用与自我恢复感之间的多重中介效应进行了检验，结果如表 6-15所示。社交使用与自我恢复之间的总效应为 0.274，置信区间为（0.173，0.374）；直接效应为 0.241，置信区间为（0.151，0.330）；总的间接效应为 0.033，置信区间为（0.005，0.073）。由此可见，熟人关系交往与熟人关系亲密度在社交使用与自我恢复感之间具有部分中介作用，总的中介效应占总效应的 12.04%（0.033/0.274）。具体来说，当社交使用与自我恢复感之间存在熟人关系交往一个中介时，其中介效应存在（Ind1），当社交使用与自我恢复感之间存在熟人关系亲密度一个中介时，其中介效应不存在（Ind3），当社交使用与自我

表 6-15　社交功能、熟人关系与自我恢复感之间的多重中介效应

效应		系数	SE	T	P	Boot LLCI	Boot ULCI
总效应	X on Y	0.274	0.051	5.354	0.000	0.173	0.374
直接效应	X on Y	0.241	0.045	5.287	0.000	0.151	0.330
间接效应	X on Y（Total）	0.033	0.017	—	—	0.005	0.073
	Ind1	0.029	0.013	—	—	0.009	0.061
	Ind2	0.006	0.003	—	—	0.002	0.013
	Ind3	-0.001	0.007	—	—	-0.014	0.014

注：X = 社交使用，Y = 自我恢复感；Ind1 = 社交使用→熟人关系交往→自我恢复感；Ind2 = 社交使用→熟人关系交往→熟人关系亲密度→自我恢复感；Ind3 = 社交使用→熟人关系亲密度→自我恢复感。

恢复感之间存在熟人关系交往与熟人关系亲密度两个中介时，中介效应存在（Ind）。其中，通过熟人关系交往数量传递的中介效应为0.029，通过熟人关系交往数量与交往亲密度共同传递的中介效应为0.006。由此可见，游客旅游过程中移动媒体工具的社交使用与自我恢复感之间的多重中介模型较好地解释了变量之间的关系，在旅游过程中，游客与熟人关系之间的交往数量与交往亲密度感知共同在移动媒体工具功能性社交使用与自我恢复感之间具有多重中介作用。由此，H9得到验证。

（3）娱乐功能介入模型中的中介效应。研究假设认为“陌生”关系交往（交往数量）与“陌生”关系信任感在娱乐使用与游客的自我恢复感之间存在多重中介效应，检验结果如表6-16所示。娱乐使用与自我恢复感之间的总效应为0.192，置信区间为（0.112，0.273）；直接效应为0.054，置信区间为（-0.029，0.137）；总的间接效应为0.139，置信区间为（0.095，0.193）。由此可见，陌生关系交往与陌生关系交往信任感在游客旅游中的移动媒体工具的娱乐使用与自我恢复感之间具有完全中介作用，总的中介效应占总效应的72.40%（0.139/0.192）。具体来看，当游客的娱乐使用与自我恢复感之间分别存在一个中介（陌生关系交往数量、陌生关系交往信任感）和两个中介（陌生关系交往数量与陌生关系交往信任感）时，均存在显著的中介效应。其中，仅通过陌生关系交往数量传递的中介效应为0.042（0.020，0.074），仅通过陌生关系信任感传递的中介效应为0.072（0.042，0.110），通过陌生关系交往与陌生关系信任感逐级传递的中介效应为0.024（0.013，0.039）。由此可见，游客旅游过程中

表6-16 娱乐功能、陌生关系与自我恢复感之间的多重中介效应

效应		系数	SE	T	P	Boot LLCI	Boot ULCI
总效应	X on Y	0.192	0.041	4.718	0.000	0.112	0.273
直接效应	X on Y	0.054	0.043	1.270	0.205	-0.029	0.137
间接效应	X on Y（Total）	0.139	0.025	—	—	0.095	0.193
	Ind1	0.042	0.013	—	—	0.020	0.074
	Ind2	0.024	0.006	—	—	0.013	0.039
	Ind3	0.072	0.017	—	—	0.042	0.110

注：X=娱乐使用，Y=自我恢复感；Ind1=娱乐使用→陌生关系交往→自我恢复感；Ind2=娱乐使用→陌生关系交往→陌生关系信任感→自我恢复感；Ind3=娱乐使用→陌生关系信任感→自我恢复感。

移动媒体工具的娱乐使用与自我恢复感之间的多重中介模型较好地解释了变量之间的关系，在旅游过程中，游客与陌生关系之间的交往数量与交往信任感感知共同在移动媒体工具娱乐功能性使用与自我恢复感之间具有多重中介作用。由此，H9 得到验证。

研究继续对“熟人”关系交往与“熟人”关系亲密度在游客旅途中移动媒体工具的娱乐使用与自我恢复感之间的多重中介效应进行了检验，结果如表6－17所示。娱乐使用与自我恢复之间的总效应为0.192，置信区间为（0.112，0.273）；直接效应为0.214，置信区间为（0.137，0.292）；总的间接效应为－0.022，置信区间为（－0.053，0.007）。由此可见，熟人关系交往与熟人关系亲密度在娱乐使用与自我恢复感之间的中介效应不成立。具体来说，当社交使用与自我恢复感之间存在熟人关系交往一个中介时，其中介效应存在（Ind1），当社交使用与自我恢复感之间存在以熟人关系亲密度为中介时，其中介效应不存在（Ind3），当社交使用与自我恢复感之间存在以熟人关系交往与熟人关系亲密度为中介时，中介效应存在（Ind）。其中，通过熟人关系交往数量传递的中介效应为0.029，通过熟人关系交往数量与交往亲密度共同传递的中介效应为0.006。由此可见，游客旅游过程中移动媒体工具的社交使用与自我恢复感之间的多重中介模型较好地解释了变量之间的关系，在旅游过程中，游客与熟人关系之间的交往数量与交往亲密度感知共同在移动媒体工具功能性社交使用与自我恢复感之间具有多重中介作用。由此，H9 得到验证。

表6－17　娱乐功能、熟人关系与自我恢复感之间的多重中介效应

效应		系数	SE	T	P	Boot LLCI	Boot ULCI
总效应	X on Y	0.192	0.041	4.718	0.000	0.112	0.273
直接效应	X on Y	0.214	0.039	5.436	0.000	0.137	0.292
间接效应	X on Y（Total）	－0.022	0.015	—	—	－0.053	0.007
	Ind1	0.000	0.010	—	—	－0.020	0.021
	Ind2	0.000	0.002	—	—	－0.004	0.004
	Ind3	－0.022	0.008	—	—	－0.042	－0.008

注：X＝娱乐使用，Y＝自我恢复感；Ind1＝娱乐使用→熟人关系交往→自我恢复感；Ind2＝娱乐使用→熟人关系交往→熟人关系亲密度→自我恢复感；Ind3＝娱乐使用→熟人关系亲密度→自我恢复感。

第四节 本章小结

移动媒体工具，如智能手机、平板电脑、笔记本电脑等设备，其移动、智能、小型便携的特征为用户使用提供了极大的灵活性和便利性。这些设备改变了社会存在的状态、跨越了生活的边界，允许人们通过远程的方式与家人、朋友、同事保持联系（Duxbury L.，et al.，2014）；改变了我们了解外界的途径，人们依托智能手机的信息搜寻功能便可实现对世界动态的掌握；改变了我们的娱乐方式，手机游戏已经成为重要的娱乐休闲活动。总的来说，移动媒体工具在使用时间上重新分配了游客旅游活动的内容，其自觉与不自觉的检查行为分散了游客的注意力，也占据了游客的游览时间；从使用功能上给游客的旅游体验带来一定的助力与干扰。

旅游是通过社会互动与交往将人们聚集在一起的过程（Bandyopadhyay R.，2012）。旅游交往行为是指不同主体之间面对面的交往，Pearce（2005）最早提出了旅游活动过程中的交往关系与旅游体验之间的关系，并将旅游交往关系分为游客与同伴等亲密人群之间的交往、游客与目的地居民和服务提供者之间的交往及游客与其他游客之间的交往三大类型。交往过程是游客进一步了解目的地文化的过程，也是游客融入旅游目的地的重要途径，对游客旅游体验具有举足轻重的影响。

游客交往行为是面对面的互动，然而移动媒体工具的出现改变了人们的交往方式，在旅游情境当中，移动客户端等智能装置，如智能手机、平板电脑等的使用给游客的交往行为带来了变革性的影响。一方面，以智能手机为代表的移动媒体工具拓展了游客的交往范畴，移动媒体工具构建了一个虚拟社区平台拓展了交往的时间维度与空间维度（Rettie R.，2005），依托于智能手机的社交功能，人们的交往过程不再固定为两个群体之间面对面的交流，交往出现了随时性与延迟性。另一方面，智能手机的使用也会使游客“疏忽性失明”。Simons（2000）研究发现，人们在注意力不集中的时候往往会忽视认为与自己无关的事物，在旅游过程中，智能手机的使用则会造成游客的“缺席”，即游客的关注点过度集中在移动设备上时，会造成对景色的忽视，也容易造成对同伴的忽视（Gergen K. J.，2002）；Kim（2017）通过定量研究方法对以手机为媒介的交往与面对面交往进行了对比研究，研究发现面对面的交往更能够带给人幸福感。智能手机的介入对游客来说，如何通过交往行为的改变，并最终影响到游客自身的恢复体验具有重要的意义，值得我们进一步探讨。

本章研究的主要目的是对移动媒体工具介入对游客交往行为的后果影响机制模型进行实证验证。研究从差序格局理论出发，将游客的交往关系分为“熟人关系”“陌生关系”与“自我关系”三大类型；从技术的功能性出发，将移动媒体工具的功能分为信息使用、社交使用和娱乐使用。研究分别针对不同的移动媒体工具的功能性介入验证了移动媒体工具使用在熟人关系交往数量—熟人关系交往情感（亲密度）—自我关系恢复感与陌生关系交往数量—陌生关系交往情感（信任感）—自我关系恢复感三个关系层次之间的互动效应。

假设检验结果如表 6－18 所示，数据结果验证了大部分的研究假设。

表 6－18　研究假设检验结果

假设	原假设	验证结果
H1	智能手机的使用频率对不同层次的交往关系具有差异化的影响	部分支持
H2	智能手机使用对熟人关系亲密度具有负向影响作用	不支持
H3	智能手机使用对陌生关系信任感具有负向影响作用	不支持
H4	智能手机使用对自我恢复感具有显著的负向影响	不支持
H5	“熟人”关系亲密度对游客自我恢复感具有显著的正向影响	支持
H6	“陌生”关系信任感对游客自我恢复感具有显著的正向影响	支持
H7	智能手机使用对游客交往数量具有显著的负向影响	不支持
H7a	智能手机使用对游客与陌生关系交往具有显著的负向影响	不支持
H7b	智能手机使用对游客与熟人关系交往具有显著的负向影响	不支持
H8	关系交往对游客的关系感知具有正向影响	支持
H8a	陌生关系交往对陌生关系信任感具有显著的正向影响	支持
H8b	熟人关系交往对熟人关系亲密感具有显著的正向影响	支持
H9	智能手机使用与自我恢复感之间具有多重中介作用	支持

研究还发现了游客在移动媒体工具的不同功能使用情况下显示了差异化的效应。具体来看：

（1）研究运用列联表卡方检验方法与方差检验对智能手机的时间性介入与游客旅游交往行为之间的相关关系进行了检验。其中智能手机的时间性介入以游客在旅途中智能手机的使用频率代表，分别为“低频率”“中频率”和“高频率”，研究分别检验了游客智能手机使用频率与游客与目的地居民、目的地从业者、其他游客，以及与同伴的交往数量之间的关系，研究发现，游客智能手机使用频率与游客与目的地居民的交往数量之间的相关性不显著，游客智能手机使用频率与游客与从业者及其他游客的交往数量之间具有显著的相关性；游客智能手机使用频率与游客与同伴交往数量之间具有显著的相关性。总的来说，游客智能手机的使用频率与游客与“陌生关系”之间的交往数量具有一定的相关性，与“熟人关系”之间的交往数量也具有相关性。

在后续的方差检验过程中，研究发现智能手机使用频率在熟人关系交往数量与熟人关系亲密度之间具有显著的影响，在陌生关系交往、陌生关系信任感和自我恢复感之间的影响不显著。并且研究证明，智能手机使用频率较低的游客与熟人关系交往数量上高于使用频率高的游客，在亲密度感知上也显著高于使用频率高的游客。

（2）游客智能手机不同功能使用对不同层次的交往数量及交往情感感知的负向影响未完全获得数据上的支持，研究发现了与原假设相反的数据结果，这也从另一个角度证明了移动媒体工具的功能性使用带来的影响与传统研究不一样，功能性使用所带来的便利性给旅游者带来的好处大于智能手机使用对注意力恢复的破坏作用，也就是说，游客对移动媒体工具的功能性感知便利性大于其使用对注意力造成的干扰效应。具体来看，智能手机使用对游客“陌生关系”交往数量与“熟人关系”交往数量均具有显著的正向影响，也就是说，在旅游过程中，游客移动媒体工具的信息功能使用、社交功能使用以及娱乐功能使用均会对游客的交往数量产生正向影响，与 Campbell 和 Kwak（2011）的研究一样，移动媒体工具的使用并不会减少交往行为，恰好相反，依托于移动客户端信息功能带来的目的地旅游信息、社交功能带来的陌生地的安全感以及娱乐功能带来的共同话题，会使游客与其他游客、目的地居民、目的地从业者等陌生关系之间具有更多的沟通交往的契机，也因为游客更多更纷繁复杂的信息而多了一些与同伴共同决策的机会，并且娱乐功能带来了更多的娱乐活动等产生了更多的交往互动机会。而从移动媒体工具对游客交往情感的影响结果来看，移动媒体工具的娱乐使用对“熟人关系”亲密度具有显著的负向影响，而信息使用与社交使用对游客的“熟人关系”亲密度的影响均不显著；而娱乐使用、信息使用与社交使用对游客的“陌生关系”信任感均具有显著的正向影响；信息使用、社交使用和娱乐使用对游客的自我恢复感均具有显著的正向影响。

（3）游客相关关系之间的交往数量对交往情感具有显著的正向影响。具体来看，游客的“陌生关系交往（数量）”正向影响对陌生关系的信任感；游客的“熟人关系交往（数量）”正向影响与熟人关系的亲密度。可见，交往行为是交往情感产生的重要前提之一，只有一定程度的交往数量才会在交往对象之间产生一定的情感，而积极的情感更是产生在一定数量的交往行为之上。

（4）不同层次的交往行为之间具有互动效应。研究结果发现，游客的“陌生关系”交往数量与“陌生关系”信任感分别对游客“自我关系”恢复感产生正向影响；游客的“熟人关系”交往数量与“熟人关系”亲密度对游客“自我关系”恢复感产生正向影响；可见，不同层次之间交往行为的互动作用得到证明，也就是说，与他人的交往行为会积极地影响与自我的关系，如恢复感。

第七章 研究结论与展望

旅游与互联网的深度融合已经成为不可阻挡的时代潮流，移动媒体技术成为旅游业变革的关键依托，无论是旅游管理部门还是旅游企业都应该充分认识到移动媒体工具使用对旅游者的意义，都应该重视移动媒体工具的使用给游客旅游体验质量带来的影响。移动媒体工具作为一种技术介入，首先，其本身改变了旅游者的旅游状态，其影响过程与结果本身便值得我们进一步探讨；其次，移动媒体工具中的不同功能介入对旅游交往行为的竞争、加强、减弱和延续等影响均具有不同的特征。相关问题的探讨能够让学界和业界明晰移动技术介入对旅游业、旅游者的影响过程，能够为旅游目的地管理提供理论依据，切实推动旅游业的数字化与智能化的实践发展。

第一节 研究结论与讨论

本书旨在探索移动媒体工具介入对游客交往行为的影响机制，研究综合采用了访谈法、扎根理论方法等定性研究方法与问卷调查法、数量统计方法等定量研究方法，重点从理论构建（探究了移动媒体工具介入过程及前导、后果机制的理论模型）和实证研究（移动媒体工具介入的前导因素、移动媒体工具介入对游客旅游交往行为的作用机制）两个角度展开研究。研究期望通过定性研究提出理论模型、定量研究验证理论模型，以实现对“移动媒体工具介入对游客旅游交往行为影响机制”的系统揭示。研究以智能手机为重点研究对象，并结合目前移动技术的发展给旅游业带来的影响，对旅游目的地的发展模式进行了深入的探讨。本书的主要结论与讨论如下：

一、构建了移动媒体工具介入游客交往行为的关系模型

研究运用观察法与访谈法，以厦门鼓浪屿为案例地，共访谈了23位旅游者。研究最终整理得到62557字的文本材料，依据扎根理论研究方法，对该文本材料进行了编码，编码过程严格遵循数据构建分析代码和类属进行逐行编码，并按照“初始编码→聚焦编码→理论编码”的过程得出最终的理论模型。研究发现：

（1）游客移动媒体工具介入的前因影响因素纷繁复杂。研究从个人因素、他人因素与旅游环境三个方面探究了移动媒体工具介入的前因影响因素。从个人因素来看，日常使用习惯与社交孤独感是影响游客在旅游过程中使用手机的重要原因，其中对智能手机等移动媒体工具的日常使用习惯会溢出到旅游过程中，形成一种不自觉的“检查行为”，而社交孤独感则从心理上解释了游客对移动工具的使用与依赖；从他人因素来看，同伴在旅途中的使用行为与家人朋友保持联系的需求都会促进游客的移动媒体工具使用行为；从景区因素来看，旅游目的地和景区的美学特征、风景独特性等因素也会影响游客对目的地的兴趣，相反，景区的单调与乏味则会促使游客利用智能手机的娱乐功能来代替旅途的无聊，也会促进游客对移动媒体工具的使用。

（2）游客的交往行为呈现多层次特征。研究首次将费孝通的差序格局理论纳入到旅游交往行为研究当中，并结合了移动信息技术环境下移动媒体工具的注意力恢复理论，发现游客在旅游过程中的交往行为不仅可以按照交往主体进行分类，也可以将游客旅游交往行为分为“熟人关系”“陌生关系”与“自我关系”三大类型，研究继续从情感上分析了移动媒体工具的介入带来的游客交往行为的变化，研究认为，游客的交往情感主要表现在“熟人关系”的疏远感、“陌生关系”的不信任感以及“自我关系”的恢复感三个方面。

（3）智能手机作为移动媒体工具从功能性与工具性两个方面介入了游客的旅游过程当中，其中功能性主要表现在信息搜索功能、娱乐功能与社交功能（关系维护功能），这些功能的介入对游客的交往行为具有一定的“替代效应”；工具性主要在于智能手机作为游客旅途中重要的辅助工具，属于时间上的介入，使用占比时间对游客的旅游交往行为会产生移动的“挤占效应”，直接导致游客交往行为的减少。另外，游客移动行为的改变会在一定程度上改变游客的情感感知，即交往情感的变化，主要包括了“熟人关系”的亲密感、“陌生关系”的信任感与“自我关系”的恢复感之间的变化。

二、前导因素——多因素融合影响下游客移动媒体工具的使用

研究将理性行为理论与非理性因素相结合，构建了以行为态度、主观规范与知觉行为控制等理性因素与日常使用习惯、旅游审美视域与旅游社交孤独感等情境刺激因素相结合的游客移动设备使用行为的多因素融合影响模型。通过问卷调查获得游客感知视角的一手数据，并利用 AMOS21.0、SPSS21.0 及宏程序 PROCESS 等分析软件对问卷数据进行了信效度分析、相关性分析、模型检验、直接效应分析、中介效应分析等，得出以下结论：

（1）多因素融合影响下的移动媒体工具介入模型具有一定的优越性。研究对计划行为理论模型、习惯溢出模型、审美理论模型与社交孤独的影响模型与本书提出的多因素融合影响下游客智能手机使用行为模型进行了对比研究，并通过模型拟合度指标、模型的预测能力的对比分析发现，多因素的融合作用能够更好地解释移动媒体工具的介入过程。

（2）前因影响因素的直接效应。日常使用习惯、旅游审美视域、旅游社交孤独感、行为态度、主观规范与知觉行为控制等因素对游客旅游过程中智能手机的使用行为具有显著的影响作用，其中日常使用习惯、行为态度、主观规范与知觉行为控制对游客智能手机使用中的信息使用、娱乐使用与社交使用均具有显著的正向影响作用；旅游审美视域对游客智能手机使用中的信息使用、娱乐使用与社交使用均具有显著的负向影响作用；而旅游社交孤独感对游客的娱乐使用具有显著的正向影响作用，而对信息使用与社交使用的影响不显著。

（3）行为态度、主观规范与知觉行为控制分别在游客日常使用习惯、旅游审美视域与游客旅游中的智能手机使用行为之间具有并列式中介作用。根据计划行为理论，行为态度、主观规范与知觉行为控制是预测人理性行为的重要理论，而本书在计划行为理论基础之上，充分考虑了游客行为中的理性行为与非理性因素。实证研究结果显示，游客使用习惯与智能手机使用中的信息使用的间接效应占总效应的 75.30%（0.247/0.328），与娱乐使用之间的间接效应占据总效应的 89.11%（0.229/0.257），与社交使用之间的间接效应占据总效应的 72.96%（0.224/0.307），从间接效应与总效应的比来看，游客使用习惯对游客智能手机使用行为的效应大部分通过游客的理性感知进行传递；而旅游审美视域与游客智能手机信息使用、娱乐使用与社交使用的中介效应分别占总效应的 68.18%（−0.060/−0.088）、29.23%（−0.076/−0.260）、52.63%（−0.070/−0.133）。

可见，非理性因素对游客智能手机的使用较大部分通过理性因素进行传递。

（4）旅游审美视域与行为态度、主观规范分别在社交孤独与游客智能手机的娱乐使用行为间具有显著的链式中介作用。实证研究结果显示，游客的社交孤独感会破坏游客对旅游目的地的审美认知，当游客对旅游目的地的美学特征不感兴趣时，在对智能手机使用的行为态度和主观规范的正向影响下会进一步增加游客智能手机的使用频率。从结果来看，旅游审美视域与行为态度、旅游审美视域与主观规范在社交孤独与娱乐使用之间的链式中介效应显著成立，分别为 0.060 和 0.057，占总效应的 37.5%（0.060/0.160）、35.63%（0.057/0.160）；而旅游审美视域与知觉行为控制在社交孤独与娱乐使用间的链式中介效应不成立。

三、作用机制——移动媒体工具介入对游客多层次交往行为的影响

研究主要将以智能手机为代表的移动媒体工具的介入分为时间性介入（使用频率）与功能性介入（信息使用、社交使用与娱乐使用），探究了移动媒体工具的不同介入方式给游客交往行为带来的不同影响。研究通过问卷调查获得游客感知视角的一手数据，并对数据进行了统计学意义上的分析，研究发现：

（1）游客智能手机的时间性介入（使用频率）与游客交往数量之间具有显著的相关关系得到了验证，影响关系得到了部分验证。研究分别使用了列联表卡方检验方法验证了智能手机使用频率与游客交往数量之间的相关性，研究发现手机使用频率与游客与目的地居民之间的交往不显著、与游客与从业人员之间的交往数量具有相关性、与游客与其他游客之间的交往数量具有相关性、与游客与同伴之间的交往数量具有相关性。研究使用单因素方差分析对智能手机使用频率与游客交往行为之间的影响关系进行了检验，研究结果显示，智能手机使用频率越高的游客与同伴之间的交往数量越少，亲密度感知水平也越低；而智能手机使用频率与陌生关系层面的陌生关系交往数量、信任感及自我恢复感之间的影响关系不显著。

（2）游客智能手机不同功能使用对不同层次的交往数量及交往情感感知的负向影响仅获得部分数据支持。其中，智能手机的使用对游客与同伴之间的亲密度感知具有一定的负向影响作用，具体包括了智能手机的信息使用与社交使用对熟人关系亲密度的影响作用不显著，智能手机的娱乐使用对游客熟人关系亲密度具有显著的负向影响。除此之外，游客旅游过程中智能手机的使用对游客的交往行为与交往情感均具有显著的正向影响，具体来看，包括了智能手机的信息使用

与社交使用对“熟人关系交往”“熟人关系亲密度”“陌生关系交往”“陌生关系信任感”与“自我恢复感”具有显著的正向影响。

本书假设游客在旅游过程中智能手机的使用会对游客的交往行为、交往情感与游客的恢复感产生负面的影响，因为智能手机的使用占用了游客的时间，减少了游客与其他主体之间的对话机会，分散了游客的注意力。但是研究发现，游客使用智能手机的方式（智能手机的不同功能）会对游客的交往行为产生差异化的影响。具体来看，游客的信息使用功能对游客与陌生人之间的交往数量、陌生人之间的信任感、熟人之间的交往数量、熟人间的亲密感以及恢复体验均具有显著的正向影响。信息功能能够为游客提供更多旅游目的地的信息，是一个很好的辅助工具，与 Campbell 和 Kwak（2011）的研究一致，该研究发现，通过智能手机获取新闻信息并不会导致与陌生人的交谈减少，恰好相反，会在一定程度上提高公众的参与度，依靠智能手机获取的新闻、信息是与陌生人等其他人群之间相互交谈的信息来源，对于游客来说，旅游中旅游信息的获取不仅能够增加与同伴之间的交流，与同伴之间因为信息的多样性而增加了共同决策的机会；也能够增强游客对目的地的认识，增强自身的心理安全感，从而增加与目的地陌生人群之间的交往与信任度。对社交功能来说，Ling（2004）的研究发现由于手机的社交与联系功能，有可能增加与陌生人之间对话的频率，因为用户可以在任何时间、任何地点处理自己的工作或其他重要的事情，增加了用户办公等的灵活性，提高了游客在工作与非工作方面随时协调能力（Derks D.，Duin D.，et al.，2015），这也就增加了用户出现在公共场合的机会。而对于游客来说，这种方式保持了旅游空间与日常空间的并行化，使得游客不仅能够很好地与日常空间的人交流，也能够很好地与旅游空间的人群之间进行交流。对于娱乐功能来说，娱乐功能的使用对熟人交往数量不具有负面影响，因为智能手机提供了较多能够将同伴链接在一起的娱乐活动，这有可能会增加同伴之间交流的机会；与此同时，智能手机的游戏功能也有可能将同行的陌生游客聚集在一起，为了更好地获得游戏体验。

与传统研究不同，传统的旅游研究认为度假环境与日常环境的差异性是游客出游的重要动机（Dann G. M. S.，1977），本书的研究却发现技术的介入本身有可能是假期恢复的一个重要来源，同样，与日常生活完全隔离的旅游方式并不一定会带来更好的旅游体验。具体来看，信息搜索功能能够让游客更好地了解旅游目的地，有利于增强对旅游目的地的了解和实现更好的旅游体验；社交功能能够满足游客的社交需求，依托于智能手机社交程序的沟通方式，满足了游客现实空间与虚拟空间交流的并行化（Humphreys L.，2005），也就是说，当游客在旅游目的地时，依然能够保持与亲人朋友之间的情感交流，能够通过移动技术保持对工作的实时掌控。与 Kirillova 等（2016）的研究一致，智能手机社交功能带来的与日常角色和责任可以看作是一种恢复生产，脱离数字网络而产生的心理超脱并非对游客的自我恢复感具有显著的正向影响，游客在旅途中实现对工作的掌控能够让游客更好地享受旅途，从而获得更多的恢复感。娱乐功能则能够适当地缓解游客旅途中的闲暇时光，如排队等候、长时间的交通事件等，这都有利于缓解游客旅途中的无聊感与异于日常生活的放松感，从而获得更好的恢复体验。

移动技术被认为在技术上和社会上都具有选择性的特点，也就是说，游客在旅游过程中对智能手机的使用是有选择性的，人们可以根据自己的需求进行旅游信息资源的获取，也可以将其用于自我社交关系的维护（Ling R.，2009），包括与个人私人关系的维护以及处理工作任务等，也可以使用其娱乐功能使得自己的旅程更加的丰富。可见，移动媒体工具在游客旅游过程的介入并非绝对具有负向影响，只要游客较好地使用移动媒体工具的各种功能，将会促进游客对目的地的了解、促进游客在旅游目的地的交往行为，从而实现情感上的满足并最终获得更好的旅游恢复感。

（3）交往行为是交往情感产生的重要前提之一。研究发现，在不同的功能介入模型当中，游客的“熟人关系交往”均正向影响“熟人关系亲密度”，游客的“陌生关系交往”均正向影响“陌生关系信任感”。并且，研究结果还证明，交往数量在智能手机使用与交往情感之间具有中介作用，如陌生关系交往在手机使用与陌生关系信任感之间具有显著的中介作用；熟人关系交往在手机使用与熟人关系亲密度之间具有显著的中介作用。可见，交往是产生情感的重要前提之一，只有一定数量的交往才会在交往对象之间产生一定的积极情感。

（4）游客不同层次的交往情感之间具有互动效应。研究发现，游客的“陌生关系交往”与“陌生关系信任感”对游客“自我关系恢复感”产生正向影响；游客的“熟人关系交往”与“熟人关系亲密度”对游客“自我关系恢复感”产生正向影响；可见，不同层次之间交往行为的互动作用得到证明，也就是说，与他人的交往行为会积极地影响与自我的关系，如恢复感。

（5）游客交往行为与交往情感在移动媒体工具使用与游客旅游恢复感之间具有多重中介作用。研究利用 SPSS 宏插件 PROCESS 中的 Model6（2 个中介）分别对“移动媒体工具使用—陌生关系交往—陌生关系信任感—恢复感”与“移动媒体工具使用—熟人关系交往—熟人关系亲密感—恢复感”进行了多重中介模型检验。结果显示，多重中介效应模型较好地解释了游客智能手机使用、交往行为、交往情感及对自我恢复感之间的关系。

第二节　研究的理论贡献

1. 探索与构建了移动媒体工具介入的前因后果模型

研究利用扎根理论方法，挖掘游客对移动媒体工具在旅游中的应用与对游客交往行为的影响过程，具有较强的理论意义。主要表现在：

（1）研究对移动媒体工具的介入性质进行了分类，从介入功能与介入时间两个维度描述了移动媒体工具的介入过程。研究通过访谈与编码发现，游客对于以智能手机为代表的移动媒体工具的使用主要表现在功能（信息功能、社交功能和娱乐功能）和时间（使用时间）两个方面，是对移动媒体工具介入的进一步认识；研究还发现，不同的介入特征对游客的交往行为具有差异化的影响，其中移动媒体工具的功能性介入对游客的交往行为具有“替代作用”，而时间性介入则对游客的交往行为具有“挤占作用”。研究对移动媒体工具介入性质的分类，拓展了对移动媒体工具介入的研究范围，也更加深入地揭示了游客在移动媒体工具介入的表现与行为，有利于进一步探索其后续影响机制。

（2）研究丰富和拓展了游客交往行为方面的研究。研究从理论层面与经验层面详细分析了游客交往行为的分类与移动媒体工具介入之后游客交往行为中三大类关系的新变化，研究还首次将自我交往纳入游客的交往行为研究当中，本书认为，自我交往是游客交往行为的重要组成部分，满足了游客放松、逃避的旅游需求，自我交往作为交往行为的重要维度，应该是旅游研究持续关注的重点。

（3）研究构建了移动媒体工具介入对游客交往行为影响的前因与后果机制理论模型，厘清了移动媒体工具介入的前因与后果机制，为移动技术介入的相关研究提供了研究基础。具体来看，研究通过扎根理论研究方法提出了多因素作用下的移动媒体工具介入过程机制（前因机制）与移动媒体工具介入对游客多层次交往行为与情感的影响机制（后果机制），揭示了以智能手机为代表的移动媒体工具对游客旅游活动以及旅游行为的影响过程，也为进一步深入探究移动媒体工具介入的相关问题提供了研究基础。

2. 揭示了多因素作用下移动媒体工具的介入过程

研究首次在旅游研究情境下将理性行为理论与环境刺激、习惯的溢出及社会补偿理论充分结合实现了对游客移动媒体工具使用行为充分与全面的解释。研究进一步证明了游客智能手机使用行为是多因素融合影响下的复杂响应过程。理论贡献主要表现在：

（1）研究通过模型对比分析进一步验证了多因素融合影响下游客智能手机使用行为机制的合理性。研究对计划行为理论、习惯的溢出效应、旅游审美视域与社交孤独感等情境因素的竞争模型比较结果显示，多因素综合影响下的概念模型能够更好地解释游客旅游过程中智能手机的使用行为。也就是说，旅游情境下的智能手机使用行为不能仅仅用理性行为理论进行解释，而应该是情境因素的刺激、习惯因素的溢出与理性认知因素共同作用下的行为模式，这是对移动媒体工具在旅游情境中介入机制的深入研究，对进一步探究智能手机使用及智能手机对旅游体验的影响均具有重要的理论意义。

（2）研究也是对计划行为理论适应性的拓展研究。由理性行为理论拓展的计划行为理论被认为能够很好地预测人的行为意向与实际行为，计划行为理论在旅游研究领域当中已被用来解释游客的安全与风险行为（Anna，Maria，Gstaettner，et al.，2017）、出游意愿（Juschten M.，et al.，2019）、游客旅游中的绿色环保行为（Han H.，2015）等，而在本书中，计划行为理论一方面被用来解释游客旅游过程中对移动媒体工具或移动技术的使用行为，是对计划行为理论的拓展研究；另一方面研究充分结合了计划行为理论与非理性行为因素，更全面地解释了游客旅途中使用移动媒体工具的复杂机制。

（3）研究验证了使用习惯的溢出效应与情境因素对游客移动媒体工具使用行为的刺激效应，并进一步验证了理性因素在其中的中介作用，揭示了使用习惯与旅游情境因素在游客行为响应机制中的重要影响作用。这种影响作用主要体现在日常使用习惯的溢出效应中，揭示了移动媒体工具的全天连接与人们不自觉的检查行为已经对游客的旅游过程产生了一定的干扰；体现在旅游目的地审美品质带来的替代性作用中，当游客感知到目的地美学特征不足以满足游客需求时，智能手机等移动媒体工具成为很好的替代品；体现在旅游社交孤独感的补偿作用中，旅途中互动行为的缺乏会直接导致游客依赖移动媒体工具满足自我的社交网络需求。

（4）研究对游客旅游社交孤独与智能手机使用行为中的娱乐使用之间的链

式中介作用进行了验证，进一步丰富了社会交往理论在旅游研究中的应用。研究结果证明旅游审美视域与行为态度、旅游审美视域与主观行为规范分别在两者之间存在链式中介作用。可见，社会交往带来的孤独感不仅会导致游客直接通过增加移动媒体工具各种功能的使用进行补偿，还会进一步影响游客对旅游目的地审美品质的评估，并进一步对智能手机使用行为产生新认知，对智能手机的实际使用行为产生一定的累积效应。

3. 验证了移动媒体工具对游客不同层次交往行为与情感的影响机制

研究在差序格局理论与 Pearce（2005）对旅游人际关系研究的基础上，对游客的交往关系进行了分层，并以智能手机为研究对象进一步探究与证明了智能手机的时间性介入与功能性介入对游客不同层次的交往行为产生差异化影响。具体来看，本书的理论贡献主要表现在：

（1）本书结合差序格局理论与 Pearce 的旅游人际关系研究进一步对游客交往关系进行分类，是对游客交往行为的拓展性研究，是对移动技术介入背景下游客交往行为分类的创新性研究。研究结果表明，游客与目的地居民、与目的地从业者以及与目的地其他游客之间的交往能够较好附和在同一概念之上，并且该概念与游客和同伴之间的交往具有显著的差异性。研究充分验证了移动技术介入背景下游客在旅游目的地的交往关系可以被划分为“陌生关系”“熟人关系”两类与他人之间的关系，而“自我关系”则属于与自身内在的一种交互，研究中主要通过“恢复感”来体现。

（2）本书验证了智能手机等移动媒体工具的使用频率与游客交往行为之间的相关性，以及智能手机不同功能性使用给游客交往行为带来的差异化影响，是对移动技术介入研究的进一步拓展。本书研究结果表明，以智能手机为代表的移动媒体工具的使用频率会在一定程度上影响游客与同伴之间的交往数量和交往亲密度感知，其中使用频率越高，交往数量越少、亲密度感知水平越低；智能手机的娱乐使用对游客与同伴之间的亲密感具有显著的负向影响，而信息使用与社交使用则对同伴之间的亲密感具有显著的正向影响；除此之外，智能手机的信息使用、社交使用分别对游客与陌生关系之间的交往、交往信任感和与熟人关系之间的交往、交往亲密度具有显著的正向影响。

（3）本书对游客不同层次交往行为之间的互动效应进行了验证，其结果有利于丰富游客的交往行为理论。研究结果表明，游客与熟人之间的交往数量以及交往亲密度感知对游客的自我恢复感均具有显著的正向影响；游客与陌生人（目的地居民、从业者以及其他游客）之间的交往数量以及交往信任感对游客的自我恢复感均具有显著的正向影响。也就是说，游客的交往行为与交往情感是一个多层次的交往圈，各交往圈层内的交往数量会进一步影响圈层的交往情感，例如，陌生关系的交往数量正向影响陌生关系之间的信任感（交往情感），熟人关系的交往数量正向影响熟人关系之间的亲密感（交往情感）；而不同交往圈层之间的交往行为又会最终影响到游客自我的恢复体验感。

第三节　旅游目的地的移动媒体工具介入管理

本书系统地探索了当前移动技术发展背景下以智能手机为代表的移动媒体工具介入的前因与后果机制，研究有利于业界更深入地认识移动媒体工具介入对游客行为的影响过程，对于移动技术介入后的游客管理具有一定的启示：

（1）旅游地应该关注旅游目的地情境因素对游客移动媒体工具使用强度的影响作用。一方面，旅游目的地应该加强目的地建设，打造个性化的旅游项目，避免雷同，实现游客旅游视域范围的扩展，增强游客对旅游目的地审美品质的评价；另一方面，注重社会互动性带来的旅游价值，当游客在旅游目的地缺乏足够的社会活动时容易造成强烈的社交孤独感，这种社交孤独感不仅会影响游客对目的地审美品质的感知，也会进一步促进游客注意力的转移而增加对移动媒体工具的使用强度，旅游目的地应该增强游客在旅游目的地与其他主体之间的互动性，更彻底地实现游客与原惯常环境之间的隔离，让游客更加充分地融入旅游环境当中。

（2）旅游地应该关注移动媒体工具介入带来的一系列影响。日常生活中的使用习惯对游客旅途中智能手机使用行为具有显著的正向影响，以智能手机为代表的移动媒体工具的使用已经从日常生活溢出至旅游活动过程当中。旅游目的地应该抓住移动信息技术发展的契机，结合旅游目的地的特色资源，依托智能手机等移动媒体工具，依托游客智能手机使用习惯，开发具有互动性、知识性、娱乐性、趣味性的旅游线上项目，打造新型智慧化景区。

（3）旅游地应该注重游客社交孤独及其对移动媒体工具使用的影响。社交孤独会破坏游客对目的地审美价值的感知，并对游客智能手机的娱乐使用产生正向影响。目的地美学价值作为旅游体验的重要组成部分，被认为是度假满意度的重要组成部分，社交孤独带来的目的地审美视域的降低会进一步降低游客对目的地的满意度；另外，由于社交孤独引起的游客对于智能手机娱乐功能的使用也会进一步降低游客对目的地的感知，从而影响游客的旅游体验感。由此，旅游目的地应该多组织团队活动，这些活动作为个人出游旅游者的社交活动增强与其他游客之间的交流，也为团队出游的旅游者创造社会交往的机会，从而减少游客的社交孤独感，降低旅游过程中的无聊感，并最终增加旅游体验的丰富程度。

（4）旅游目的地应该关注游客对移动媒体工具时间性介入与功能性介入的差异化影响。其中，当移动媒体技术介入超过一定频率时会减少游客与同伴之间的交往频率，也直接影响游客的亲密感知；在功能性介入中，智能手机的娱乐使用，包括了手机游戏正在变得越来越受欢迎，娱乐使用也被证明会直接影响游客的互动交往行为，特别是影响游客与同伴之间的亲密度感知。对旅游目的地来说，一方面应该充分利用移动媒体工具的娱乐功能增强游客对旅游目的地文化与形象的认知，如通过小程序、小游戏或者点位打卡等方式增强游客与目的地景点之间的互动性；另一方面应该注意智慧景区移动技术的介入比例，切勿使得电子屏幕等移动技术抢占游客对旅游目的地特色旅游资源的注意力。

（5）旅游目的地应该关注游客在目的地的交往与互动行为对游客旅游体验的积极影响。根据研究结果来看，游客的交往行为与目的地体验及旅游满意度具有较强的关联，游客在旅游过程中与熟人（即旅伴）之间的交往正向影响关系的亲密度感知，与陌生关系群体（如目的地其他游客、居民与从业者）之间的交往会正向影响他们之间关系的信任感，而游客感知的亲密感与信任感会共同影响游客的恢复体验，可见，了解游客交往行为的新特征是景区管理的关键，根据游客的交往特征开发互动性项目成为提高游客旅游体验的关键。

（6）旅游目的地应该充分认识到移动媒体工具的介入有可能是游客旅游恢复的一个重要来源。从实证研究结果来看，智能手机的信息功能与社交功能对游客的恢复体验具有显著的正向影响作用，可见对于旅游企业来说，若要提供完全无网络的旅游服务，需要充分了解到这种“无数字”“无网络”的旅游环境有可能会阻止游客对于熟悉环境或事物的掌控力，并抑制恢复体验。具体来说，人们已经习惯了智能手机等移动媒体工具的使用以及带来的便利性，“无网络”旅游体验的旅游景区应该充分了解到游客对于连接的需求，努力帮助游客为可能的不适应做好充分的准备。

（7）对于游客自身来说，应该合理利用以移动媒体工具为代表的相关技术，以防止智能手机等移动技术的过度侵入，根据自我的需求将日常生活的联系与旅游体验进行合理的分割，较大程度地沉浸于目的地的社会环境当中，以获取更高的恢复体验感。

第四节 旅游目的地技术介入研究展望

1. 旅游业技术介入的理论研究有待学界重视

技术介入是所有行业发展的趋势，而对于服务行业与旅游业来说，技术介入带来的利弊一直都是学界与业界关注的话题。本书以游客交往行为为聚焦点，探究了移动技术介入的前因及其给游客交往行为带来的影响。研究揭示了多因素融合影响下游客智能手机的介入机制以及游客智能手机介入对游客多层次交往行为的影响机制，研究结果验证了智能手机不同功能的使用对游客交往行为的差异化影响，其中娱乐使用对游客与同伴之间亲密度具有负向影响，而信息使用与社交使用对游客交往行为与交往情感均无负向影响作用。虽然如此，关于移动技术介入的游客行为研究，我们应该继续坚持探索和了解移动技术、智能技术给游客旅游过程带来的便利，同时也需要警醒旅游行业和旅游者切勿使得智能技术降低人的关系维度，特别是对于服务行业来说，更应该从多角度进行更深入的探究。

2. 旅游业技术介入的理论研究有待多学科验证

移动信息技术介入具有多学科的特质，这一属性反映了新技术的应用给社会带来的广泛性影响和变革性影响。一方面，技术本身是一个新事物，我们应该有一个思辨的意识对其进行充分的认识；另一方面，技术的应用本身会给社会、经济、管理方式等不同学科带来不同程度的影响。

（1）哲学视角下的旅游技术介入。首先，信息技术给旅游行业带来技术的渗透与介入，为了更好地应对技术介入对旅游产业的变革性影响，我们需要正确地认识移动信息技术、智能技术等对服务行业的影响，该类研究能够加强“旅游+技术”的哲学思辨性，为我们正确应用技术提供思想基础；其次，有助于为技术哲学的具体化研究开辟一个新的研究对象，实现对旅游业中的技术本体论、认识论、实践论、价值观、演化论等增加进一步的认识；最后，从实践角度来看，对旅游业相关技术的哲学研究，有利于指导旅游行业对技术的充分利用。

（2）社会学视角的旅游技术介入。在信息技术发展给社会生活带来改变的同时，运用社会学理论和方法对技术的发展与介入进行系统的分析，有助于我们更科学、更全面、更有意义地去认识这个技术引领下的社会，寻找到技术介入与社会发展的和谐之路。移动技术、智能技术等技术的介入给旅游行业带来的社会影响是学界和业界值得关注的话题，技术的应用与发展正逐步对旅游行业产生变革性的影响。技术介入对行业变革的影响、技术介入背景下的旅游企业（旅行社）职能的转变、技术介入对服务行业员工结构的改变等均是值得深入探讨的问题，以便于整个社会更好地应对技术介入带来的一系列问题。

（3）管理学视角下的旅游技术介入。技术创新与应用对于企业、地区和国家的发展均具有重要的意义。在管理学当中，技术创新被认为是决定企业绩效的重要因素，如何实现技术效益最大化是企业管理的重要策略。对于旅游业来说，技术的投入如何更好地满足游客的需求从而助力旅游业的发展是关键，具体来说，从游客视角来看，技术介入对游客体验，包括了情感化体验、情境化体验、互动性体验等的影响研究有利于更好地实现旅游目的地、旅游企业了解游客的感知，从而实现更好的管理；从企业视角来看，企业如何实现技术投入最小、技术效益最大，旅游企业技术投入的时机探究等均是值得学界继续去探究的问题。

参考文献

英文文献

[1] Abeele M. M. P. V., Hendrickson A., Pollman M. M. H., et al. Phubbing behavior in conversations and its relation to perceived conversation intimacy and distraction: An exploratory observation study [J]. Computers in Human Behavior, 2019, 11: 35-47.

[2] Ajzen I. From intentions to actions: A theory of planned behavior [M]. In: Kuhl J., Beckman J., (Eds.), Action control: From cognition to behavior. Heidelberg, Germany: Springer, 1985: 11-39.

[3] Ajzen I., Driver B. L. Prediction of leisure participation from behavioral, normative, and control beliefs: An application of the theory of planned behavior [J]. Leisure Sciences, 1991, 13 (3): 185-204.

[4] Aklin M., Bayer P., Harish S. P., et al. Economics of household technology adoption in developing countries: Evidence from solar technology adoption in rural India [J]. Energy Economics, 2018 (72): 35-46.

[5] Alegre J., Garau J. Tourist satisfaction and dissatisfaction [J]. Annals of Tourism Research, 2010, 37 (1): 52-73.

[6] Altman I., Taylor D. A. Social penetration: The development of interpersonal Relationships [N]. New York, USA: Holt, Rinehart & Winston, 1973.

[7] Anna., Maria., Gstaettner., et al. Visitor perspectives of risk management in a natural tourism setting: An application of the Theory of Planned Behaviour [J]. Journal of Outdoor Recreation and Tourism, 2017 (19): 1-10.

[8] Anshari M., Alas Y., Hardaker G., et al. Smartphone habit and behavior

in Brunei: Personalization, gender, and generation gap [J]. Computers in Human Behavior, 2016 (64): 719 - 727.

[9] Arnould E. J., Price L. L. River magic: Extraordinary experience and the extended service encounter [J]. Journal of Consumer Research, 1993, 20 (1): 24 - 45.

[10] Assaf A. G., Tsionas M. The estimation and decomposition of tourism productivity [J]. Tourism Management, 2018 (65): 131 - 142.

[11] Augner C., Hacker G. W. Associations between problematic mobile phone use and psychological parameters in young adults [J]. International Journal of Public Health, 2011, 57 (2): 437 - 441.

[12] Ayeh Julian K. Distracted gaze: Problematic use of mobile technologies in vacation contexts [J]. Tourism Management Perspectives, 2018 (26): 31 - 38.

[13] Bagozzi R. P., Ue H. M., VanLoo M. E. Decisions to donate bone marrow: The role of attitudes and subjective norms across cultures [J]. Psychology and Health, 2001 (16): 29 - 56.

[14] Bagozzi R. P., Wong N., Abe S., et al. Cultural and situational contingencies and the theory of reasoned action: Application to fast food restaurant consumption [J]. Journal of Consumer Psychology, 2000, 9 (2): 97 - 106.

[15] Baker L. R., Oswald D. L. Shyness and online social networking services [J]. Journal of Social and Personal Relationships, 2010, 27 (7): 873 - 889.

[16] Baker R. K., White K. M. Predicting adolescents' use of social networking sites from an extended theory of planned behaviour perspective [J]. Computers in Human Behavior, 2010, 26 (6): 1591 - 1597.

[17] Baloglu S., Pekcan A., Chen S L., et al. The relationship between destination performance, overall satisfaction, and behavioral intention for distinct segments [J]. Journal of Quality Assurance in Hospitality & Tourism, 2004, 4 (3 - 4): 149 - 165.

[18] Bandyopadhyay R. "To be an Englishman for a day": Maketing colonial nostalgia in India [J]. Annals of Tourism Research, 2012, 39 (2): 1245 - 1248.

[19] Barham B. L., Chavas J. P., Fitz D., et al. Receptiveness to advice, cognitive ability, and technology adoption [J]. Journal of Economic Behavior & Organi-

zation, 2018 (149): 239 -268.

[20] Baumeister R. F., Leary M. R. The need to belong: Desire for interpersonal attachments as a fundamental human motivation [J]. Psychological Bulletin, 1995, 117 (3): 497 -529.

[21] Bayer J. B., Campbell S. W., Ling R. Connection cues: Activating the norms and habits of social connectedness [J]. Communication Theory, 2015, 26 (2): 128 -149.

[22] Benckendorff P., Tussyadiah I. P., Scarles C. The role of digital technologies in facilitating intergenerational learning in heritage tourism [M]. In Stangl B., Pesonen J. (Eds.), Information & Communication Technologies in Tourism, Springer, 2018: 460 -472.

[23] Berne C., Garcia - Gonzalez M., Mugica J. How ICT shifts the power balance of tourism distribution channels [J]. Tourism Management, 2012, 33 (1): 1 -214.

[24] Bloom J. D. Making holidays work [J]. Psychologist, 2015: 28.

[25] Bloom J. D., Ritter S. M., Kühnel J., et al. Vacation from work: A "ticket to creativity"? The effects of recreational travel on cognitive flexibility and originality [J]. Tourism Management, 2014 (44): 164 -171.

[26] Bloom J. D., Sabine A. E., et al. Vacation (after -) effects on employee health and well - being, and the role of vacation activities, experiences and sleep [J]. Journal of Happiness Studies, 2013, 14 (2): 613 -633.

[27] Bodford J. E., Kwan V. S. Y., Sobota D. S. Fatal attractions: Attachment to smartphones predicts anthropomorphic beliefs and dangerous behaviors [J]. Cyberpsychology Behavior & Social Networking, 2017, 20 (5): 320 -326.

[28] Boes K., Buhalis D., Inversini A. Conceptualising Smart Tourism Destination Dimensions [M] // Information and Communication Technologies in Tourism 2015. Springer International Publishing, 2015.

[29] Bowen J., Baloglu S. Common themes across social media research [J]. Worldwide Hospitality & Tourism Themes, 2015, 7 (3): 314 -319.

[30] Breiby M. A., Slatten T. The effects of aesthetic experiential qualities on tourists' positive emotions and loyalty: A case of a Nature - based context in norway

[J]. Journal of Quality Assurance in Hospitality & Tourism, 2015, 16 (4): 323 - 346.

[31] Bruner E. M. The ethnographer/tourist in indonesia [J]. International tourism: Identity and Change, 1995: 224 - 241.

[32] Buhalis D., Leung R. Smart hospitality - Interconnectivity and interoperability towards an ecosystem [J]. International Journal of Hospitality Management, 2018 (17): 41 - 50.

[33] Cain N., Gradisar M. Electronic media use and sleep in school - aged children and adolescents: A review [J]. Sleep Medicine, 2010, 11 (8): 735 - 742.

[34] Camilleri J., Neuhofer B. Value co - creation and co - destruction in the Airbnb sharing economy [J]. International Journal of Contemporary Hospitality Management, 2007, 29 (9): 2322 - 2340.

[35] Campbell S. W., Kwak N. Mobile communication and civil society: Linking patterns and places of use to engagement with others in public [J]. Human Communication Research, 2011, 37 (2): 207 - 222.

[36] Cartell R. The scree test for the number of factors [J]. Multivariate Behavioral Research, 1966, 1 (2): 245 - 276.

[37] Casimir G., Waldman D A., Bartram T., et al. Trust and the relationship between leadership and follower performance: Opening the black box in australia and China [J]. Journal of Leadership & Organizational Studies, 2006, 12 (3): 68 - 84.

[38] Catalina L., Toma., et al. Separating fact from fiction: An examination of deceptive self - presentation in online dating profiles [J]. Personality & Social Psychology Bulletin, 2008, 34 (8): 1023 - 1036.

[39] Chang K. C. Examining the effect of tour guide performance, tourist trust, tourist satisfaction, and flow experience on tourists' shopping behavior [J]. Asia Pacific Journal of Tourism Research, 2014, 19 (2): 219 - 247.

[40] Chen C. C., Huang W. J., Petrick J. F. Holiday recovery experiences, tourism satisfaction and life satisfaction—Is there a relationship? [J]. Tourism Management, 2016 (53): 140 - 147.

[41] Chen C. F., Phou S. A closer look at destination: Image, personality, rela-

tionship and loyalty [J]. Tourism Management, 2013, 36 (3): 269 - 278.

[42] Chen C., Qian W. Reflecting on the philosophy of technology in China in the form of five questions [J]. Technology in Society, 2015 (43): 57 - 59.

[43] Chen, Yu - Hui, Barnes S. Initial trust and online buyer behaviour [J]. Industrial Management & Data Systems, 2007, 107 (1): 21 - 36.

[44] Chotpitayasunondh V., Douglas K. M. The effects of "phubbing" on social interaction [J]. Journal of Applied Social Psychology, 2018, 48 (6): 304 - 316.

[45] Churchill G. A. A paradigm for developing better measures of marking constructs [J]. Journal of Marketing Research, 1979, 16 (1): 64 - 73.

[46] Cialdini R. B., Kallgren C. A., Reno R. R. A focus theory of normative conduct [J]. Advances in Experimental Social Psychology, 1991 (24): 201 - 234.

[47] Cohen S., Sherrod D. R., Clark M. S. Social skills and the stress - protective role of social support [J]. Journal of Personality and Social Psychology, 1986, 50 (5): 963 - 973.

[48] Collins, Rebecca L. For better or worse: The impact of upward social comparison on self - evaluations [J]. Psychological Bulletin, 1996, 119 (1): 51 - 69.

[49] Conner M., Sparks P. Theory of planned behaviour and health behaviour [J]. Health Psychology Official Journal of the Division of Health Psychology American Psychological Association, 2011, 40 (4): 471 - 499.

[50] Cook K. S., Hardin R., Levi M. Cooperation without trust? [M]. New York, NY: Russell Sage, 2005.

[51] Craig - Smith S. J., French C. Learning to live with tourism [M]. Melbourne: Pitman Publishing, 1994.

[52] Cushner K., Brislin R. W. Intercultural interactions: A practical guide [M]. Sage Publications, 1996.

[53] Cwir D., Carr P. B., Walton G. M., et al. Your heart makes my heart move: Cues of social connectedness cause shared emotions and physiological states among strangers [J]. Journal of Experimental Social Psychology, 2011, 47 (3): 661 - 664.

[54] Dai Q., Yang G., Hu C., Wang L., et al. The alienation toward parents and influential factors in Chinese left behind children [J]. European Psychiatry, 2017 (39): 114 - 122.

[55] Dalia, Etzion. Annual vacation: Duration of relief from job stressors and burnout [J]. Anxiety, Stress & Coping, 2003, 16 (2): 213-226.

[56] Dann G. M. S. Anomie, ego-enhancement and tourism [J]. Annals of Tourism Research, 1977, 4 (4): 184-194.

[57] David M. E., Roberts J. A. Phubbed and alone: Phone snubbing, social exclusion, and attachment to social media [J]. Journal of the Association for Consumer Research, 2017, 2 (2): 155-163.

[58] Davis G. B. Anytime/Anyplace computing and the future of knowledge work [J]. Communications of the ACM, 2002, 45 (12): 67-73.

[59] Derks D., Bakker A. B. Smartphone use, work-home interference, and burnout: A diary study on the role of recovery [J]. Applied Psychology, 2014, 63 (3): 411-440.

[60] Derks D., Duin D., et al. Smartphone use and work-home interference: The moderating role of social norms and employee work engagement [J]. Journal of Occupational and Organizational Psychology, 2015, 88 (1): 155-177.

[61] Dickinson A., Balleine B. Actions and responses: The dual psychology of behaviour [M]. In N. Eilan, R. A. McCarthy & B. Brewer (Eds.). Spatial representation: Problems in philosophy and psychology. Malden: Blackwell Publishing, 1993.

[62] Dickinson J. E., Peeters P. Time, Tourism consumption and sustainable development international [J]. Journal of Tourism Research, 2012, 16 (1): 11-21.

[63] Dowling R. K. Tourism in the Antarctic: Opportunities, constraints, and future prospects [J]. Tourism Management, 2003, 24 (3): 345-346.

[64] Duxbury L., Higgins C., Smart R., et al. Mobile technology and boundary permeability [J]. British Journal of Management, 2014, 25 (3): 570-588.

[65] Ellison Nicole B. The benefits of facebook "Friends:" Social capital and College Students' use of online social network sites [J]. Journal of Computer-Mediated Communication, 2006 (12).

[66] Emmons R., Diener E. Factors predicting satisfaction judgments: A comparative examination [J]. Social Indicators Research, 1985, 16 (2): 157-167.

[67] Feenberg A. Critical theory of technology [M]. New York: Oxford University Press, 1991: 5.

[68] Festinger L. A theory of social comparison processes [J]. Human Relations, 1954, 7 (7): 117 – 140.

[69] Finkel J., Kruger D. J. Is cell phone use socially contagious? [J]. Human Ethology Bulletin, 2012, 27 (1 – 2): 15 – 17.

[70] Fishbein M., Ajzen I. Belief, attitude, intention and behavior: An introduction to theory and research [M]. Addision – Wesley, Reading, 1975.

[71] Flores P. J. Addiction as an attachment disorder [M]. Lanham (MD): Jason Aronson, 2004.

[72] Fornell C., Larcker D. F. Evaluating structural equation models with unobservable variables and measurement error [J]. Journal of Marketing Research, 1981 (18): 39 – 50.

[73] Fortunati L., Taipale S., Luca F. D. What happened to body – to – body sociability? [J]. Social Science Research, 2013, 42 (3): 893 – 905.

[74] Garrone P., Grilli L., Groppi A., Marzano R. Barriers and drivers in the adoption of advanced wastewater treatment technologies: A comparative analysis of Italian utilities [J]. Journal of Cleaner Production, 2018: 69 – 78.

[75] Gergen K. J. Self and community in the new floating worlds [M]. In K. Nyiri (Ed.), Mobile democracy: Essays on society, self, and politics Vienna, Austria: Passagen Verlag, 2003: 103 – 114.

[76] Gergen K. J. The challenge of absent presence. In: Katz, J., Aakhus, M. (Eds.), Perpetual contact: Mobile communication, Private talk, Public performance [M]. Cambridge: Cambridge University Press, 2002: 227 – 241.

[77] Geser H. Towards a sociological theory of the mobile phone [M]. E – Merging Media: Communication and The Media Economy of the Future, 2004: 235 – 260.

[78] Geser, Hans. Is the cell phone undermining the social order?: Understanding mobile technology from a sociological perspective [J]. Knowledge Technology & Policy, 2006, 19 (1): 8 – 18.

[79] Gill C., Packer J., Ballantyne R. Exploring the restorative benefits of spir-

itual retreats: The case of clergy retreats in Australia [J]. Tourism Recreation Research, 2017: 1 – 15.

[80] Gillan C. M., Papmeyer M., Morein – Zamir S., et al. Disruption in the balance between Goal – directed behavior and habit learning in obsessive – compulsive disorder [J]. American Journal of Psychiatry, 2011, 168 (7): 718 – 726.

[81] Goh E., Ritchie B., Wang J. Non – compliance in national parks: An extension of the theory of planned behaviour model with pro – environmental values [J]. Tourism Management, 2017 (59): 123 – 127.

[82] Goldman S. L., Ihde D., Zimmerman M. E., et al. Technology and the lifeworld: From garden to earth [M] // Technology and the lifeworld: from garden to earth. 1990.

[83] Greene K., Derlega V. J., Mathews A. Self – disclosure in personal relationships [M]. In A. Vangelisti, & D. Perlman (Eds.). The Cambridge handbook of personal relationships. Cambridge: Cambridge University Press, 2006: 409 – 427.

[84] Gretzel U. Travel in the Network: Redirected gazes, ubiquitous connections and new frontiers [M]. New York: Peter Lang, 2010: 41 – 58.

[85] Grove S. J., Fisk R. P. The impact of other customers on service experiences: A critical incident examination of "getting along" [J]. Journal of Retailing, 1997, 73 (1): 63 – 85.

[86] Gutiérrez J., González R., Gómez G. The European high – speed train network [J]. Journal of Transport Geography, 1996, 4 (4): 227 – 238.

[87] Guttentag D. A. Virtual reality: Applications and implications for tourism [J]. Tourism Management, 2010, 31 (5): 637 – 651.

[88] Han H. Travelers' pro – environmental behavior in a green lodging context: Converging value – belief – norm theory and the theory of planned behavior [J]. Tourism Management, 2015, 47 (4): 164 – 177.

[89] Han H., Hsu L. T., Sheu C. Application of the theory of planned behavior to green hotel choice: Testing the effect of environmental friendly activities [J]. Tourism Management, 2011, 30 (3): 325 – 334.

[90] Harris K., Baron S. consumer – to – consumer Conversations in service settings [J]. Journal of Service Research, 2004, 6 (3): 287 – 303.

[91] Hayes A. F. An index and test of linear moderated mediation [J]. Multivariate Behavioral Research, 2015, 50 (1): 1-22.

[92] Hayes A. F. Beyond baron and kenny: Statistical mediation analysis in the new millennium [J]. Communication Monographs, 2009, 76 (4): 408-420.

[93] Herzog T. R., Ouellette P., Rolens J. R., et al. Houses of worship as restorative environments [J]. Environment and Behavior, 2010, 42 (4): 395-419.

[94] Hew J. J., Tan W. H., Lin B., et al. Generating travel-related contents through mobile social tourism: Does privacy paradox persist? [J]. Telematics & Informatics, 2017, 34 (7): 914-935.

[95] Hew, Jun-Jie, Leong, et al. Mobile social tourism shopping: A dual-stage analysis of a multi mediation model [J]. Tourism Management, 2018 (66): 121-139.

[96] Hjalager A. M. A review of innovation research in tourism [J]. Tourism Management, 2010, 31 (1): 1-12.

[97] Hobfoll S. E. Stress, culture, and community: The psychology and physiology of stress [M]. New York: Plenum Press, 1998.

[98] Homans G. Social behavior and its elementary forms [M]. New York: Harcourt, Brace & World, 1974.

[99] Homans G. Social behavior as exchange [J]. American Journal of Sociology, 1958, 63 (6): 597-606.

[100] Hood M., Creed P. A., Mills B. J. Loneliness and online friendships in emerging adults [J]. Personality and Individual Differences, 2018 (133): 96-102.

[101] Huang C. D., Goo J., Nam K., et al. Smart tourism technologies in travel planning: The role of exploration and exploitation [J]. Information & Management, 2017, 54 (6): 757-770.

[102] Huang J., Hsu C. H. C. The impact of customer-to-customer interaction on cruise experience and Vacation Satisfaction [J]. Journal of Travel Research, 2010, 49 (1): 79-92.

[103] Humphreys L. Cellphones in public: Social interactions in a wireless era [J]. New Media & Society, 2005, 7 (6): 810-833.

[104] Hur K., Kim T. T., Karatepe O. M., et al. An exploration of the factors

influencing social media continuance usage and information sharing intentions among Korean travellers [J]. Tourism Management, 2017 (63): 170 - 178.

[105] Hwang K. K. Filial piety and loyalty: Two types of social identifcation in confucianism [J]. Asian Journal of Social Psychology, 1999, 2 (1): 163 - 183.

[106] Hyounggon, Kim, et al. Touristic quest for existential authenticity [J]. Annals of Tourism Research, 2007, 34 (1): 181 - 201.

[107] Izenstark D., Ebata A. T. Theorizing family - based nature activities and family functioning: The integration of attention restoration theory with a family routines and rituals perspective [J]. Journal of Family Theory & Review, 2016, 8 (2): 137 - 153.

[108] Jafari J. Tourism models: The sociocultural aspects [J]. Tourism Management, 1987, 8 (2): 151 - 159.

[109] Janssen E., Swinnen J. Technology adoption and value chains in developing countries: Evidence from dairy in India [J]. Food Policy, 2017.

[110] Jansson A. A sense of tourism: New media and the dialectic of encapsulation/decapsulation [J]. Tourist Studies, 2007, 7 (1): 5 - 24.

[111] Jarvenpaa S. L., Lang K. R. Managing the paradoxes of mobile technology [J]. Information Systems Management, 2005, 22 (4): 7 - 23.

[112] Joaquín Alegre., Jaume Garau. Tourism satisfaction and dissatisfaction [J]. Annals of Tourism Research, 2010, 37 (1): 52 - 73.

[113] Jung M., Visovatti M., Lee J. Attentional dysfunction in individuals treated for colorectal cancer: Attention restoration theory - based approach [C]. 2018.

[114] Juschten M., Jiricka - Purrer A., Unbehaun W., Hossinger R. The mountains are calling! An extended TPB model for understanding metropolitan residents' intentions to visit nearby alpine destinations in summer [J]. Tourism Management, 2019 (75): 293 - 306.

[115] Kane P. S. Assessing landscape attractiveness: A comparative test of two new methods [J]. Applied Geography, 1981, 1 (2): 77 - 96.

[116] Kaplan S., Berman M. G. Directed attention as a common resource for executive functioning and self - regulation [J]. Perspectives on Psychological Science, 2010, 5 (1): 43 - 57.

[117] Kaplan S. The restorative benefits of nature: Toward an integrative framework [J]. Journal of Environmental Psychology, 1995, 15 (3): 169 - 182.

[118] Kaplan S., Manca F., Nielsen T. A. S., et al. Intentions to use bike - sharing for holiday cycling: An application of the theory of planned behavior [J]. Tourism Management, 2015 (47): 34 - 46.

[119] Kardefelt - Winther D. A conceptual and methodological critique of internet addiction research: Towards a model of compensatory internet use [J]. Computers in Human Behavior, 2014 (31): 351 - 354.

[120] Kawakubo A., Oguchi T. Recovery experiences during vacations promote life satisfaction through creative behavior [J]. Tourism Management Perspectives, 2019 (30): 240 - 250.

[121] Kim E., Nam D. I., Stimpert J. L. The applicability of porter's generic strategies in the digital age: Assumptions, Conjectures, and suggestions [J]. Journal of Management, 2004, 30 (5): 569 - 589.

[122] Kim J. H. Smartphone - mediated communication vs. face - to - face interaction: Two routes to social support and problematic use of smartphone [J]. Computers in Human Behavior, 2017 (67): 282 - 291.

[123] Kim J. Y., Hlee S., Joun Y. Green practices of the hotel industry: Analysis through the windows of smart tourism system [J]. International Journal of Information Management, 2016 (6): 1340 - 1349.

[124] Kim S. H., Oh S. H. The effects of internet shopping mall characteristics on satisfaction, trust, and loyalty [J]. The Korean Small Business Review, 2002, 24 (2): 237 - 271.

[125] Kim S. S., Prideaux B. Tourism, peace, politics and ideology: Impacts of the Mt. gumgang tour project in the korean peninsula [J]. Tourism Management, 2003, 24 (6): 675 - 685.

[126] Kim T. G., Lee J. H., Law R. An empirical examination of the acceptance behavior of hotel front office systems: An extended technology acceptance model [J]. Tourism Management, 2008 (29): 500 - 513.

[127] Kim Y. K., Crompton J. L. Role of tourism in unifying the two Korea [J]. Annals of Tourism Research, 1990, 17 (3): 353 - 366.

[128] Kirillova K., Wang D. Smartphone (dis) connectedness and vacation recovery [J]. Annals of Tourism Research, 2016, 61 (61): 157-169.

[129] Kirillova K., Fu X., Lehto X., et al. What makes a destination beautiful? Dimensions of tourist aesthetic judgment [J]. Tourism Management, 2014 (42): 282-293.

[130] Kirillova K., Lehto X. Aesthetic and restorative qualities of vacation destinations: How are they related? [J]. Tourism Analysis, 2016, 21 (5): 513-528.

[131] Kirillova K., Lehto X. Destination aesthetics and aesthetic distance in tourism experience [J]. Journal of Travel & Tourism Marketing, 2014, 32 (8): 1051-1068.

[132] Klein O. Social perception of time, distance and high-speed transportation [J]. Time & Society, 2004 (13): 245-263.

[133] Kline R. B. Principles and practice of structural equation modelling (3rd ed.) [M]. New York: Guilford Press, 2011.

[134] Klöckner C. A. A comprehensive model of the psychology of environmental behaviour—A meta-analysis [J]. Global Environmental Change, 2013, 23 (5): 1028-1038.

[135] Koth B. A., D. R. Field, R. N. Clark, Cruise Ship Travelers to Alaska [M]. In On Interpretation: Sociology for Interpreters of Natural and Cultural History, edited by G. E. Machlis and D. R. Field. Corvallis, OR: Oregon State University Press, 1992: 95-107.

[136] Krasnova H., Abramova O., Notter I., et al. Why phubbing is toxic for your relationship: Understanding the role of smartphone jealousy among "Generation Y" users [J]. Twenty-fourth European Conference on Information Systems (ECIS), İstanbul, Turkey, 2016.

[137] Kraur R. Internet paradox: A social technology that reduces social involvement and psychological well-being? [J]. American Psychologist, 1998, 53 (9): 1017-1031.

[138] Kujath, Carlyne L. Facebook and MySpace: Complement or substitute for face-to-face interaction? [J]. Cyberpsychology, Behavior, and Social Networking, 2011, 14 (1-2): 75-78.

[139] Kurdoglu O. , Kurdoglu B. C. Determining recreational, scenic, and historical - cultural potentials of landscape features along a segment of the ancient Silk Road using factor analyzing [J]. Environmental Monitoring and Assessment, 2010, 170 (1 -4): 99 -116.

[140] Kuss D. J. , Griffiths M. D. , Binder J. F. Internet addiction in students: Prevalence and risk factors [J] . Computers in Human Behavior, 2013, 29 (3): 959 -966.

[141] Kuss D. J. , Van Rooij A. J. , Shorter G. W. , et al. Internet addiction in adolescents: Prevalence and risk factors [J] . Computers in Human Behavior, 2013, 29 (5): 1987 -1996.

[142] Langsdorf L. , Andrew R. S. Recovering pragmatism's voice: The classical tradition, rorty, and the philosophy of communication [M], New York : State University of New York Press, 1995.

[143] LaRose R. , Eastin M. A social cognitive theory of internet uses and gratifications: Toward a new model of media attendance [J] . Journal of Broadcasting & Electronic Media, 2004 (52): 358 -377.

[144] Laurenceau J. P. , Barrett L. F. , Pietromonaco P. R. Intimacy as an interpersonal process: The importance of self - disclosure, partner disclosure, and perceived partner responsiveness in interpersonal exchanges [J] . Journal of Personality and Social Psychology, 1998, 74 (5): 1238 -1251.

[145] Lavelle M. J. , Rau H. , Fahy F. Different shades of green? Unpacking habitual and occasional pro - environmental behavior [J] . Global Environmental Change, 2015 (35): 368 -378.

[146] Laxson J. D. How "we" see "them": Tourism and native Americans [J] . Annals of Tourism Research, 1991, 18 (3): 365 -391.

[147] Lay K. If hell is mobiles and e - mail, visit Scotland, tourism bosses urge [M] . London, England: Times, 2014: 16.

[148] Lee J. A study on college students' use and daily experience of mobile instant messenger [J] . Media, Gender and Culture, 2014, 29 (1): 37 -70.

[149] Lee K. H. , Choo S. W. , Hyun S. S. Effects of recovery experiences on hotel employees' subjective well - being [J] . International Journal of Hospitality Man-

agement, 2016 (52): 1 - 12.

[150] Lee K. H., Hyun S. S. A model of behavioral intentions to follow online travel advice based on social and emotional loneliness scales in the context of online travel communities: The moderating role of emotional expressivity [J]. Tourism Management, 2015 (48): 426 - 438.

[151] Lee Y. K., Chang C. T., Lin Y., et al. The dark side of smartphone usage: Psychological traits, compulsive behavior and technostress [J]. Computers in Human Behavior, 2014, 31 (31): 373 - 383.

[152] Lénia Marques, Borba C. Co - creating the city: Digital technology and creative tourism [J]. Tourism Management Perspectives, 2017 (24): 86 - 93.

[153] Levine L., Waite B., Bowman L., Kachinsky K. Mobile media use by infants and toddlers [J]. Computers in Human Behavior, 2019 (94): 92 - 99.

[154] Li D., Browne G. J., Chau P. Y. K. An empirical investigation of web site use using a commitment - based model [J]. Decision Sciences, 2010, 37 (3): 427 - 444.

[155] Ling R. The mobile connection: The cell phone's impact on society [M]. San Francisco: Morgan Kaufman, 2004.

[156] Ling R., New Tech, New ties: How mobile communication is reshaping social cohesion [M]. The MIT Press, 2009.

[157] Liu J., Wang C., et al. Scale development for tourist trust toward a tourism destination [J]. Tourism Management Perperctives, 2019 (31): 383 - 397.

[158] Mackay K., Vogt C. Information technology in everyday and vacation contexts [J]. Annals of Tourism Research, 2012, 39 (3): 1380 - 1401.

[159] Mahon D., Cowan C., McCarthy M. The role of attitudes, subjective norm, perceived control and habit in the consumption of ready meals and takeaways in Great Britain [J]. Food Quality and Preference, 2006, 17 (6): 474 - 481.

[160] Marinao Artigas E., Yrigoyen C. C., Moraga E. T., et al. Determinants of trust towards tourist destinations [J]. Journal of Destination Marketing & Management, 2017, 6 (4): 327 - 334.

[161] Martin C. L. Consumer - to - Consumer Relationships: Satisfaction with

Other Consumers' Public Behavior [J]. Journal of Consumer Affairs, 1996, 30 (1): 146-169.

[162] Mascheroni G. Global nomads' network and mobile sociality: Exploring new media uses on the move [J]. Information Communication & Society, 2007, 10 (4): 527-546.

[163] Matook S., Cummings J., Bala H. Are you feeling lonely? The impact of relationship characteristics and online social network features on loneliness [J]. Journal of Management Information Systems, 2015, 31 (4): 278-310.

[164] McKenna K. Y. A., Bargh J. A. Plan 9 from Cyberspace [J]. Personality and Social Psychology Review, 2000 (4), 57-75.

[165] Meijman, Theo F., Gijsbertus Mulder. Psychological Aspects of Workload [M]. In Handbook of Work and Organizational Psychology (Vol. 2: Work Psychology), edited by Pieter Johan Diederik Drenth, Henk Thierry, and C. J. De Wolff. Hove, England: Psychology Press, 1998: 5-33.

[166] Mesch G. S., Levanon Y. Community networking and locally-based social Ties in Two Suburban Localities [J]. City & Community, 2003, 2 (4): 335-351.

[167] Misra S., Cheng L., Genevie J., et al. The iPhone effect: The quality of In-person social interactions in the presence of mobile devices [J]. Environment and Behavior, 2016, 48 (2): 275-298.

[168] Misra S., Stokols D. A typology of people-environment relationships in the digital age [J]. Technology in Society, 2012, 34 (4): 311-325.

[169] Mohammed Abubakar A. Does eWOM influence destination trust and travel intention: A medical tourism perspective [J]. Economic Research-Ekonomska Istrazivanja, 2016, 29 (1): 598-611.

[170] Moore R., Moore M. L., Capella M. The impact of customer-to-customer interactions in a high personal contact service setting [J]. Journal of Services Marketing, 2005, 19 (7): 482-491.

[171] Moreno A., Baker S., Varey K. Bringing attention restoration theory to the classroom: A tablet app using nature videos to replenish effortful cognition [J]. Trends in Neuroscience and Education, 2018 (12): 7-21.

[172] Murphy L. Exploring social interactions of backpackers [J]. Annals of Tourism Research, 2001, 28 (1): 50 -67.

[173] Mussweiler T., Rüter., Katja. What friends are for! The use of routine standards in social comparison [J]. Journal of Personality and Social Psychology, 2003, 85 (3): 467 -481.

[174] Neuhofer B., Buhalis D., Ladkin A. A Typology of technology – enhanced tourism experiences [J]. International Journal of Tourism Research, 2014, 16 (4): 340 -350.

[175] Nicholls R. Interactions between service customers: Managing onsite customer – to – customer interactions for service advantage [M]. Poznan: The Poznan University of Economics Publishing House, 2005: 260 -273.

[176] Novo – Corti I., María Barreiro – Gen. Competition, oligopoly, barriers and searching up new markets: Do smartphones win the battle to digital cameras? [J]. Knowledge Society Research, 2014, 5 (4): 45 -54.

[177] Oulasvirta A., Rattenbury T., Ma L., et al. Habits make smartphone use more pervasive [J]. Personal and Ubiquitous Computing, 2012, 16 (1): 105 - 114.

[178] Palen L., Salzman M., Youngs E. Going wireless [C]. Proceedings of 2000ACM Conference on Computer Supported Cooperative Work, 2000.

[179] Paris C. M., Berger E. A., Rubin S., et al. Disconnected and unplugged: Experiences of technology induced anxieties and tensions while traveling [J]. Information and Communication Technologies in Tourism, 2015: 803 - 816.

[180] Park N., Lee S., Chung J. E. Uses of cellphone texting: An integration of motivations, usage patterns, and psychological outcomes [J]. Computers in Human Behavior, 2016 (62): 712 -719.

[181] Parker C., Ward P. An analysis of role adoptions and scripts during customer – to – customer encounters [J]. European Journal of Marketing, 2000, 34 (3/4): 341 -358.

[182] Pashler H. Dual – task interference in simple tasks: Data and theory [J]. Psychological Bulletin, 1994 (116): 220 -244.

[183] Pateli A. G., Giaglis G. M. Technology innovation – induced business

model change: A contingency approach [J]. Journal of Organizational Change Management, 2005, 18 (2): 167-183.

[184] Pea R., Nass C., Meheula L., Rance M., Kumar A., Bamford H., Yang S. Media use, face-to-face communication, media multitasking, and social well-being among 8-to 12-year-old girls [J]. Developmental Psychology, 2012, 48 (2): 327-336.

[185] Pearce D. Travel motivation, benefits, and constraints to destinations. In Y. Wang & A. Pizam (Eds.), Destination marketing and management: Theories and applications. Cambridge, MA: CAB International, 2011: 39-52.

[186] Pearce P. L. Tourist behaviour: Themes and conceptual schemes [M]. Clevedon: Buffalo: Channel View, 2005: 27.

[187] Pearce P. L., Gretzel U. Tourism in technology dead zones: Documenting experiential dimensions [J]. International Journal of Tourism Sciences, 2012, 12 (2): 1-20.

[188] Pearce P. L. Global Tourism (Third Edition), Chapter6-the role of relationships in the tourist experience [M]. Butterworth-Heineman, 2005: 103-122.

[189] Perlman D., Peplau L. A. Toward a social psychology of loneliness [M]. In: Gilmour, R., Duck, S. (Eds.), Personal Relationships 3: Personal Relationships in Disorder. Academic Press, London, UK, 1981: 31-43.

[190] Phu B., Gow A. J. Facebook use and its association with subjective happiness and loneliness [J]. Computers in Human Behavior, 2019 (3): 151-159.

[191] Piazza A. J., Knowlden A. P., Hibberd E., et al. Mobile device use while crossing the street: Utilizing the theory of planned behavior [J]. Accident Analysis & Prevention, 2019 (127): 9-18.

[192] Pizam A. Life and tourism in the year 2050 [J]. International Journal of Hospitality Management, 1999, 18 (4): 331-343.

[193] Podsakoff P. M., Mackenzie S. B., Lee J. Y., et al. Common method biases in behavioral research: A critical review of the literature and recommended remedies [J]. Journal of Applied Psychology, 2003, 88 (5): 879-903.

[194] Poon K. Y., Huang W. J. Past experience, traveler personality and tripographics on intention to use airbnb [J]. International Journal of Contemporary Hospi-

tality Management, 2017, 29 (9): 2425 – 2443.

[195] Preacher K. J., Hayes A. F. Asymptotic and resampling strategiesfor assessing and comparing indirect effects in multiple mediator models [J]. Behavior Research Methods, 2008, 40 (3): 879 – 891.

[196] Przybylski A. K., Weinstein N. Can you connect with me now? How the presence of mobile communication technology influences face – to – face conversation quality [J]. Journal of Social and Personal Relationships, 2013, 30 (3): 237 – 246.

[197] Raghunathan R., Srinath R., Sasikumar R., et al. Modeling safety risk perception due to mobile phone distraction among four wheeler drivers [J]. IATSS Research, 2017, 41 (1): 30 – 37.

[198] Rauch S. M., Strobel C., Bella M., et al. Face to face versus Facebook: Does exposure to social networking web sites augment or attenuate physiological arousal among the socially anxious? [J]. CyberPsychology, Behavior, and Social Networking, 2014, 17 (3): 187 – 190.

[199] Ravald A., Gronroos C. The value concept and relationship marketing [J]. European Journal of Marketing, 1996, 30 (2): 19 – 30.

[200] Reilly R. F. Valuation of technology – related intangible assets [J]. Insights, Summer, 2015: 37 – 50.

[201] Reis H. T., Shaver P. Intimacy as an interpersonal process [J]. Journal of Personality & Social Psychology, 1988, 33 (4): 367 – 389.

[202] Rettie R. Presence and embodiment in mobile phone communication [J]. Psych Nology Journal, 2005, 3 (1): 16 – 34.

[203] Sanzo M. J., Santos M. L., Vázquez R., et al. The effect of market orientation on buyer – seller relationship satisfaction [J]. Industrial Marketing Management, 2003, 32 (4): 327 – 345.

[204] Saravanan S., Sadhu Ramakrishnan B. Preserving privacy in the context of location based services through location hider in mobile – tourism [J]. Information Technology & Tourism, 2016, 16 (2): 229 – 248.

[205] Sfandla, Chouki, Bjork, et al. Tourism experience network: Co – creation of experiences in interactive; processes [J]. International Journal of Tourism Re-

search, 2013, 15 (5): 495 - 506.

[206] Sheldon P. Profiling the non - users: Examination of life - position indicators, sensation seeking, shyness, and loneliness among users and non - users of social network sites [J]. Computers in Human Behavior, 2012, 28 (5): 1960 - 1965.

[207] Sheller M., Urry J. The new mobilities paradigm [J]. Environment & Planning A, 2006, 38 (2): 207 - 226.

[208] Siegfried M., Thomas L. Estimating, testing, and comparing specific effects in structural equation models: The phantom model approach [J]. Psychological Methods, 2011, 16 (1): 34 - 43.

[209] Sigala., Marianna. Social networks and customer involvement in new service development (NSD) [J]. International Journal of Contemporary Hospitality Management, 2012, 24 (7): 966 - 990.

[210] Simons D. J. Attentional capture and inattentional blindness [J]. Trends in Cognitive Sciences, 2000, 4 (4): 147 - 155.

[211] Sirdeshmukh D., Sabol S. B. Consumer trust, value, and loyalty in relational exchanges [J]. Journal of Marketing, 2002, 66 (1): 15 - 37.

[212] Song H., Zmyslinski - Seelig A., Kim J., et al. Does facebook make you lonely?: A meta analysis [J]. Computers in Human Behavior, 2014 (36): 446 - 452.

[213] Sonnentag S., Fritz C. The recovery experience questionnaire: Development and validation of a measure for assessing recuperation and unwinding from work [J]. Journal of Occupational Health Psychology, 2007, 12 (3): 204 - 221.

[214] Soror A. A., Hammer B. I., Steelman Z. R., et al. Good habits gone bad: Explaining negative consequences associated with the use of mobile phones from a dual - systems perspective [J]. Information Systems Journal, 2015, 25 (4): 403 - 427.

[215] Srivastava L. Mobile phones and the evolution of social behaviour [J]. Behaviour & Information Technology, 2005, 24 (2): 111 - 129.

[216] Stone L. Living with continuous partial attention [J]. Harvard Business Review, 2007, 85 (2): 28 - 29.

[217] Stors N., Kagermeier A. Motives for using airbnb in metropolitan tourism—Why do people sleep in the bed of a stranger? [J]. Regions Magazine,

2015, 299 (3): 17-19.

[218] Strayer D. L., Drews F. A., Johnston W. A. Cell phone-induced failures of visual attention during simulated driving [J]. Journal of Experimental Psychology: Applied, 2003, 9 (1): 23-32.

[219] Sutton W. A. Travel and understanding: Notes on the social structure of touring [J]. International Journal of Comparative Sociology, 1967, 8 (2): 218-223.

[220] Tan W. K., Lu K. J. Smartphone use at tourist destinations: Interaction with social loneliness, aesthetic scope, leisure boredom, and trip satisfaction [J]. Telematics and Informatics, 2019 (39): 64-74.

[221] Thomson M., MacInnis D. J., Park C. W. The ties that bind: Measuring the strength of consumers' emotional attachments to brands [J]. Journal of Consumer Psychology, 2005, 15 (1): 77-91.

[222] Trauer B., Ryan C. Destination image, romance and place experience—An application of intimacy theory in tourism [J]. Tourism Management, 2005, 26 (4): 481-491.

[223] Tribe J., Mkono M. Not such smart tourism? The concept of e-lienation [J]. Annals of Tourism Research, 2017 (66): 105-115.

[224] Tsai-Chiao W., Chia-Liang T., Ta-Wei T. Restorative quality in tourist hotel marketing pictures: Natural and built characteristics [J]. Current Issues in Tourism, 2018: 1-7.

[225] Turkle S. Alone together: Why we expect more from technology and less from each other [M]. New York: Basic Books, 2011.

[226] Turkle S. Reclaiming conversation: The power of talk in a digital age [M]. New York: Penguin Press, 2015.

[227] Tussyadiah Iis P. The Influence of Innovativeness on On-Site smartphone use among American travelers: Implications for context-based push marketing [J]. Journal of Travel & Tourism Marketing, 2015: 1-18.

[228] Ul Islam J., Rahman Z. The impact of online brand community characteristics on customer engagement: An application of stimulus-organism-response paradigm [J]. Telematics and Informatics, 2017, 34 (4): 96-109.

[229] Uriely N. The tourist experience: Conceptual developments [J]. Annals of Tourism Research, 2005, 32 (1): 199-216.

[230] Urry J. Consuming Places [M]. London, New York: Routledge, 2002.

[231] Valentina, Rotondi, Luca, Stanca, Miriam, Tomasuolo. Connecting alone: Smartphone use, quality of social interactions and well-being [J]. Journal of Economic Psychologu, 2017 (63): 17-26.

[232] Van Deursen A. J. A. M., Bolle C. L., Hegner S. M., et al. Modeling habitual and addictive smartphone behavior [J]. Computers in Human Behavior, 2015 (45): 411-420.

[233] Van Dijk J. A. Digital divide research, achievements and shortcomings [J]. Poetics, 2006, 34 (4): 221-235.

[234] Veloso B. M., Leal F., Malheiro B., Burguillo J. C. On-line guest profiling and hotel recommendation [J]. Electronic Commerce Research and Applications, 2019 (34): 1-10.

[235] Vilhelmson B., Thulin E., Elldér, Erik. Where does time spent on the Internet come from? Tracing the influence of information and communications technology use on daily activities [J]. Information, Communication & Society, 2016: 1-14.

[236] Vittengl J. R., Holt C. S. Getting acquainted: The relationship of self-disclosure and social attraction to positive affect [J]. Journal of Social and Personal Relationships, 2000, 17 (1): 53-66.

[237] Wang D., Park S., Fesenmaier D. R. The role of smartphones in mediating the touristic experience [J]. Journal of Travel Research, 2012, 51 (4): 371-387.

[238] Wang D., Xiang Z., Fesenmaier D. R. Adapting to the mobile world: A model of smartphone use [J]. Annals of Tourism Research, 2014 (48): 11-26.

[239] Wang D., Xiang Z., Fesenmaier D. R. Smartphone use in everyday life and travel [J]. Journal of Travel Research, 2016 (55): 52-63.

[240] Wangfei W., Liusu Y., Mao-Ying W., et al. Examining Chinese adult children's motivations for traveling with their parents [J]. Tourism Management, 2018 (69): 422-433.

[241] Ward C., Berno T. Beyond social exchange theory: Attitudes toward tour-

ists [J]. Annals of Tourism Research, 2011, 38 (4): 1556 – 1569.

[242] Weber K. The assessment of tourist satisfaction using the expectancy disconfirmation theory: A study of the german travel market in australia [J]. Pacific Tourism Review, 1997: 35 – 45.

[243] Wei W., Qi R., Zhang L., Effects of virtual reality on theme park visitors' experience and behaviors: A presence perspective [J]. Tourism Management, 2019 (71): 282 – 293.

[244] Weiss R. S. Loneliness [M]. Cambridge, MA: Halliday Lithograph, 1973.

[245] Wirtz J., Bateson J. E. G. Consumer satisfaction with services: Integrating the environment perspective in services marketing into the traditional disconfirmation paradigm [J]. Journal of Business Research, 1999, 44 (1): 55 – 66.

[246] Wit S. D., Dickinson A. Associative theories of goal – directed behaviour: A case for animal – human translational models [J]. Psychological Research, 2009, 73 (4): 463 – 476.

[247] Wood W., Neal D. T. A new look at habits and the habit – goal interface [J]. Psychological Review, 2007, 114 (4): 843 – 863.

[248] Wu H. J. The impact of customer – to – customer interaction and customer homogeneity on customer satisfaction in tourism service – the service encounter prospective [J]. Tourism Management, 2007, 28 (6): 1518 – 1528.

[249] Wu L., Zhang J., Chikaraishi M. Representing the influence of multiple social interactions on monthly tourism participation behavior [J]. Tourism Management, 2013, 36 (3): 480 – 489.

[250] Xiang Z. From digitization to the age of acceleration: On information technology and tourism [J]. Tourism Management Perspective, 2018 (25): 147 – 150.

[251] Xiang Z., Gretzel U. Role of social media in online travel information search [J]. Tourism Management, 2010, 31 (2): 179 – 188.

[252] Yang C. L. Book review: Tourist behaviour and the contemporary world [J]. Journal of Hospitality and Tourism, 2013, 10 (1): 83 – 85.

[253] Yovcheva Z., Buhalis D., Gatzidis C. Engineering augmented tourism experiences [M] // Information and Communication Technologies in Tourism, 2013.

[254] Yu J., Lee T. Impact of tourists' intercultural interactions [J]. Journal of Travel Research, 2014, 53 (2): 225 – 238.

[255] Yu X., Anaya G. J., Miao L., et al. The impact of smartphones on the family vacation experience [J]. Journal of Travel Research, 2018, 57 (5): 579 – 596.

[256] Zgolli S., Zaiem I. Customer – to – customer interaction in tourism experience: Moderating role of nationality [J]. Arab Economic and Business Journal, 2017, 12 (1): 44 – 56.

[257] Zhang H. Q., Chow I. Application of importance – performance model in tour guides' performance: Evidence from mainland Chinese outbound visitors in Hong Kong [J]. Tourism Management, 2004, 25 (1): 81 – 91.

[258] Zhang J., Beatty S. E., Mothersbaugh D. A CIT investigation of other customers influence in services [J]. Journal of Services Marketing, 2010, 24 (5): 389 – 399.

[259] Zhang X., Wu Y., Liu S. Exploring short – form video application addiction: Socio – technical and attachment perspectives [J]. Telematics and Informatics, 2019, 42: 101243. 1 – 101243. 15.

[260] Zhao S., Grasmuck S., Martin J. Identity construction on Facebook: Digital empowerment in anchored relationships [J]. Computers in Human Behavior, 2008, 24 (5): 1816 – 1836.

中文文献

[1] 艾四林. 哈贝马斯交往理论评析 [J]. 清华大学学报（哲学社会科学版），1995 (3)：11 – 18.

[2] 布莱恩·阿瑟. 技术的本质 [M]. 曹东溟，王健康译. 杭州：浙江人民出版社，2014：28.

[3] 查建平，改革开放 40 年中国旅游产业效率演变及规律 [J]. 旅游学刊，2019，34 (1)：5 – 6.

[4] 陈晓萍，徐淑英，樊景立. 组织与管理研究的实证方法（第二版）[M]. 北京：北京大学出版社，2012：112.

[5] 陈晔，张辉，董蒙露. 同行者关乎己？游客间互动对主观幸福感的影响

[J]. 旅游学刊, 2017, 32 (8): 14-24.

[6] 段圣奎, 张丽, 姜辽. 沙发客与沙主旅游交往行为研究 [J]. 旅游科学, 2015, 29 (3): 49-58.

[7] 段文婷, 江光荣. 计划行为理论述评 [J]. 心理科学进展, 2008, 16 (2): 315-320.

[8] 范宝舟. 论马克思交往理论的基本特征 [J]. 武汉大学学报 (人文科学版), 2003, 56 (5): 18-23.

[9] 费孝通. 乡土中国 [M]. 上海: 上海观察社, 1947.

[10] 风笑天. 现代社会调查方法 [M]. 武汉: 华中科技大学出版社, 2009.

[11] 冯蛟, 卢强, 李辉. 消费者移动支付工具使用意愿的模型构建与实证: 基于理性行为理论的拓展 [J]. 宁夏社会科学, 2019 (3): 109-117.

[12] 甘韵矶. 微信"晒客"的自我呈现与交往行为研究 [D]. 暨南大学, 2016.

[13] 高德兴, 王琦. 试论民俗旅游中文化差异对主客关系的影响——以永定客家土楼民俗文化村为例 [J]. 江南大学学报 (人文社会科学版), 2008, 7 (2): 107-111.

[14] 高兆明. 技术祛魅与道德祛魅——现代生命技术道德合理性限度反思 [J]. 中国社会科学, 2003 (3): 42-52.

[15] 哈贝马斯. 交往行为理论 [M]. 曹卫东译. 上海: 上海人民出版社, 2004: 95.

[16] 韩国圣, 李辉, 程绍文. 威海国际海水浴场冬泳爱好者社会交往影响因素研究 [J]. 旅游学刊, 2010, 25 (12): 63-71.

[17] 胡安宁. 差序格局, "差"、"序"几何? ——针对差序格局经验测量的一项探索性研究 [J]. 社会科学, 2018 (1): 64-74.

[18] 黄光国, 胡先缙. 人情与面子——中国人的权力游戏 [J]. 领导文萃, 2005 (7): 38-39.

[19] 黄少华. 论网络空间的人际交往 [J]. 社会科学研究, 2002 (4): 93-97.

[20] 蒋婷, 胡正明. 服务接触中游客间互动行为研究——基于关键事件技术的方法 [J]. 旅游学刊, 2011, 26 (5): 77-89.

［21］蒋婷，张峰．游客间互动对再惠顾意愿的影响研究——基于游客体验的视角［J］．旅游学刊，2013，28（7）：90－100.

［22］蒋婷．顾客间互动的质性探索和理论模型构建——以高星级饭店为例［J］．旅游论坛，2012，5（2）：6－11.

［23］凯西·卡麦兹．建构扎根理论：质性研究实践指南［M］．边国英，陈向明译．重庆：重庆大学出版社，2009：59，128.

［24］李东和，张鹭旭．基于 TAM 的旅游 App 下载使用行为影响因素研究［J］．旅游学刊，2015，30（8）：26－34.

［25］李栋材，张禹东．交往的普遍性蔓延：世界历史的发端——马克思交往理论剖析［J］．党政研究，2013（2）：53－58.

［26］李萌．基于价值模式演进的我国旅游企业商业模式发展路径研究［D］．北京交通大学，2016.

［27］李志飞，夏磊，邓胜梁．旅游者社会行为变化及其影响因素研究——基于常居地—旅游地二元情境［J］．旅游学刊，2018，33（1）：105－117.

［28］刘丹．现象学视域下技术介入身体研究［D］．华南理工大学，2017.

［29］刘沛林．虚拟现实与旅游特色小镇的网络化呈现［J］．旅游学刊，2018（33）：8－10.

［30］刘琴，张贤平．信息生态学视域下移动媒体信息安全的问责及治理［J］．西南民族大学学报（人文社会科学版），2017，38（11）：147－152.

［31］刘文海．技术异化批判——技术负面效应的人本考察［J］．中国社会科学，1994（2）：101－114.

［32］柳士顺，凌文辁．多重中介模型及其应用［J］．心理科学，2009，32（2）：433－435.

［33］罗竹风主编．汉语大词典第 1 卷（下）［M］．上海：上海辞书出版社，2008：1072.

［34］吕萍．霍曼斯与布劳的社会交换理论比较［J］．沈阳师范大学学报（社会科学版），1996（3）：27－29.

［35］马克思．1844 年经济学哲学手稿［M］．北京：人民出版社，2000.

［36］马戎．“差序格局”——中国传统社会结构和中国人行为的解读［J］．北京大学学报（哲学社会科学版），2007（2）：133－144.

［37］尼葛洛庞帝．数字化生存［M］．胡泳译．海口：海南出版社，

1996：87.

［38］聂磊，傅翠晓，程丹．微信朋友圈：社会网络视角下的虚拟社区［J］．新闻记者，2013（5）：71－75.

［39］彭丹．旅游体验研究新视角：旅游者互动的社会关系研究［J］．旅游学刊，2013，28（10）：89－96.

［40］屈锡华，陈睿．旅游活动：社会疏离缓解的新视角［J］．西南民族大学学报（人文社会科学版），2007，186（2）：163－165.

［41］孙九霞．旅游中的主客交往与文化传播［J］．旅游学刊，2012，27（12）：20.

［42］汪德根．京沪高铁对主要站点旅游流时空分布影响［J］．旅游学刊，2014（1）：75－82.

［43］魏小安，金准．“高速时代”的中国旅游业发展［J］．旅游学刊，2012，27（12）：40－46.

［44］吴明隆，结构方程模型：AMOS 的操作与应用［M］．重庆：重庆大学出版社，2010：287－344.

［45］吴明隆．问卷统计分析实务［M］．重庆：重庆大学出版社，2010：45.

［46］谢彦君，谢中田．现象世界的旅游体验：旅游世界与生活世界［J］．旅游学刊，2006，21（4）：13－18.

［47］谢彦君．旅游交往问题初探［J］．旅游学刊，1999（4）：57－60.

［48］谢彦君．旅游体验研究——一种现象学视角的探讨［D］．东北财经大学，2005.

［49］谢彦君．基础旅游学［M］．北京：中国旅游出版社，1999：168.

［50］徐菲菲，黄磊．景区智慧旅游系统使用意愿研究——基于整合 TAM 及 TTF 模型［J］．旅游学刊，2018，33（8）：112－121.

［51］严艳，周文，张佑印．基于市场的西安城市家庭旅游决策研究［J］．地域研究与开发，2010，29（4）：78－81.

［52］杨国枢，黄光国，杨中芳．华人本土心理学［M］．重庆：重庆大学出版社，2008.

［53］杨艳林．旅游客主交互行为的影响因子研究［J］．西安财经学院学报，2007，20（4）：33－36.

[54] 杨勇．社会交往，旅游情境对旅游需求的影响研究——基于春节“黄金周”的实证分析［J］．旅游学刊，2016，31（10）：56－69.

[55] 杨中芳．人际关系与人际情感的构念化［J］．本土心理学研究，1999（12）：105－158.

[56] 殷平．高速铁路与旅游业：成果评述与经验启示［J］．旅游学刊，2012，27（6）：33－40.

[57] 殷英梅，郑向敏．共享型旅游住宿主客互动体验研究——基于互动仪式链理论的分析［J］．华侨大学学报（哲学社会科学版），2017（3）：90－98.

[58] 银成钺，杨雪，王影．基于关键事件技术的服务业顾客间互动行为研究［J］．预测，2010，29（1）：15－20.

[59] 于丹，董大海，刘瑞明，原永丹．理性行为理论及其拓展研究的现状［J］．心理科学进展，2008（5）：796－802.

[60] 于凤贵．人际交往模式的改变与社会组织的重构［D］．山东大学，2014.

[61] 余嘉元．共同方法偏差［C］．第十五届全国心理学学术会议论文摘要集，2012.

[62] 余清楚，唐胜宏．中国移动互联网发展报告（2018）［M］．北京：社会科学文献出版社，2018.

[63] 张光博，邵德门，佘海宁．社会学词典［M］．北京：人民出版社，1989.

[64] 张海燕，龙丽羽．基于互联网的民族地区文化旅游商业模式创新研究［J］．贵阳学院学报（自然科学版），2016，11（4）：60－66.

[65] 张机，徐红罡．民族餐馆里的主客互动过程研究——以丽江白沙村为例［J］．旅游学刊，2016，43（2）：97－108.

[66] 张进福，肖洪根．旅游社会学研究初探［J］．旅游学刊，2000，15（1）：53－58.

[67] 张锐，大数据时代：技术异化与有效治理［N］．学习时报，2018－10－24（006）．

[68] 张一涵，袁勤俭．理性行为理论及其在信息系统研究中的应用与展望［J］．现代情报，2018，38（11）：145－153.

[69] 赵中华．区域旅游的交通组织与管理［D］．华东师范大学，2009：

47 －70.

［70］郑召利．哈贝马斯的交往行为理论［M］．上海：复旦大学出版社，2002：66 －77.

［71］周浩，龙立荣．共同方法偏差的统计检验与控制方法［J］．心理科学进展，2004，12（6）：942.